"思意数学"
教学主张与实践智慧

罗朝举　林伟 / 著

西安出版社

图书在版编目（CIP）数据

"思意数学"教学主张与实践智慧 / 罗朝举，林伟
著. — 西安：西安出版社，2023.9
ISBN 978-7-5541-7122-6

Ⅰ.①思… Ⅱ.①罗…②林… Ⅲ.①数学课—教学
研究—中小学 Ⅳ.①G633.602

中国国家版本馆CIP数据核字（2023）第179693号

"思意数学"教学主张与实践智慧
SIYI SHUXUE JIAOXUE ZHUZHANG YU SHIJIAN ZHIHUI

出版发行：西安出版社
社　　址：西安市曲江新区雁南五路 1868 号影视演艺大厦 11 层
电　　话：（029）85264440
邮政编码：710061
印　　刷：北京政采印刷服务有限公司
开　　本：787mm×1092mm　1 / 16
印　　张：18.5
字　　数：322千字
版　　次：2023 年 9 月第 1 版
印　　次：2023 年 12 月第 1 次
书　　号：ISBN 978-7-5541-7122-6
定　　价：58.00 元

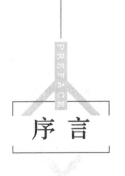

序 言

让教育有"思意"

经过32年的实践探索，我们从"学导法"教学到"思维学导式"教学，再到"思意教学"，在实践中凝练出了自己的教学主张——"思意数学"，并且利用广东省林伟名师工作室这个平台不断研究探索。"思意数学"就是以问题铺路为指引，以思考为载体，以思维激发为主线，以境生情，以境启思，以思寻意，以"思"为魂，以"意"为核。在学生从"思"到"意"的过程中，通过学习感受到数学的意蕴，从而提高学生的数学思维能力进而开展教学活动，激发学生学习数学的好奇心和求知欲，"暴露"思维过程，发展多元智能，实现感性与理性合一、知性与悟性交融，促使学生提高自我的数学能力与数学素养水平。

一、育人为基：引领学生发展

人的全面发展单靠课本知识是远远不够的，于是，我提出了"思意教育"理念，构建了"思意教育"育人课程体系：开设社团课程、四季课程（读书季、艺术季、创新季和体育季）、主题教育课程、自主成长课程、身心健康课程、仪式教育课程、综合实践课程等，让学生自己选择，从而在活动中得到个性化发展；举办宿舍文化节，让学生自己参与创建宿舍文化，通过环境育人；举办班主任节，让学生领悟班主任的管理理念和风采。

刚大学毕业的那一年，我任教的高中学生年龄跟我相近，甚至有的比我大，所以我就以朋友的方式与他们相处。当时学校条件比较差，没有足球场，只有一座小山，我就带领学生挖土、运土、平土，与学生一起劳动，整出一个足球场。一般老师是不会参与劳动的，但我不一样，有的时候连搬桌椅这种事情我

1

也参加，越是这些小事情，越容易拉近和学生的距离，让学生感到老师其实也是班级中的一员，让学生感受到老师的人格魅力。我从不向学生们传达"老师是班级主人"的概念，于我而言，每一个学生才是班级的主人，班主任应该充分利用这一点，发挥学生各方面的主观能动性。

有时候数学考试时，我和学生们"并肩作战"，一起考试。我的目的不是考试分数比学生高或者是比学生做得快，我就想展示一下老师答题的规范性、条理性和解法的简洁性。有时学生问我今天要不要跟他们一起考试，越是这样问，我就越要跟他们比。通过这样的"小策略"，既给学生传达了考试的卷面要求，达到教学效果，又拉近了与学生的距离，营造了与学生学在一起的氛围，激发他们学习的自信心，让学生们学习起来更有动力。

学生座位是由学生自由选择的，学生座位每天都有变化，谁来得早就早选（约定不能每天选定同一个座位），所以我们班没有出现迟到现象。我将班干部分了几组，一周轮一次，主题班会都是由班干部根据学校的主题，轮流组织同学开展。我从来不会站在讲台旁看着学生发言，而是坐在教室后面听学生们开班会。久而久之，因为独特的管理方式，学生们感受到班主任的信任，从而更加积极主动地参与到主题班会中去了。

我提出的"思意教育"理念就是贴近生活。积极推动教育教学回归生活，回归自然，贴近学生现实生活，从学生的生活中挖掘教育教学资源，点燃学生的成长激情，催生学习的原动力。成立学生仲裁院、学生议事庭、学生自治会，建立三权制衡的学生自治体系。成立学生公司、学生律师事务所等社团组织，让学生在各种生活场景中，通过实践参与和亲身体验，关注社会热点问题，丰富道德情感。这些独具风格的学生管理模式，对我的课堂改革起到了很大的作用——学生们喜欢我、认可我，愿意配合我。

二、课堂为根：植根课堂教学

传统教学习惯用灌输方法，教师对教科书中的知识不加工处理，教学时照本宣科，经常会脱离生活。这种教学如同将海鲜干货不经泡发、加工和烹饪，直接塞入学生口中，学生无法下咽，硬塞进去也无法消化，这就是教育暴力。在数学教学上，我提出了"思意数学"的教学主张，也就是数学课"有知识、有生活、有方法、有思想、有境界"，我一贯追求的是：讲究数学学习的规律性和科学性；重视对学生学习习惯的养成和学习兴趣的激发，遵循学生的学习规律和身心发展的规律；重视学生的自身体验和感悟；坚持学生学习的主体地位；重视对学生思维方式和思维能力的培养。这形成了我"激情灵动，和谐致用"的教学风格。在"概念形成"课的教学过程中，我采用"问题情境，引入概念——激学导思，形成概念——引议释疑，理解概念——点拨提高，深化概念——精讲训练，应用概念——归纳自结，升华概念"的模式，注重学习过程中学生的思维展现，培养学生自学数学的能力。同时，我会通过对概念的具体内容进行逐条逐项地变化，形成定式，引导学生对概念的内涵和外延变化提出问题，加深他们对概念的理解，进而提出问题。

那么，如何让抽象的数学生动起来？在讲解"指数函数"时，我设计出了"一张厚 1 毫米的纸，对折 24 次的厚度竟然比珠峰还高"这样神奇的导入，让学生带着兴奋的状态进入学习；在教授"等差数列"时，我放声高歌"一四七，三六九，九九归一跟我走"，让学生在歌声中了解等差数列的概念。让数学课堂贴近生活，数学就会成为学生最喜欢的课堂，最享受的课堂，最高效的课堂。

"教师的成长于课堂开始。"自从新课标实施之后，教学要实行"一标多本"的标准，我就此对教材进行二次开发。用教材来教不等于教教材，数学并不是让学生学会解那几道题，真正要领悟的是解题背后的故事，这是最重要的一件事。"数学课堂，是可以用来教育孩子的，数学背后的故事能够激发学生学习数学的信心。"学生懂得思考、思辨、思维，理解数学背后的故事，这才是数学的本质所在。鲜活的教学方法、鲜活的教学语言、鲜活的教学评价和鲜活的教学内容才能让数学生命鲜活绽放。领导多次推荐我参加评优课，上公开课、研究课。30 多年来，我先后参加了多次各级各类的公开课，从来都没有推辞过和抱怨过，也没有应付过，每一节课都是认真对待，全力以赴。我把这看作是学习提高的极好机会。现在想起来，每一次参加公开课，我都有一种登堂入室的感觉。不管是哪一种类型的公开课，在准备过程中，大到教案的设计、教学环节的安排和教法的选择，小到一个教具的制作与使用，一个手势和表情的配合，都要经过反复研究、反复推敲。教师们在这种煎熬和在大量的实践中提高了自己教育教学的水平，发展了自己的专业技能。

三、读书为源：汲取智能活水

爱因斯坦说："人的差异产生在业余时间。"1990 年夏天，酷热难耐，我自己拖着数麻袋的书，来到一所设备简陋，条件艰苦的学校。当时我们住的学生宿舍，宿舍上下两层平铺，6 位老师住在一起，但都没有任何怨言。比如每天 6 点起，就能在 8 点正式工作前，拥有 2 个小时的读书或写作时间；又比如中午从不午休，12 点到下午 2 点的时间，也可以用来读书写作和思考。30 多年来，我很少在节假日休息，大部分时间我都用来读书、学习、研究和写作。我自费订阅了十几种刊物，购买了 3000 多册各类书籍，通过剪贴、做笔记等形式积累了好多本教育教学资料，读书也成为我生活的一部分。通过学习吸收，丰富了我的知识认知体系，为提高教学质量夯实了基础。与此同时，我不断地参加新的研修和学习。2000 年参加了广东省首届数学教师骨干班学习，经过一年的学习，对自己有了新的认识和提升。2006 年至 2009 年又参加了广东省"百千万人才工程"名师培养对象高级研修，经过这三年的磨炼，我充实了自己的知识储备，进入了数学深层的空间，从此构建了"思意数学"的研究框架。2012 年被选派参加了深圳市教育局后备校长班赴北京大学学习；2020 年参加法国布雷斯特高等商学院数据科学与教育管理硕士学位学习；2022 年参加美国内尔学院教育学博士学位学习。我十分珍惜每一次学习提高的机会，在学习期间，我认真学习专业知识，查找相关资料，聆听专家讲座，拜访专家学者，并阅读大量的教育教学学术专著。这种读书经历和体验，奠定了我的数学专业基础，有利于提升我的教育教学水平，也为梳理自己的教育教学思想积淀了丰富的素材。

四、研究为重：科研促进教研

"教而不研则浅，研而不教则空。"我认为中学一线教师做课题研究，主要是处理好教材与教学之间的关系，教材是静态的，教学是动态的，教材出现的问题就可以通过做课题研究来解决，教学里面出现的问题也通过课题研究来解决，做课题就像天平的砝码，可以用来平衡教学与教材之间的关系。2003 年调入深圳市第二实验学校，我发现一个突出的问题是初高中衔接问题——初高中数学学科在学习内容、教学方法、思维方式和教学要求上存在较大差异，致使许多高一学生产生各种不适应。于是，我带领团队认真钻研教材，研究实施对象，即学生的心理情况，研究如何设计适合学生的教学方法，如何培养学生适应高中学习的思维能力和习惯，创造出更为适合学生的教学方法，以满足学生新的学习阶段的要求。由此确定了研究项目"初高中过渡阶段数学学习状况分析及教学探究"，并被列为深圳市教育科学"十一五"规划重点课题，出版了《初高中数学衔接教程》教材。

我现在对于数学简直是越来越痴迷了。2017年教育部颁布的《普通高中数学课程标准（修订稿）》提出了数学六大核心素养：数学抽象、逻辑推理、数学建模、直观想象、数学运算和数据分析。如何把数学核心素养落实到数学教学之中，是我们每一个数学教师思考的问题。数学素养落地的切入口在哪呢？我的课题组团队认真研究后认为，应该以教学设计作为切入口，我们还确定了教学目标定位适切、教学内容重构适合、教学方法选择适当、教学指导介入适时、作业训练匹配适量、过程测试评价适宜的原则。于是我们以"高中数学核心素养的教学设计研究与实践"作为研究项目，这项研究项目被列为2018年广东省教育科研"十三五"规划重点课题，结题被评为优秀。

自2012年开始担任广东省名师工作室主持人，我一直积极地行走在教学科研的路途上，组建团队，着手进行"思意数学"的课题研究，将自己的优秀做法进一步总结整理，进行理论提升；提炼出"思意数学"三大课型体系，单元课型系（包括概念课、定理课、习题课、复习课、讲评课和课题研究课）、主体性课型系（包括知识技能渗透课、思想方法提炼课、思维方式训练课、核心素养系统课）、统整性课型系（包括数学问题解决课、数学学法指导课、学习工具掌握课、数学人文教育课），特别是将"思意数学"有机融入数学教学中，就是将思辨运用于数学教学，让学生领悟数学意蕴，培养学生的问题思维，形成具有自己特色的教学风格。辛勤的付出终有丰厚的回报，出版了《思意数学教学论》等专著。

五、辐射为范：为他人作嫁衣裳

工作室自2012年成立以来，以研修项目为载体，以"思意数学"为主线，开设了理想力课程、学习力课程、精锐力课程、发展力课程、表达力课程、协同力课程、艺术力课程、创新力课程、思想力课程、影响力课程等课程，通过了"名师课堂""名师观点""研修在线""课程引领""课题研究""学术讲座""经典课例""读书感悟""跟岗日志"等学习研修项目。工作室确立了价值引领、知识拓展、思维训练、能力构建的"四位一体"培训理念，并且有机融入工作室全周期的培养理念。工作室构建了"两线三阶十训式"的培训体系："两线"即学科专题研究线和专业素养提高线，两条线交替联动协同；"三阶"即教学实践力—课题研究力—教学反思力的三阶式分级递升；"十训"即以众筹型研训、浸润式研训、传导式研训、跟岗式研训、混合式研训、主题式研训、订单式研训、"靶向"式研训、浇根式研训、课题式研训等十大培训方式协同推进。

目前工作室有 20 位学员被评为中小学正高级教师，8 位学员成为新一轮广东省名师工作室主持人，有 6 位学员被评为广东省第九批特级教师。每次应邀到全国各地讲学，我都会体会到这不仅是把自己教育教学理念进行梳理和凝练，传播宣传自己的教育思想，更是与同行教师思想进行交流。作为广东省名师工作室主持人，我主动牵头担当，发挥好示范引领作用，到全国各地为校长和老师们讲学，先后进行了"高效课堂：校长如何有效开展听课评课""教师成长的关键路径与专业发展""全国卷数学高考命题与复习设计""学科育人与教研组长的职业素养提升""名师工作室品牌建设和行动实践""课题研究的主要步骤及案例分析"等 100 余个专题讲座，深受广大教育工作者欢迎和好评。

林 伟

2023 年 8 月 16 日

目录

第一章　理论探索

　　"思意数学"教学理论构建与实践路径 ……………………………………… 2

　　"思意数学"课型构建与课堂教学实施 ………………………………… 16

第二章　概念课教学案例

　　抛物线及其标准方程 ………………………………………………………… 26

　　指数函数的概念（一） ……………………………………………………… 37

　　指数函数的概念（二） ……………………………………………………… 48

　　数系的扩充和复数的概念 …………………………………………………… 61

　　一元线性回归模型 …………………………………………………………… 68

　　函数的单调性 ………………………………………………………………… 77

　　函数的概念（一） …………………………………………………………… 86

　　函数的概念（二） …………………………………………………………… 95

　　椭圆的定义及其标准方程 ………………………………………………… 106

　　椭圆及其标准方程（第 1 课时） ………………………………………… 113

　　向量的数量积 ……………………………………………………………… 122

第三章　定理课教学案例

　　两条直线平行和垂直的判定 ……………………………………………… 130

　　正弦定理 …………………………………………………………………… 136

　　线面平行的判定定理 ……………………………………………………… 143

　　正弦定理 …………………………………………………………………… 153

直线与平面垂直的判定定理 ·· 162

对数的运算（第 1 课时） ·· 171

第四章 习题课教学案例

正弦定理习题课（第 3 课时） ···································· 178

定义法求曲线的轨迹方程 ·· 186

椭圆的标准方程及几何性质 ·· 194

余弦定理、正弦定理应用举例 ······································ 204

第五章 复习课教学案例

导数与函数的单调性复习课 ·· 218

导数在研究函数中的应用 ·· 227

第六章 讲评课教学案例

2021—2022 学年第二学期五校联盟高一期末联考数学试卷讲评课（一） ··· 236

2021—2022 学年高三第一学期期中考试数学试卷讲评课 ············· 248

2022 年高考数学平面向量汇编试卷讲评课 ························· 258

清远市 2021—2022 学年高二第二学期期末数学试卷讲评课 ·········· 267

第七章 课题研究课教学案例

斐波那契数列 ·· 280

后　记 ·· 285

第一章

① 理论探索

"思意数学"教学理论构建与实践路径

　　"思意数学"聚焦于"如何更思意地教与学",追求"有思意的数学教育",以"思"为魂,以"意"为核,逐渐凸显"融思之规律、意之方法、思意于一体"的特点。我们在探索过程中,不断地以前沿教学理念、现实中的教学问题为切入口,积极借鉴名家的先进教育思想、教育模式,让"思意数学教育"不断成熟和发展,为新时代数学课堂的革新提供独特的视角。

一、"思意数学"教学的核心内涵

　　"思意",《现代汉语词典》的解释为:"心思用意"。"思意数学"中的"思"就是思考、思辨、思维和思想;"意"就是意象、意境、意蕴和意义。"意"是思维的本源,是思维的触发器。"思意"包含了人的思维、想象、兴趣、注意、意志、情感、性格等。"思"和"意"相互影响、共存共生,"思意"是以"思"为魂,以"意"为核,落点于"思"与"意"的彼此交融、彼此支撑、彼此相长之实。

　　"思意数学"是指教育者以问题铺路指引,以思维激发为主线,透过问题来分析数学现象,揭示数学规律,激发学生兴趣,引领学生探究解决数学问题,融思之规律、意之方法、思意于一体,实现感性与理性合一、知性与悟性交融,促成学生提高自我的数学能力与素养的数学教育水平。也就是循"理"致"思",教之思"道",因"数"得"意",得"意"忘"形","学"以致"用"。"思"和"意"之间关系如图 1-1 所示。

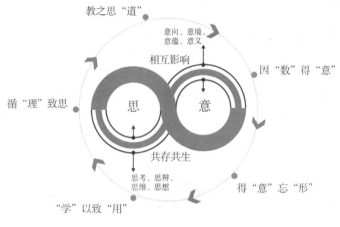

图1-1

"思意教学"以"为学而教，不教之教"为理念，以"激情、自然、朴实、灵动、致用"为教学追求，彰显教育本体功能，充分落实"立德树人"的根本任务，坚持能力为重，以学生健康成长为追求目标。

"思意数学教学"认为：

"教"之"底蕴"就是为"梦"而教。追求教育理想的梦想，教师要充满激情，坚定自信，为教育事业奋斗终身而努力。

"教"之"准则"就是遵"性"而教。教育要遵循学生成长的自然本性，遵循教育规律，因材施教，因势利导。

"教"之"本真"就是因"学"而教。教育就是根据学生的学习情况不断调整教师的教学行为，使学生主体地位和教师的主导作用都能得到充分的体现。

"教"之"意义"就是为"生"而教。教育一方面要关注学生，教师要根据学生的成长规律、现阶段的学习特点设计教学；另一方面教师要关注学生知识的生成和理智处理突发的课堂生成，灵活及时地调整教与学的策略，把即时生成的知识和话题作为教与学的内容，激发学生学习热情。

"教"之"智慧"就是顺"势"而教。教师要根据学生的需要和心理特点，利用并调动积极因素，引导学生从无意识到有意识的探求和认识事物并促进学生健康成长。

"教"之"境界"就是达"成"而教。教育就是要顺理而成长、顺理而成才、顺理而成功，它不是一般意义上的教，是为了达到学生的成长、为了学生的成才、为了学生的成功。

二、"思意数学"教学的学理原点

"思意数学"教学关注学生核心素养与关键能力的培养，从"培养思意数学学习者"的角度出发，基于数学知能、数学情感和数学方法三个维度，凝练出"思意数学"学习者的核心特征。如图1-2所示。

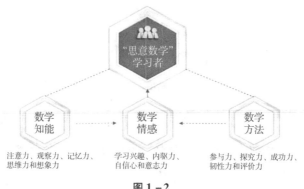

图 1-2

（一）数学知能

"思意数学"教学强调关注学生的注意力、观察力、记忆力、思维力和想象力。在"思意数学"教学实践中，总结出学生以上能力的发展特点和具体的教学实施策略。

1. 注意力。注意力的特点是广度性、稳定性、主动性、持久性。在具体教学实施中，建议教师运用注意品质分配，科学安排学生学习活动时间。利用无意注意的规律，让学生通过项目式学习，深入探索，用小组合作的方式完成学习任务。

2. 观察力。观察力的特点是目的性、条理性、理解性、敏锐性、复杂性、精确性。在具体教学实施中，建议教师运用多种感知，激发学生观察兴趣，围绕目的展开学习。促使学生严密观察计划，掌握观察技能，探索问题本质，提高观察能力，多维思考精确答案。

3. 记忆力。记忆力的特点是敏感性、准确性、特点性、备用性。在具体教学实施中，建议教师根据知识学习遗忘曲线的特点，调整优化教学节奏，合理安排教学活动。根据儿童记忆发展规律，注意强化训练儿童记忆，增强学生记忆效果。

4. 思维力。思维力的特点是敏捷性与灵活性，广阔性与深刻性，独立性与批判性。在具体教学实施中，建议教师结合学生真实的、有挑战性的生活情境，创设发散性的问题情境，引导学生在多样化的问题解决和探究中，逐步深入、有逻辑地启发学生溯源、挖掘问题本质。

5. 想象力。想象力的特点是主动性、丰富性、现实性、折射性。在具体教学实施中，建议教师充分地意识到自身作为"引导者"和"组织者"的角色，关注学生的主动探索精神和好奇心，不断地激发学生的主动想象意识，结合学生最近的发展区，适时地提供学习脚手架支撑，帮助学生充分地发挥想象力和创作力；以学生生活为教学资源最丰富的"资源池"，从中提炼出学生关心的问题，启发学生生成生活化想象；教学中，提供多样化的案例资源，通过生动的案例，引导学生举一反三，感受多元想象的魅力所在。

（二）数学情感

"思意数学"不仅关注学习者数学知能层面的发展，也注重引导学生产生浓郁的数学学习兴趣，充满自信，自发地进行学习和探究，关注学生学习意志力提高成就感。

1. 兴趣。兴趣的特点是指向性、广阔性、稳固性、效能性。在具体教学实施中，建议教师从学生生活入手，寻找结合点，让学生兴趣盎然地投入学习；从 STEAM 等跨学科教学案例中，寻求跨学科学习启发，有机地整合知识点，拓宽学生学习兴趣；依照学生心理发展特性，培养稳固兴趣点，培养持续性的学习兴趣；搭建有指向性的问题解决情境，发挥兴趣效能。

2. 内驱力。内驱力的特点是多样性、合作性、激励性、功能性。在具体教学实施中，建议教师交叉运用科学的教学法，如问题驱动法，激发学生主动学习的意愿；倡导并组织学生进行小组合作学习，引导学生在合作中产生学习动机；明确学习评价、反馈、激励机制和方式，驱动学习效果的最大化。

3. 自信力。自信力的特点是积极性、持久性、发展性、目标性。在具体教学实施中，建议教师将"正面引导"和"多元鼓励"相结合，调动学生学习积极性；提供合适、科学、有效、有趣的学习脚手架，引导学生探索试误；引导学生由浅入深学习，动态化、持续性地发展学生自信；构建学习目标机制，逐步引导、鼓励学生达成目标，培养学习自信心。

4. 意志力。意志力具体表现为坚韧性和正向心。在具体教学实施中，建议教师由易到难的顺序组合知识点，帮助学生积极面对挑战，提升意志坚韧性，在解决问题的过程中，不断探索问题解决的办法，调用先前知识，持续性探索和反思；利用数学独特的文化和数形美感，培育学生意志正向心。

（三）数学方法

"思意数学"教学关注数学学习方法和过程，学生能力具体表现为参与力、探究力、成功力、韧性力和评价力。在"思意数学"教学实践中，总结出学生以上能力的发展特点和具体的教学实施策略。

1. 参与力。参与力的特点是深度性、广度性、密度性。在具体教学实施中，建议教师创设有意思、有挑战、有意义的问题情境，促成学生深度参与学习；提供多元、丰富、有效的学习方式，鼓励学生多维度参与学习；通过逐步、有序地聚焦问题本质，组织学生集中性参与学习探索。

2. 探究力。探究力的特点是主动性、持续性、深度性、创新性。在具体教学实施中，建议教师首先通过启发引思的方式，启发学生发现问题，主动投入学习与探究中；其次，通过导疑悟思，提出并解释问题，鼓励学生持续探究；继而，通过研习整合的方式解决问题，鼓励学生大胆深度探究；最后，通过举一反三，联想发散，引导学生创新设计与发展。

3. 成功力。成功力的特点是针对性、激励性、多变性、发展性。在具体教学实施中，建议教师组织成功教育相关活动，激励学生自主、自发性学习；遵循成功心理原理组织教学，引导学生热爱学习；基于成功心理的发展特点，提升学生学习成就感和自信心，养成优秀的学习习惯。

4. 韧性力。韧性力的特点是耐挫性、调整心性、健全性。在具体教学实施中，建议教师关注学生韧性发展，组织主题式心理咨询活动，辅助学生调节学习心态；通过问卷调查、观察等方法，关注学生心理健康，适时地提供帮助和引导，帮助学生保持良好心境，促进韧性力的发展。

5. 评价力。评价力的特点是激励性、过程性、针对性、综合性。在具体教学实施中，建议教师根据学习任务的完成情况，提供及时评价反馈，激励学生大胆挑战和创新；注重过程性评价，关注学生在学习过程中的体悟和反思，组织学生进行自评、互评，教育学生关注自身过程性成长；进行精准评价，利用评价量规，引导、发展学生进行精准的评价；综合评价，引导学生进行全方位、多角度的评价，发挥评价对学生学习的正向引导作用。

在多年来的课堂实践探索中，我们将以上基于核心素养的学习目标做了更为深入、全面的研究。首先，综合课程标准、教材及学生身心发展特征等，确认新课程理念与具体知识之间的关系，分析学生的基本观念和具体知识方面的发展程度，最终构建以核心素养为"魂"的教学目标；其次，展开以核心素养为"魂"的教材分析，分别对教材内容及学生特征开展分析；最后，设计以核心素养为本的教学策略，包括情境设计、问题设计、小组活动设计和反思策略设计等。具体的实施路径，如图1-3所示。

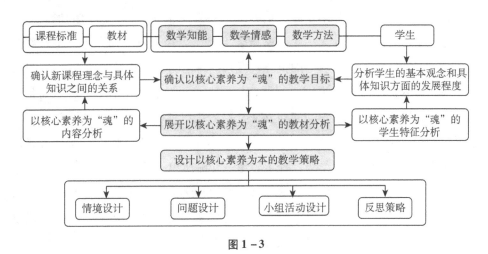

图1-3

三、"思意数学"的教学原则与结构

（一）"思意数学"的教学原则

"思意数学"教学遵循"有序"和"启动"两个原则进行施教，在教与学的过程中，充分发挥教师的主导作用与学生的主体作用。

1. 有序。何谓"有序"原则？在实际教学中，教师应依照学生认知发展的特点和规律，充分发挥主导作用，在解决问题的过程中，逐步地引导学生发现、掌握规律，有序、高效地学习，循序渐进地发展数学知能、情感和培养方法技能。在学生的学习和思考层层递进的过程中，教师扮演"辅助者""指导者"和"引路人"的角色，助力学生通过提供的学习资源和支架，基于学习兴趣不断努力探究和发现，掌握科学的学习和思考的方法。以上遵循"有序"原则的教学过程可简单总结为：设置疑问—指导交流—点拨关键—矫正训练。

2. 启动。"启动"原则围绕教学目标和任务，以学生为主体，构建自主、合作、互动型课堂，进而提升学习效率，通过启动"师生"、"生生"之间的交流和互动，实现主动、多元、开放性教学模式。在具体课堂中，学生在教师的指引下，围绕学习目标和任务要求，不断地动眼、动耳、动脑、观察、思考和反思，不断完善自己的知识结构。在互动教学中，学生高效地接收知识和信息，动手探究练习，动口表达反思。基于真实、有趣和生活化的情境，学生产生对学习任务的探究和学习兴趣，围绕典型实例和知识冲突，主动地进行思考；接着，教师通过组织学生与学生之间的互动，引发学生充分利用小组的形式，开展讨论、交流，在知晓他人的想法基础之上，比较和分析不同观点，进行判断和总结；其次，学生结合教师的指导，寻找到科学的学习和思考的方法；最后，学生运用有效的学习方法去解决问题，拓展训练，发展自己的智能，从而帮助他们更好地同化和吸收数学知能与方法，培养思维能力。以"启动"为原则的学习过程中，学生的主体地位充分凸显，保障了学习的趣味性、科学性和延展性。该学习过程可简单总结为：探索思考—交流所思—矫正思考—形成方法。

"思意数学"教学是把"四基"教学与发展潜能的任务结合起来，通过"有序"和"启动"两个原则进行施教，它两者互相促进，协同发展，水乳交融，使学生既扎实了知识基础，又提高了思维能力。在教学中，明确"两个特点"（数学学科的特点和中学生的心理特点）和组织教学的各个环节，努力实现"三个过渡"（模仿性思维→独立性思维；具体形象思维→综合抽象思维；单一性思维→综合性思维）。"两个特点"是实现"三个过渡"的前提，使"三个过渡"顺利实现。具体的实施过程，如图 1-4 所示。

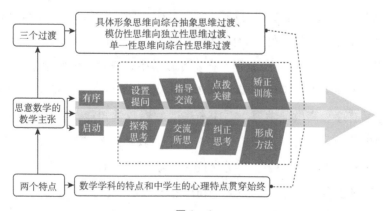

图 1-4

　　"思意数学"教学，其基本思想是把教材转化为一个科学的、生动的、富有启发性和导向性的、符合该年龄段学生认识水平和心理水平的问题系统组成的"学材"，并由此去转化、规范教与学的方法，优化数学教学诸因素，减轻师生负担，提高数学课教学的效率和质量。

　　在数学教学中，以问题为核心，再现具体"意境"，激趣、设疑、引思，从感性走向理性，挖掘现象的本质，抽取学科教学内容中最本质、精髓的思想，通过有效地组织和呈现，帮助学生进行深度学习，引导学生通过自己的理解体悟与反思，促进认识完善，形成知识结构，掌握数学思维方法。这就是情意飞扬，思维绽放，智慧流淌。

(二)"思意数学"的基本结构

　　基于一线课堂中的深入探索及研究，立足核心素养的"思意数学"目标，构建"思意数学"的课堂教学系统。思意数学教学要关注点、量、度、序、法、情、时、率等要素。这些要素分别与教学内容（点、量）、教学形式（度、序、法、情、时）、教学效率（率）相对应。它们在课堂教学过程中构成一个有机的整体，形成一个错综复杂的关系。其结构图如图 1－5 所示。

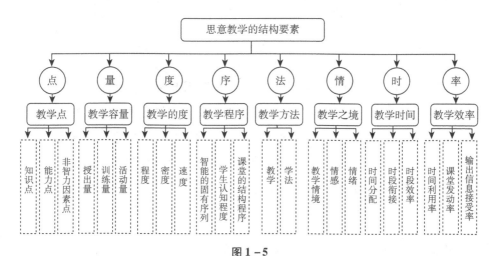

图 1－5

　　"思意数学"就是围绕问题开展，再通过思维载体，提升学生数学思维与素养。其过程可表示为：问题—思维起点选择—组织思维程序—得出结论。具体来看，问题线流程——紧扣问题（或主题），教师创设一个有目标、有情境、有秩序、富有启发的问题来诱导和启发学生，让学生动手动脑、合作探究，运用教师启发指导等方式，使得问题解决；思维线流程——以问题为载体，从"生"入手，设计符合学生实际和适合学生思维发展的问题，唤醒学生的认知情感，用感知基础上的思维、想象，达到理性上的全面认识，培养学生正确的思维品质和思维方法；发展线流程——基于问题和产生动机，促进学生自己分析和处理信息来感受和体验知识的形成过程，通过思维能力和分析问题、解决问题能力的提高来奠定其终身发展的基础，进而提升其数学素养。结构图如图1-6所示。

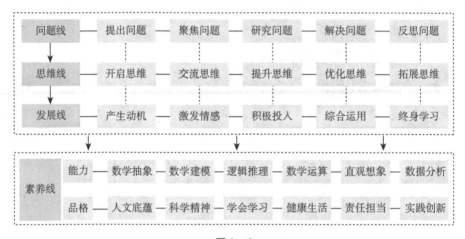

图1-6

"思意教学"强调把教材内容与数学情境联系起来，拓宽意境，通过广远意境激发学生的想象，培养学生正确的思维品质和思维方法。思意教学意蕴了数学的智慧性与文化性，思意数学课正是一种理性状态下的思考和探索，融合了数学的理性精神与人文精神，通过搜集、整合一定数量和质量的、有利于多元思考的学习资源，引导学生有逻辑地思考与探究，保证思维的合理性和严密性，维持思维的活跃性和敏感性。

四、"思意数学"教学的实施流程

"思意数学"课堂教学的基本流程为：思维激发—思维导引—思维碰撞—思维迁移—思维提升。这一课堂操作要点包括两个方面：其一是以问题为主轴，借助多元对话互动、反馈、导向性评价，实现对知识的整体把握，多角度理解；其二是综合运用知识的同化策略，问题中心图式，顿悟的产生，陈述性知识、程序性知识、策略性知识的表征特点，搭建改变思维的有效载体。综合来看，"思意数学"教学流程图如图1-7所示。

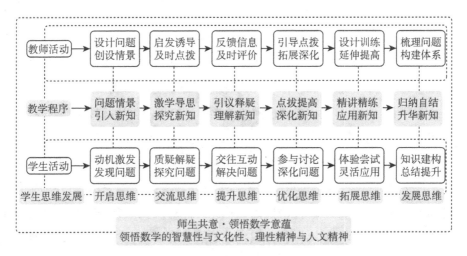

图1-7

"思意数学"教学是一种教学模式，是一种以问题为本的教学形式。以问题引路，围绕问题开展教学，学生通过问题的引导学习理解所学内容。以此构建出充满悬念和挑战的课堂，激发学生想挑战、乐探索的欲望，充分挖掘学生潜能和想象力。在教学过程中，提问的作用不容小觑，有效、有趣的提问能使课堂散发无穷的意蕴和拓展课程的边界。这要求教师根据教学目标和内容，创设符合学生实际的问题情境，不断开发问题的内涵与外延，以便于把学生的情感活动与认知活动结合起来，应用多元化的教学资源与手段组织教学，并对教学过程与结果进行合理的评价，使学生在生动和谐的课堂氛围中充分发展发散思维能力，从而提高自己的专业能力。

（一）"六环节"课堂结构

目标导向：创设情境，开启思维。激学导思：激励唤醒，交流思维。

引议释疑：独思互助，提升思维。点拨提高：矫正反馈，优化思维。

精讲精练：学以致用，拓展思维。归纳自结：梳理提炼，发展思维。

（二）"六环节"课堂教学模式的基本含义

环节一：目标导向

根据课标要求和课程内容，课前确定指导内容和学生自学内容，上课后展示目标，并围绕教学目标，创设问题情境，开展教学活动，让教学目标给学生的学习提供思维导向，开启学生思维。

环节二：激学导思

"激学导思"就是"激励唤醒，开启思维"的过程。教师以课标和学情为依据，从学生学习兴趣的最佳结合点出发进行教学设计，创设适合学生学习的情境和思维梯度，把教材和教学目标内化为符合学生认知规律的学习方案，在教师的诱导下，学生自主完成预设问题的学习，初步内化学习目标和内容。

环节三：引议释疑

"引议释疑"是教师在"激学导思"的基础上，进一步"交流思维、提升思维、优化思维"。在这个过程中构建师生"学习共同体"，有效引导师生共同完成剖析重点、突破难点、澄清疑点、补充盲点，既完成预设目标，又可以生成新的目标。学生不仅能够体验知识生成的过程，而且在过程中可以体现学生思维发展的轨迹，展示学生思维提升的层次。

环节四：点拨提高

"点拨提高"是教师在"引议释疑"的基础上，进一步"拓展思维"，点拨解决问题的途径和方法；点拨解决问题思路和规律；点拨问题的根源和缘由；点拨知识的结构和特征。通过检测诊断教和学的质量效果，检测教学目标的达成度和准确度，查漏补缺，反馈矫正，进一步帮助学生完成知识的落实、方法的内化，最终拓展学生思维，使其向纵深延伸。

环节五：精讲精练

这一环节是学生"学以致用，拓展思维"的过程。教师根据教学内容设计基础问题，实现本节课教学的达成度，做到讲到精要，讲出精华，讲得精彩，帮助学生深化所学知识，引导学生从知识向能力的转化与延伸，揭示解题规律，使之具有条理性、系统性和灵活性。教给学生分析问题与解决问题的方法，逐步达到知识与方法融会贯通，实现"发展思维"的目的。

环节六：归纳自结

"归纳自结"是师生共同"梳理提炼，发展思维"的过程。"总结回顾"既包括对数学知识的梳理，也包括对数学方法的提炼。学生反思学习过程，总结和整理出获取知识体系、方法体系和解决问题的方略。教师将本节课所学内容融入单元或章节之中，凝练获取知识方法或思考问题的思路，形成完整的知识体系和方法体系。

在教学过程中，以上各环节并非截然分开的，而是一个紧密联系的有机整体。目标导向、激学导思、引议释疑、精练强化、点拨提高、归纳自结、贯穿于整个教学过程。

五、"思意数学"教学的课堂评价

教学活动充满特殊性、复杂性和多元性。因为教师设计的"教学活动"的参与对象是一个个有思想、有情感、有独特个性的学习者。想充分发挥学生的主体性，保证有效的教学，探索"思意数学教育"课堂评价十分有必要。综合来衡量，思意数学课堂的评价标准包含五个方面：有知识、有思想、有方法、有生活、有境界，如图 1-8 所示。

有知识　　　有思想　　　有方法　　　有生活　　　有境界

图 1-8

首先是"有知识"，这是最基本的要求。评价有知识主要从学科知识和知识扩展这两个方面考虑，学科知识目标明确具体，知识点落实到位，课堂容量适当；知识扩展就是教学内容丰富，课堂重点突出，难点突破有效。

其次是"有思想"。何谓有思想？思想为方法的抽象化表达，是认识和解决问题的一般方法。从教学的本质来看，引领学生认识、思考、发现自然和人类社会事物中所潜藏着的"思想"，帮助学生合理、有效地使用语言、数据等方式表述自己思想，即为教学层面的"有思想"。因此，必须构建有思想的课堂，培育有思想、善于思考和深切地关注如何提升学生思想的教师。有思想的教师有持续性学习新知的能力，有怀疑精神和批判性思维，有独立思考、善于反思的品质。一堂有思想的课是能走进学生的心灵的，从学生视角出发，学生可以较好地理解和接受，不断地产生进一步学习的兴趣。

第三是"有方法"。授人以鱼，不如授人以渔。有方法就是教法引导和学法指导。教法引导即要求教师教学组织有序，教学手段丰富，方法灵活有效；学法指导具体指落实学生问题到位、教学效果有效，但重要的是，要让学生自己悟出方法。让学生自己悟出方法和思想是教育者更高远的目标。

第四是"有生活"。教育即生活。有生活这里主要是指教学情境和教学氛围。教学情境就是要创设情境生动、问题设计贴近生活，教学内容联系生活实际；教学氛围就是课堂气氛和谐，引导学生参与生活，把所学的知识应用于生活，知识同时影响生活，激发学生明白知识可以改变人类生活的道理，从而能够主动、持续地运用知识来创造和改变世界。

第五是"有境界"。这里说的"有境界"主要包括学科素养和人文素养。学科素养就是培养学生学科学习兴趣，关注学生思维品质训练，落实提升学生学科素养；人文素养就是能有效提升学生的品质，在教学过程中要落实"立德树人"的任务，引导学生树立正确的人生观、世界观和价值观。充满正能量是一节好课的关键，这融合了教育者的正确的人生态度、积极向上的精神、激发生命潜能与无私奉献的价值观，课堂教学中充满热情、激荡情感、心灵互动、憧憬未来，会将学生的精神和人格引向高尚的境界。

据此，我们制定了课堂教学评价表（具体见表1-1）。

表 1-1

评价项目		评价要点	分值
有知识	学科知识	知识目标明确具体，知识点落实到位，课堂容量适当	10
	知识拓展	教学内容丰富，课堂重点突出，难点突破有效	10
有思想	学科思想	融入数学思想方法，运用数学方法解决问题	10
	育人思想	渗透立德树人的要素，有独立的表达意见	10
有生活	教学情境	教学情境就是要创设情境生动、问题设计贴近生活，教学内容联系生活实际	10
	教学氛围	课堂气氛和谐，学生学习热情高，参与面广	10
有方法	教法引导	教学组织有序，教学手段丰富，方法灵活有效	10
	学法指导	学法指导具体，落实学生问题到位，教学效果有效	10
有境界	学科素养	培养学生学科学习兴趣，关注学生思维品质训练，落实提升学生学科素养	10
	人文素养	能有效激发学生的精神力量，引导学生树立正确的人生观、世界观和价值观	10

说明：优秀（90分以上）；良好（80-89分）；合格（70-79分）；不合格（70分以下）

根据上面的标准，课堂观察过程中主要关注下面几个观察点。

1. 目标清晰。根据课程标准、教学内容以及学生实际来确定立体的教学目标，让教与学有方向，师生认同，路线清晰。

2. 重点突出。教学重点让师生心中有数，突破难点，解决疑点，抓准要点，突出重点。

3. 以生为本。让学生发展为突破口，在课堂上体现人人学有用的数学，落实学生主体地位，发挥教师指导作用，到达师生互动自然、和谐。

4. 流程顺畅。教学流程符合学生实际及认知规律，实施过程科学逻辑，严谨顺畅，疏密有致。

5. 注重内化。课堂渗透立德树人理念，关注学生思维品质训练，有效激发学生的精神力量，落实提升学生数学素养。

6. 沟通融合。课堂教学体现师生之间相互沟通，生生之间相互沟通，达到有机融合。

7. 启迪思维。培养学生的问题意识和问题思维，鼓励学生自主探究，激发学生勤于思考，善于质疑，敢于发表独立见解。

8. 媒体得当。根据教学内容恰当运用媒体，把信息技术与数学教学有机整合。

9. 讲求实效。课堂教学最终要看效果，要关注学生对目标的达成度，解决问题的有效度。

10. 多元评价。课堂评价根据目标达成的要求，抓住关键，突出重点，多元评价。

"思意数学"课堂中，学生始终处在最佳学习状态，思维活跃，师生互动，积极参与。学生善于与老师交流，积极提出问题、讨论问题。

教学活动是一个动态复杂的过程，在这种师生的双边活动中，教师要充分发挥学生的主体性，让学生的智慧放射光芒。把一堂课上好，这是教师获得成功和幸福的源泉，在内心深处怀抱求真求善的渴望，追求教师与学生生命的共同融入，这便是教育的成功。

"思意数学"课型构建与课堂教学实施

"思意数学"教学，以问题为核心，再现具体"意境"，激趣、设疑、引思，其基本思想是把教材转化为一个科学的、生动的、富有启发性和导向性的、符合该年龄段学生认识水平和心理水平的问题系统组成的"学材"，通过有效地组织和呈现，帮助和引导学生自主学习，通过学生自己的理解与反思，进一步完善认识，构建知识体系，从而领悟数学思想，掌握数学方法。

一、"思意数学"教学课型体系的目标指引

"思意数学"教学的课型体系围绕学生思维发展的"四大特性"，即"能动性""方向性""创造性"和"条理性"为目标指引。以上四个思维发展目标是互相促进、共同发展的，具体如图1-9所示。

◆ 方向性
使思维有一定的目标并沿着一定的逻辑轨迹发展。

◆ 创造性
多角度观察问题、认知问题和解决问题的能力，发展批判性思维。

◆ 条理性
对纷繁的现象（或材料）能加以分析综合，按照其内在逻辑线索理出顺序来。

◆ 能动性
激发学生的兴趣和好奇心，使其转为探索追求，调动其思维的积极性。

图1-9

二、"思意数学"教学课型体系的基本框架

基于"思意数学"教学课型体系的目标,"思意数学"教学设计及教学组织遵循和符合课型的特征和要求,"思意数学"教学课型体系,包含了单元型课程、主题性课程和统整性课程三大课型系和十四个子课程,具体如图 1 - 10 所示。

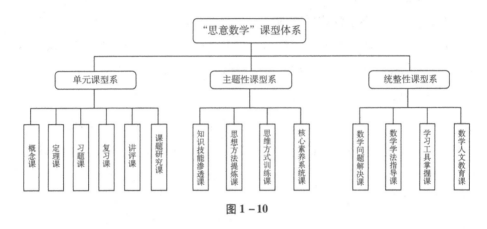

图 1 - 10

(一)单元课型系

单元课型系包含概念课、定理课、习题课、复习课、讲评课和课题研究课。

1. 概念课。以概念、定义为主的课,通过各种数学形式、手段,对研究对象的本质属性进行揭示和概括,引导学生理解研究对象的共同属性,进一步认识和理解概念的"内涵"与"外延"。

2. 定理课。以定理、公式、法则为主的课,旨在理解公式、定理的形成过程,揭示数学思想、思维方法及其应用。

3. 习题课。以例题、习题为主的课,教师有计划、有目的地对学生掌握基本知识的情况进行训练,目的就是为了巩固学生学过的知识。

4. 复习课。以学生进行"内化学习"为主的课。学生复习的过程就是对已学知识进行整理、巩固、提高的过程,激活学生的思维。

5. 讲评课。讲评课是学生继续学习过程中的一个必不可少的环节。讲评课的教学目的和特点就是"及时矫正错漏""增强学习自信心"。

6. 课题研究课。课题研究课是主要是以学生小组合作研究为主,进行小组合作分工,培养学生研究意识、创新精神与实践能力。

（二）主题性课型系

主题性课型系包括四个子课程，即知识与技能渗透课，思想方法提炼课，数学思维训练课，数学核心素养系统课等基本类型。现分述如下：第一，知识、技能系统课旨在把相关联知识系统化和基本技能熟操化，厘清知识与技能之间的联系；第二，思想方法提炼课就是把零散在各章节的思想方法进行一一梳理，形成一个完整的体系；第三，数学思维训练课旨在建立学生数学思维系统，把数学认知结构与数学思维体系和谐统一，达到和谐地发展；第四，数学核心素养系统课旨在培养学生综合运用能力，提升数学素养，主要是数学抽象、直观想象、数学运算、逻辑推理、数学建模和数据分析等六大核心素养。

（三）统整性课型系

在教学过程中，数学思维层面素养能力等高阶目标的实现过程难以在某一节课上就可以得到比较完整的落实，高阶目标需要循序渐进实施，在实施过程中需要大量的积累，才能达到质的飞跃。实现数学教学高阶目标为主要目的的课称之为统整课型，取系统整合之意。统整课型系包括四个子课程，现分述如下：第一，数学课标准把"解决问题"（其实就是"问题解决"）列入了课程目标的课，因而问题解决课作为一种实现数学课程高阶目标的课，列入统整课型系；第二，学法指导课就是有计划、有目的地向学生传授学习方法与技能方面知识的独立课型；第三，数学学习工具掌握课就是引导学生对多媒体数学教学软件正确使用及掌握；第四，数学人文教育课注重数学认知过程，强调数学对思维品质的影响，强化数学认知与数学情感之间的关系，是实现数学教育高阶目标的主要课型之一。通过数学问题，培养学生竞争、参与、合作意识，进而情感体验，领悟数学文化。

三、"思意数学"教学设计架构

在多年来的课堂实践探索中，我依据课程标准、数学核心素养以及学生发展特征，构建了以核心素养为"魂"的教学目标，以核心素养为"魂"的教材分析的教学方式，分别对教材内容及学生特征开展分析，关注学生核心素养与关键能力的培养，从学习者的角度出发，基于数学知能、数学情感和数学方法三个维度，从而设计以核心素养为本的教学策略，如图 1-3 所示。

（一）数学知能

"思意数学"教学不仅是为了传授学生知识与培养学生的能力，更重要的是在培育知能基础上，培养学生"数学的"的思维能力。因此，"思意教学"基于学生的思维能力，即注意力、观察力、记忆力、思维力和想象力，在不同能力维度的具体特性下，探索开展"思意数学"的教学路径。

对于学生的注意力，我们利用无意注意的规律，通过案例激发注意力的广度性；维持有意注意，通过项目式学习强化注意力的稳定性；根据有意注意的特点，通过小组合作提升注意力的主动性；运用注意分配品质，安排学习时间，提高注意力的持久性。

对于观察力，激发学生观察兴趣，围绕学习任务开展学习，提高观察力的目的性；严密观察计划，有条不紊及时记录，提高学生观察力的条理性；掌握观察技能，科学理解支撑学习，提高学生观察力的理解性；运用多种感知，敏锐洞察问题，提高学生观察力的敏锐性；探索问题本质，举一反三严密推理，提升学生观察力的复杂性；提高观察能力，多维思考精确答案，提升学生观察力的精准性。

对于记忆力，凸显无意记忆优势，提升学生记忆力的敏捷性；根据儿童记忆发展规律，合理安排教学活动，凸显学生记忆力的特点性；根据知识遗忘曲线特点，教学节奏顺势把握，保障学生记忆力的准确性；注意强化训练儿童记忆，增强学生记忆效果，提高记忆力的备用性。

对于思维力，创设适合学生思维发散的问题情境，提升思维的敏捷性与灵活性；利用多种问题探究的方式组织学习，拓展思维力的广阔性与深刻性；层层深入、有逻辑地引导学生挖掘问题本质，提升思维力的独立性与批判性。

对于想象力，通过问题引导和探索，激发学生主动想象意识，提高想象力的主动性；提供脚手架支撑，提升学生丰富想象能力，拓展想象力的丰富性；结合现实生活需要，生成生活化想象，回归想象力的现实性；通过举一反三生动案例，拓展学生想象力的折射性。

（二）数学情感

"思意数学"教学一方面是传授学生知识，培养学生的能力，开启智慧；另一方面注重激发学生的学习兴趣，培养良好的学习态度与情感，增强学生的学习内驱力、自信心与责任感。因此，我基于学生的情感能力，即兴趣、内驱力、自信心和意志，在不同能力维度中的具体特性下，探索开展"思意数学"

教学的路径。

对于兴趣，挖掘生活化兴趣点，激发学生兴趣的指向性；融合多学科知识点，扩宽学生兴趣广阔性；稳固兴趣点，激发探究学习欲，培养学生兴趣的稳固性；提供问题解决情境，发展学生兴趣的效能性。

对于内驱力，运用多样化教学技能，激发学生主动学习，提高学生内驱力的多样性；科学组织合作学习，提高学生驱动力的合作性；建立反馈激励机制，驱动学生学习最大化，提升内驱力的激励性；训练学生学习知能，培养良好内驱力的功能性。

对于自信心，正面引导多面鼓励，激发学生学习自信心的积极性；提供学习脚手架，鼓励学生探索，提升学生自信心的持久性；通过由浅入深学习，动态化提升学生自信心的发展性；建立学习目标机制，鼓励学生达成自信心的目标性。

对于意志力，通过由易到难的顺序组合知识点，激发学生意志坚韧性；利用数学文化和美感，培育学生意志正向心。

（三）数学方法

"思意数学"教学十分重视学生的学习方法和过程的研究，参与是前提，探究是关键，成功是目的，健康是保证，评价是导向。因此，基于学生的方法能力，即参与力、探究力、成功力、韧性力和评价力，在不同能力维度中的具体特性下，探索开展"思意数学"教学的路径。

对于参与力，通过创设挑战性问题情境，深度参与学习，提升学生参与力的深度性；提供多种学习方式，多维度参与学习，拓展学生参与力的广度性；聚焦问题本质，集中性参与学习探索，提高学生参与力的密度性。

对于探究力，通过启发学生引思发现问题，提升学生探究力的主动性；通过导疑悟思解释问题，提高学生探究力的持续性；通过研习整合解决问题，拓展学生的探究力的深度性；通过举一反三联想发散，提升学生探究的创新性。

对于成功力，开展成功教育活动，激励学生自主学习，提升学生成功力的针对性；运用成功心理原理，训练学生热爱学习，提升学生成功力的激励性；根据成功心理特点，训练学生善于学习，提高学生成功力的多变性；发展成功心理特点，养成良好学习习惯，提升学生成功力的发展性。

对于韧性力，开展心理咨询，调节学生的学习心态，提高学生韧性力的耐挫性；维护健康心理，保持学生的良好心境，确保学生韧性力的调整心性；促进健康心理，发展学生的学习人格，提升学生韧性力的健全性。

对于评价力，通过及时评价，激励学生奋发有为，彰显评价力的激励性；通过过程评价，教育学生勤奋学习，维系评价力的过程性；通过精准评价，发展学生自我评价，保障评价力的针对性；通过综合评价，提升学生良好素养，提升评价力的综合性。

四、"思意数学"课堂教学实施

"思意数学"课堂教学通过"目标导向—激学导思—引议释疑—点拨提高—精讲训练—归纳自结"六个环节来实现。"思意数学"教学流程图如图 1 – 7 所示。

具体操作如下：

（一）目标导向，开启思维

在这一环节中，教师根据课程标准和教材要求，制定符合学生的学习目标和教学目标，课前确定学生自学内容和教学内容，在教学过程中创设教学情境，围绕教学目标和教学内容，让学生进行思考。教学目标给学生的学习提供了思维导向，激发学生学习动机，开启思维。

（二）激学导思，交流思维

在这一环节中，教师依据课程标准和学情，在学生自学前，提出自学的要求和方法。教师创设问题情境，让学生用自主阅读、独立思考、自主探索和质疑等的方式来理解教材和教学内容，学生在自主学习、小组讨论、集体交流的过程中，交流思维。教师根据学生的掌握情况进行解惑答疑，调动学生主动性和积极性。

（三）引议释疑，提升思维

在这一环节中，在"激学导思"的基础上，由于学生各自自学能力不同，对教材或教学内容理解有差异，教师根据学生出现差错的问题，进行解惑，引导学生自由发表意见，提升思维。在教学过程中，主要侧重几个方面的内容：议知识，厘清知识结构和特征；议疑难，寻找解决问题的策略；议关键，寻找解决问题的思路；议易错点，寻找解决问题的根源；议争议，培养创造性思维，统一认识。

（四）点拨提高，优化思维

在这一环节中，教师根据学生学习情况不断扩充和点拨，点拨知识重难点，点拨问题的根源和缘由，点拨解决问题的方法和规律，点拨构建知识体系。帮助学生深化知识，查漏补缺，反馈矫正，让学生逐步形成新的知识结构与知识系统，优化思维。

（五）精讲精练，拓展思维

在这一环节中，教师根据学习目标和与学生交流中所反馈的信息，精心选编题目，精讲精练。一方面是根据教学目标和教学内容编拟的练习，以问题引路，让学生一边自学一边训练，从而获取新知识；另一方面是教师根据学生反馈的自学和练习情况，做到讲到精要，讲出精华，讲得精彩，引导学生从知识向能力的转化与延伸，教给学生分析问题与解决问题的方法，逐步达到知识与方法融会贯通，揭示解题规律，使之具有条理性、系统性和灵活性，拓展思维的深度和广度。

（六）归纳自结，发展思维

在完成上述各环节后，师生对课堂教学内容进行总结、回顾、反思，建立新知识体系，也包括对数学方法的提炼。总结和整理出获取知识体系、方法体系和解决问题的方略。教师将本节课所学内容融入单元或章节之中，凝练获取知识方法或思考问题的思路，形成完整的知识体系和方法体系。从而全面完成教学目标，发展思维，形成能力。

在教学过程中，以上各环节并非截然分开的，而是一个紧密联系的有机整体。目标导向是前提，激学导思是基础，引议释疑是关键，精练强化是手段，点拨提高为的是更加深化，归纳自结为的是进一步巩固；讲中有练，讲练结合；以自学为主，讲授为辅，练为红线，并贯穿于整个教学过程。

五、结束语

教学活动是一个动态复杂的过程，数学核心素养的落地主要是由课堂来落实，因此我们提出"思意数学"课堂教学主张，构建新的课型体系、实施新的教学方式和评价标准，充分发挥学生的主体性，激发学生思维，让学生始终处在最佳的学习状态，积极参与师生互动。让学生善于与老师交流，积极提出问题、讨论问题。

在这种师生的双边活动中，教师要让学生的智慧放射光芒。把一堂课上好，是教师获得成功和幸福的源泉，在内心深处怀抱求真求善的渴望，追求教师与学生生命的共同融入，这便是教育的成功。

第二章

② 概念课教学案例

抛物线及其标准方程

一、内容和内容解析

（一）内容

抛物线的概念、标准方程及其简单应用。

（二）内容解析

1. 内容的本质。本节课的内容是在前面学习椭圆和双曲线的基础上，通过类比椭圆、双曲线的研究过程与方法，先抽象抛物线的几何特征，然后通过坐标法建立它的标准方程，再利用方程研究它的几何性质，并利用这些性质解决简单的实际问题。抛物线标准方程是坐标法的进一步运用，所要解决的仍然是解析几何的"两个基本问题"：建立曲线的方程，通过方程研究曲线的性质。

本节课首先通过回顾椭圆、双曲线中例题提出的轨迹定义：动点 M 到定点 F 的距离与到定直线 l（不过点 F）的距离之比为 k，当 $0 < k < 1$ 时，点 M 的轨迹是椭圆；当 $k > 1$ 时，点 M 的轨迹是双曲线，自然地提出问题"当 $k = 1$ 时，点 M 的轨迹会是什么形状"。在信息技术的帮助下，发现抛物线的几何特征，进而获得抛物线的概念。然后根据抛物线的对称性建立焦点在 x 轴的坐标系，改变原点的位置，建立不同的坐标系，再进行代数运算得到抛物线的方程，通过对比，让学生自己选择合适的方程，从而得到焦点在 x 轴正半轴的抛物线的标准方程。再充分运用坐标法，对方程的形式进行转化，获得焦点分别在 x 轴负半轴、y 轴正半轴、y 轴负半轴上的抛物线的标准方程，针对标准方程加以简单运用。

2. 蕴含的思想和方法。本节课最重要、最根本的数学思想方法是坐标法，在推导抛物线标准方程的过程中得到了充分展示。另外还有多种研究方法，例如，类比椭圆、双曲线的研究过程与方法；在观察图形特征的基础上，形成抛物线的概念；在坐标系中研究焦点位置不同的抛物线得到的标准方程不同，这用到了分类讨论的思想；对二次函数的图像为什么是抛物线的研究用到了转化与化归思想。在此过程中，数形结合、类比、特殊化与一般化、转化与化归等思想方法发挥着重要作用。

3. 知识的上下位关系。前面两节学生刚刚学习过椭圆、双曲线的相关内容，有了初步研究圆锥曲线的基础，即首先是概念抽象的过程，其次是在探究、明确其几何特征的基础上，再利用几何特征建立坐标系、求出标准方程，最后通过方程，运用代数方法进一步认识圆锥曲线的性质以及它们的位置关系。抛物线的研究过程类比椭圆、双曲线的研究方法，这也进一步巩固了圆锥曲线的学习和研究方法。

4. 育人价值。"3.3.1 抛物线及其标准方程"的学习有助于学生学会合乎逻辑地、有条理地、严谨精确地思考和解决问题，有助于发展学生数学抽象、数学建模、逻辑推理、数学运算、直观想象等方面的素养。

5. 教学重点。抛物线的概念和标准方程的建立。

二、目标和目标解析

（一）教学目标

1. 经历从几何情境中认识抛物线的几何特征，给出抛物线的定义的过程，发展学生的直观想象素养。

2. 经历类比椭圆、双曲线的标准方程的建立过程，运用坐标法推导出抛物线的标准方程，并能用它解决简单的问题，进一步体会建立曲线的方程的方法，发展学生的直观想象、数学运算素养。

（二）目标解析

1. 能通过绘制抛物线的过程，确定抛物线上的点满足的几何条件，明确抛物线的几何特征，形成抛物线的概念。

2. 能认识建立抛物线标准方程的过程与建立椭圆、双曲线标准方程的过程是类似的。能通过建立适当的坐标系，根据抛物线上的点满足的几何条件列出抛物线上的点的坐标满足的方程，化简列出的方程，得到抛物线的标准方程；并能用它解决简单的问题，进一步认识获得曲线的方程的方法。

三、教学问题诊断分析

数学教学是数学思维活动的教学，而思维又是从问题开始的，所以本节课在总体上采用"问题驱动"策略，通过精心设计一个个问题，激发学生的求知欲，并通过观察、分析、动手操作、自主探究、合作交流等活动，领悟定义的本质内涵，体会解决问题过程中思路的形成过程，感悟其中蕴涵的数学思想方法。同时借助多媒体辅助教学，增加教学的直观性，提高课堂教学效率。

学生对抛物线的认知基础是对二次函数图像的直观感知，但是他们并不知道抛物线的几何特征。确定抛物线的几何要素是一个定点和一条定直线，这与确定椭圆与双曲线的几何要素不同。相比而言，椭圆与双曲线的几何特征在具体情境中较为明显，而抛物线的几何特征在具体情境中较为隐蔽，学生不容易发现。

基于以上分析，确定本节课的教学难点是抛物线几何特征的发现。

四、教学支持条件分析

（一）教学策略分析

1. 信息技术工具的运用，提高学生学习的积极性。

2. 引导学生在练习本上建立适当的坐标系，用坐标法推导抛物线的标准方程，培养他们探索问题、解决问题的能力，感受成功的喜悦。

（二）教学辅助媒体分析

1. 运用信息技术工具获得抛物线，通过坐标以及距离的变化认识抛物线的几何特征，引导学生在操作中观察，在观察中分析曲线的几何特征。

2. 利用实物投影仪投影学生自己探究的问题，并且给予适当的评价与鼓励。

五、教学过程设计

引导语：同学们好！前面两节课我们学习了椭圆与双曲线的概念、标准方程以及它们简单的几何性质，而抛物线也是具有广泛应用的一种圆锥曲线，本节课我们将要学习抛物线及其标准方程。其实在我们的生活中存在大量抛物线的例子，比如：投篮运动中篮球运动的轨迹、公园中遇到的拱桥，它们的外观就是抛物线，卫星天线的曲面和轴截面的交线也是一条抛物线。抛物线的严格定义是什么？今天我们一起探究。

设计意图：从生活的例子出发，让学生直观感知到抛物线的形状，也提示学生生活中处处有数学，引发学生的共鸣。

（一）问题情境，引入概念，开启思维

问题 1：通过前面的学习进行思考，如果动点 M 到定点 F 的距离与到定直线 l（不过点 F）的距离之比为 k，当 $0 < k < 1$ 时，点 M 的轨迹是什么？当 $k > 1$ 时，点 M 的轨迹又是什么？

师生活动：教师出示问题，利用信息技术工具展示动图，通过椭圆、双曲线标准方程的推导过程的变形得到：与定点和定直线之比为常数 $\dfrac{c}{a}$。其中常数 $\dfrac{c}{a}$ 大于 0 小于 1 时为椭圆；常数 $\dfrac{c}{a}$ 大于 1 时为双曲线，如图 2－1 所示。

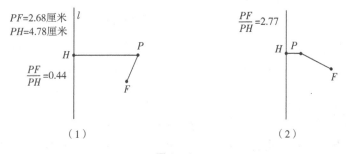

图 2－1

思考：当 $k = 1$ 时，点 M 的轨迹会是什么形状？我们能否借助于信息工具来研究一下？

设计意图：从学生已经学习过的知识出发，激发学生探究问题的兴趣；利用已学的椭圆、双曲线标准方程推导过程的变形，带领学生由已知问题过渡到未知情形，引出本节课内容——抛物线。

（二）激学导思，形成概念，交流思维

探究：利用信息技术作图。如图 2－2，F 是定点，l 是不经过点 F 的定直线，H 是直线 F 上任意一点，过点 H 作 $MH \perp l$，线段 FH 的垂直平分线 m 交 MH 于点 M，拖动点 H，观察点 M 的轨迹，在你熟悉的图形中有与此类似的吗？你能发现点 M 满足的几何条件吗？

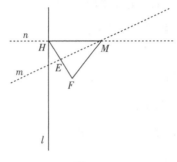

图 2-2

师生活动：教师出示问题，引导学生分析问题中的几何元素及其相互关系，并利用信息技术工具进行操作，拖动点 H，观察点 M 的轨迹及相关数据的变化规律，如图 2-2 所示。

思考：

（1）动点 M 是如何获得的？

（2）线段 FM 和线段 MH 的几何意义分别是什么？

（3）变化的量有哪些？变化顺序如何？变化中是否存在不变的关系？

师生活动：三个思考是让学生在利用信息技术工具操作的过程中从思维层面对问题进行分析。

对于思考（1），学生分析与点 M 相关的点与直线，发现点 M 是定直线 l 的垂线 MH 与线段 FM 的垂直平分线 m 的交点，其中点 H 在直线 l 上运动，随之产生了动点 M。

对于思考（2），学生分析出线段 FM 是点 M 与定点 F 间的距离，线段 MH 是点 MH 到定直线 l 的距离。教师一定要让学生说出定点 F 和定直线 l，而不仅仅是点 F 和直线 l。只有这样，学生的思维活动才能聚焦到确定抛物线的几何特征上来。

对于思考（3），学生应在分析前两个思考的基础上梳理变化的量及其变化顺序，可以发现 FM 和 MH 的大小随点 M 的变化而变化，但是始终有 $FM = MH$。

思考（4）：当直线 l 经过点 F 时，满足到定点和定直线距离相等的点的轨迹是什么？

师生活动：对于思考（4），学生发现此时轨迹是过定点 F 与定直线垂直的一条直线，也就明白了为什么抛物线的定义中要求定直线 l 不经过定点 F。

在上述基础上，给出抛物线的概念。

抛物线定义：我们把平面内与一个定点 F 和一条定直线 l（l 不经过点 F）的距离相等的点的轨迹叫做抛物线，点 F 叫做抛物线的焦点，直线 l 叫做抛物线的准线。

设计意图：通过对问题 1 的探究及其四个思考，引导学生发现确定抛物线的几何要素，认识抛物线的几何特征，抽象得出抛物线的概念，发展学生的数学抽象素养。

学生活动：动动脑，通过抛物线的定义，能不能在图 2-3 所给的图形中描出一条抛物线呢？

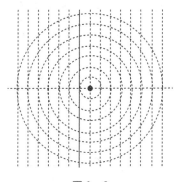

图 2-3

设计意图：圆上的点到圆心的距离都相等，平行线上的点到定直线的距离都相等，所以可以借助此图形找到一些到定点和到定直线距离都相等的点，进而描出一条抛物线。通过这个练习，让学生进一步熟悉抛物线的定义，掌握定义的本质。

（三）引议释疑，理解概念，提升思维

问题 2：比较椭圆、双曲线标准方程的建立过程，你认为如何建立坐标系，可能使所求抛物线的方程形式简单？

师生活动：教师讲解，根据抛物线的定义，可以得出与抛物线有关的重要几何元素有三个：抛物线、抛物线的焦点、抛物线的准线。所以我们可以考虑三种情况：

第一种，以抛物线的焦点 F 为原点建立坐标系，如图 2-4 所示；

第二种，以抛物线的准线 l 为 y 轴建立坐标系，如图 2-5 所示；

第三种，过抛物线的焦点 F 向准线 l 作垂线，以垂线与抛物线的交点为原点，以垂线为 x 轴建立坐标系，如图 2 - 6 所示。

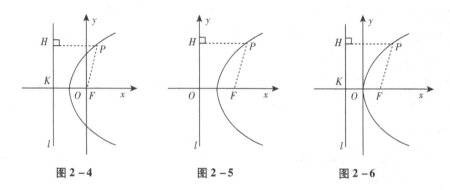

图 2 - 4   图 2 - 5   图 2 - 6

然后说明为了使抛物线的方程形式简单，选择第三种建立坐标系的方法，并通过学生自己的推导，更能深刻理解标准方程的建系方法的必要性，具体过程如下。

解：如图 2 - 7 所示，取过焦点 F 且垂直于准线 l 的直线为 x 轴，x 轴与 l 相交与点 K，以线段 KF 的垂直平分线为 y 轴，并且使焦点 F 在 x 轴的正半轴上，建立直角坐标系 xOy。设抛物线的焦点 F 到准线的距离为 p，则 $|FK| = p$，焦点 F 的坐标为 $F\left(\dfrac{p}{2}, 0\right)$，准线 $l: x = -\dfrac{p}{2}$，设抛物线上任意一点 $M(x, y)$，

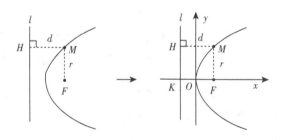

图 2 - 7

则 $\sqrt{\left(x - \dfrac{p}{2}\right)^2 + y^2} = x + \dfrac{p}{2} \Leftrightarrow \left(x - \dfrac{p}{2}\right)^2 + y^2 = \left(x + \dfrac{p}{2}\right)^2 \Leftrightarrow y^2 = 2px$。

我们把 $y^2 = 2px$（$p > 0$）叫做"顶点在原点、焦点在 x 正半轴上"的抛物线的标准方程，焦点 F 的坐标为：$F\left(\dfrac{p}{2}, 0\right)$，准线 l 的方程为：$x = -\dfrac{p}{2}$，开口向右，其中 p 为正数，它的几何意义是：焦点到准线的距离（简称"焦

准距"）。

　　设计意图：通过问题 1 的思考，为学生展示抛物线标准方程的推导过程，提升学生的数学运算核心素养。

　　问题 3：在建立椭圆、双曲线的标准方程时，选择不同的坐标系我们得到了不同形式的标准方程。抛物线的标准方程有哪些不同的形式？

　　在平面直角坐标系中，类比椭圆、双曲线，怎样求不同开口方向的抛物线的标准方程？

　　师生活动：教师出示表 2 - 1，并引导学生类比刚推导出的开口向右的抛物线的标准方程、焦点坐标和准线方程，填写开口向左、向上、向下的抛物线的标准方程、焦点坐标和准线方程，以及焦点到准线的距离。

表 2 - 1

图形	标准方程	焦点坐标	准线方程	焦点到准线的距离

　　设计意图：类比椭圆与双曲线不同形式的标准方程，结合开口向右的抛物线的标准方程，获得开口向左、向上和向下的抛物线的标准方程、焦点坐标和准线方程，以及焦点到准线的距离。

　　（四）点拨提高，深化概念，优化思维

　　问题 4：抛物线的四种形式的标准方程的相同点和区别是什么？如何根据抛物线的标准方程判断焦点位置？

　　方程的共同特点：左边都是二次式，且系数为 1；右边都是一次式。

　　焦点位置的判断方法：在标准形式下，看一次项，（1）若一次项的变量为 x（或 y），则焦点就在 x（或 y）轴上；（2）若一次项的系数为正（或负），则焦点在正（或负）半轴。

　　设计意图：引导学生一起推导出得出焦点在 x 轴正半轴的情况的标准方程，再类比得到其余三种情况，考虑到学生的实际情况，在此直接给出另外三种情况的标准方程。通过四种情况的观察、对比，引导学生发现抛物线的标准方程与图形之间的内在联系，从而得到一般规律，在这里充分体现了解析几何中数形结合的思想。

问题5：你能说明二次函数 $y = ax^2 (a \neq 0)$ 的图像为什么是抛物线吗？指出它的焦点坐标、准线方程。

师生活动：教师利用PPT将二次函数 $y = ax^2 (a \neq 0)$ 的解析式变形成抛物线的标准方程的形式，从而说明二次函数 $y = ax^2 (a \neq 0)$ 的图像是抛物线，并利用标准方程求出焦点坐标和准线方程。

设计意图：利用所学的抛物线的标准方程说明初中所学的二次函数 $y = ax^2 (a \neq 0)$ 的图像的确是抛物线，严谨、科学，建立了初高中知识的联系。

（五）精讲训练，应用概念，拓展思维

例1　（1）已知抛物线的标准方程 $y^2 = 6x$，求它的焦点坐标和准线方程。

（2）已知抛物线的焦点是 $F(0, -2)$，求它的标准方程。

师生活动：学生根据抛物线的标准方程求其焦点坐标和准线方程，根据焦点坐标、准线方程、焦点到准线距离求其标准方程。

设计意图：无论是由抛物线的标准方程求其焦点坐标和准线方程，还是由抛物线焦点坐标或准线方程求其标准方程，正确认识抛物线的标准方程以及方程中 p 的意义都非常关键。p 是抛物线的唯一特征量，决定抛物线的焦点坐标和准线方程。

例2　一种卫星接收天线如图所示，其曲面与轴截面的交线为抛物线。在轴截面内的卫星波束呈近似平行状态射入形为抛物线的接收天线，经反射聚集到焦点处，如图2-8。已知接收天线的口径（直径）为4.8m，深度为1m，试建立适当的坐标系，求抛物线的标准方程和交点坐标。

 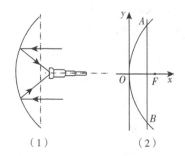

（1）　　　　（2）

图2-8

师生活动：教师引领学生读懂题意，启发学生从给出的实物图中抽象出数学图形，建立如图所示的坐标系，用待定系数法求解。

设计意图：让学生运用抛物线及其标准方程解决实际问题，经历实际问题转化为数学问题，解决数学问题，进而解决实际问题的过程。

（六）归纳自结，升华概念，发展思维

1. 抛物线的定义。我们把平面内与一个定点 F 和一条定直线 l（ l 不经过点 F ）的距离相等的点的轨迹叫做抛物线，点 F 叫做抛物线的焦点，直线 l 叫做抛物线的准线。

2. 四种形式的抛物线的标准方程、焦点坐标和准线方程。

3. 对于具体问题，我们学会了如何求抛物线的标准方程、焦点坐标或准线方程。

4. 思想感悟。学习过程中，运用了数形结合、转化化归、特殊到一般等数学思想。

设计意图：让学生梳理数学知识、感悟数学思想、体会数学研究方法。

六、目标检测设计

（一）课堂检测

1. 根据下列条件写出抛物线的标准方程：

（1）焦点是 $F(3，0)$ ；

（2）准线方程是 $x = -\dfrac{1}{4}$ ；

（3）焦点到准线的距离是 2。

2. 求下列抛物线的焦点坐标和准线方程：

（1） $y^2 = 20x$ ；（2） $x^2 = \dfrac{1}{2}y$ ；（3） $2y^2 + 5x = 0$ ；（4） $x^2 + 8y = 0$ 。

3. （1）抛物线 $y^2 = 2px(p > 0)$ 上一点 M 与焦点间的距离是 $a\left(a > \dfrac{p}{2}，\right)$ 则点 M 到准线的距离是_____，点 M 的横坐标是_____。

（2）抛物线 $y^2 = 12x$ 上与焦点的距离等于 9 的点的坐标是_____。

设计意图：利用抛物线的定义，得到在抛物线上的点 M 到焦点、准线的距离或点 M 的坐标的求法，从而得到求 $|MF|$ 的公式。通过课堂检测，及时了解学生实际的掌握情况，对后面课程安排做及时地调整。

（二）课后检测

1.（1）抛物线 $y^2 = 8x$ 上与焦点的距离等于 6 的点的坐标是_____。

（2）抛物线 $y^2 = 2px(p > 0)$ 上一点 M 与焦点 F 的距离 $|MF| = 2p$，求点 M 的坐标。

2. 已知抛物线的准线方程是 $x = \dfrac{2}{3}$，求它的标准方程。

3. 已知抛物线 $y^2 = 16x$ 上的点 M 与焦点的距离等于 7，求点 M 的坐标。

4. 求抛物线 $3x^2 + 8y = 0$ 的焦点坐标和准线方程。

5. 一个动圆的圆心在抛物线 $y^2 = 8x$ 上，且动圆恒与直线 $x + 2 = 0$ 相切，则动圆必过定点。

设计意图：强化学生对利用抛物线定义求抛物线上点的坐标的掌握程度，考查学生灵活运用抛物线标准方程及其几何特征解决问题的能力，难易程度适中，让所有的学生都能从中找到成就感，体验到学习数学的乐趣，增强学习数学的愿望与信心。

七、教学反思

1. 本节课的学习目标是掌握抛物线的定义和标准方程，并根据标准方程、相应焦点坐标和准线方程学会知"一"求"二"，重点是抛物线的定义及其标准方程的四种形式，难点是抛物线定义的形成和标准方程的推导。

2. 本节课教学活动贯穿了观察、归纳、总结、应用的探究要素，采用了"问题驱动"的教学模式以及以学生为主体、教师为主导的教学理念。通过学生的自主学习，结合教师的引导分析，调动了师生之间的交流，使学生在活动中完成教学目的，体现了学习的自主性，把一个教学过程变成研究并解决问题的过程。

指数函数的概念（一）

一、内容和内容解析

本节内容是普通高中教科书（人教 A 版 2019）《数学必修第一册》第四章《指数函数的概念》，这是学生学习指数函数的基础。教材设置了问题 1 和问题 2 引导学生探究，建立指数函数的模型，抽象概括出指数函数的概念，体现了指数函数变量间对应关系的本质，揭示了指数函数是刻画呈指数增长或衰减变化规律的函数模型。提高学生从数学角度发现和提出问题的能力、分析和解决问题的能力，掌握数形结合与从特殊到一般的思想方法，落实学生的数学建模、数学抽象、数学运算、直观想象、逻辑推理等核心素养。

本节教学重点是理解指数函数的概念及其刻画的函数模型，难点是从实际问题中发现增长率为常数的变化规律。

二、目标和目标解析

1. 通过具体实例，抽象概括出指数函数的概念。
2. 了解指数函数刻画的函数模型。
3. 掌握数形结合以及由特殊到一般的研究方法。

三、教学问题诊断分析

（一）教法分析

1. 采用"探究—研讨"教学法。
2. 采用"数形结合""从特殊到一般"的研究方法。

（二）学法分析

1. 探究式学习法。学生通过分析、探索、概括出指数函数的概念。

2. 自主性学习法。通过数据的变化情况发现实际问题的变化规律。

3. 反馈练习法。检验知识的应用情况，找出未掌握的内容及其差距。

（三）学科素养

1. 数学抽象。指数函数的概念。

2. 数学运算。探究问题 1 数据变化规律。

3. 直观想象。从图像中得到启发，利用数形结合探索实际问题的变化规律。

4. 数学建模。在实际问题中建立函数模型。

5. 逻辑推理。待定系数法求指数函数的解析式。

四、教学支持条件分析

学生已经学习了函数的概念与性质，形成了认识函数的一般过程（函数的概念—函数的图像与性质—函数的应用）。这是学习所有基本初等函数的认知主线，而且在学习幂函数时已经完整地经历过这一过程，形成一定的活动经验，同时学生又经历了指数幂从整数向实数扩充的全过程，具备辨认"$y = a^x$ 是函数"的认知能力和心理基础。

五、教学过程设计

（一）创设情境，引入概念，开启思维

1. 复习回顾。上一章，我们已经学习了函数的概念和基本性质，请同学回顾一下我们学过哪些函数？它们的图像是什么样的曲线？有哪些性质？

设计意图：通过复习回顾，唤起学生对一次函数和二次函数的记忆，为新课的学习做好铺垫。

2. 问题情境。

情境1：随着中国经济高速增长，人民生活水平不断提高，旅游成了越来越多家庭的重要生活方式。由于旅游人数不断增加，A，B 两地景区自 2001 年起采取了不同的应对措施，A 地提高了景区门票价格，而 B 地则取消了门票。表 2 - 2 给出了 A，B 两地景区 2001 年至 2015 年的游客人次。

表 2 - 2

时间/年	A 地景区		B 地景区	
	人次/万次	年增加量/万次	人次/万次	年增加量/万次
2001	600		278	
2002	609		309	
2003	620		344	
2004	631		383	
2005	641		427	
2006	650		475	
2007	661		528	
2008	671		588	
2009	681		655	
2010	691		729	
2011	702		811	
2012	711		903	
2013	721		1005	
2014	732		1118	
2015	743		1244	

问题 1：请观察表中的数据，比较两地景区旅客人次的变化情况，你发现了怎样的规律？

设计意图：该情境以实际问题为背景，从指数增长模型引入指数函数的概念，符合学生的认知规律。在问题的探究中，一方面培养学生数学阅读及信息表征的能力，另一方面也回答了"指数函数是怎样的函数模型"这一问题。

（二）激学导思，形成概念，交流思维

探究新知。

活动 1：表格中的数据便于人们直观地了解每年的游客人数，要去研究人数随年份变化的趋势应该怎么做？（作图）

数学实验 1：利用 Excel 绘制 A，B 景区年份与人数的散点图（见图 2 - 9、图 2 - 10）。

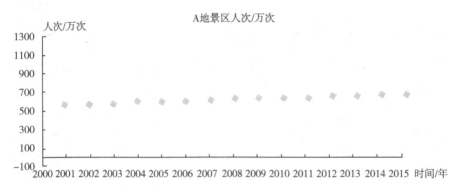

图 2 – 9

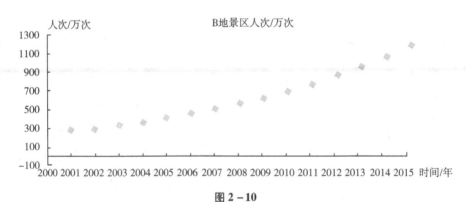

图 2 – 10

问题2：图像是散点图，为了便于观察，用光滑的曲线将散点连接起来。观察图像，你发现了怎样的规律？

——A 地景区的游客人次近似于直线上升（线性增长），B 地景区的游客人次则是曲线增长（非线性增长）。

数学实验2：利用 Excel 绘制散点图的趋势线（见图 2 – 11）。

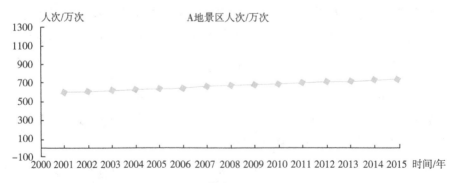

图 2 – 11

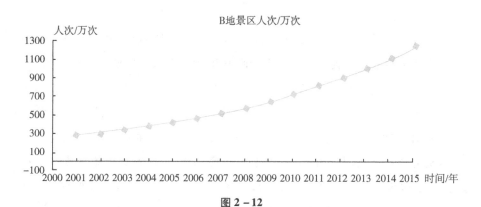

图 2-12

活动2：可以用一次函数来刻画图2-11中的均匀增长的变化规律，即在相同的时间间隔内，人数增加量相同。回到具体数据去，请算一算两地人次的逐年增加量（见图2-12）。

问题3：根据逐年人次增加量的运算结果（如表2-3），能从增加量上发现规律吗？

——A地年增加量大致相等，约为10万次；B地年增加量逐年增大。

表 2-3

时间/年	A 地景区		B 地景区	
	人次/万次	年增加量/万次	人次/万次	年增加量/万次
2001	600		278	
2002	609	9	309	31
2003	620	11	344	35
2004	631	11	383	39
2005	641	10	427	44
2006	650	9	475	48
2007	661	11	528	53
2008	671	10	588	60
2009	681	10	655	67
2010	691	10	729	74
2011	702	11	811	82
2012	711	9	903	92
2013	721	10	1005	102
2014	732	11	1118	113
2015	743	11	1244	126

问题4：能用一个具体的函数来刻画 A 地景区人次变化规律吗？

——用一次函数来刻画。设年份的增加量为 x，人次为 y，则 $y = 10x + 600$。

问题5：能用一个具体的函数来刻画 B 地景区人次变化规律吗？

这里学生很容易回答"二次函数"。教师可提问：如果是二次函数怎么求解析式（选择三组数据代入即可算出），再追问，算出的解析式一定适合数据吗，你选择二次函数的理由是什么，如果二次函数不准确又怎么办呢？

设计意图：通过对所给数据进行多维度认识（单个看，整体看，增加量看），借助信息技术进行数学实验，让学生通过观察散点图进行直观想象，学生容易发现 A 地景区人次的变化规律——增加量大致相等，图像近似一条直线，可以用一次函数的模型去描述这种规律。这一过程对刻画 B 地景区人数变化规律的函数模型起到先行组织者的作用，要让学生知道寻找变化中的不变性是准确建模的本质。另外，通过二次函数模型不能刻画 B 地景区人次变化规律，引起学生的认知冲突，激发学生探究新函数模型的学习兴趣。

活动3：B 地景区人数与年增加量如何刻画呢？类比对 A 地景区数据的探究过程，从定量的角度表达它的规律。

通过作差的方式研究了 A 地景区人数年增加量（几乎不变），这是选用一次函数刻画线性增长提供理性支撑。尝试通过作差或其他运算方式来研究 B 地景区数据的变化规律。

通过尝试，学生可以发现：从 2002 年起，B 地景区每年的游客人次除以上一年的游客人次，可以得到其比值稳定在 1.11 左右。

$$\frac{2002\ 年游客人次}{2001\ 年游客人次} = \frac{309}{278} \approx 1.11, \quad \frac{2003\ 年游客人次}{2002\ 年游客人次} = \frac{344}{309} \approx 1.11, \cdots$$

$$\frac{2015\ 年游客人次}{2014\ 年游客人次} = \frac{1244}{1118} \approx 1.11$$

结果表明，B 地景区的游客人次的年增长率都约为 $1.11 - 1 = 0.11$，是一个常数。像这样，增长率为常数的变化方式，我们称为指数增长。因此，B 地景区的游客人次近似于指数增长。

活动4：写出 B 地景区人次变化规律的函数解析式。

从 2001 年开始，B 地景区游客人次的变化规律可以近似描述为：

1 年后，游客人次是 2001 年的 1.11^1 倍；

2 年后，游客人次是 2001 年的 1.11^2 倍；

3 年后，游客人次是 2001 年的 1.11³ 倍；

……

x 年后，游客人次是 2001 年的 1.11^x 倍。

如果设经过 x 年后的游客人次为 2001 年的 y 倍，那么 $y = 1.11^x$ （$x \in$ （0, $+\infty$））。

设计意图：通过类比 A 地景区旅游人次函数模型建立的过程，借鉴已获得的活动经验进行新的认知活动，进行同化顺应的认知过程。其中有研究方式"失败"后重新调整的经验积累，也有发现变化中不变性的"成功"，这有利于训练学生数学探究心理和积累活动经验。

小结问题情境探究的思维导图（见图 2 – 13）：

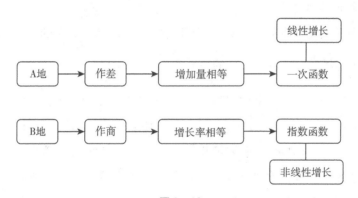

图 2 – 13

情境 2：当生物死亡后，它机体内原有的碳 14 含量会按确定的比率衰减（称为衰减率），大约每经过 5730 年衰减为原来的一半，这个时间称为"半衰期"。按照上述变化规律，生物体内碳 14 含量与死亡年数之间有怎样的关系？

追问 1：（1）能否求出生物体内碳 14 含量随死亡年数变化的函数解析式？

（2）生物死亡后体内碳 14 含量每年衰减的比例是多少？

师生活动：教师提出问题，并让学生类比情境 1 对提出的问题进行思考。通过对问题的分析，引导学生用函数 $y = \left[\left(\dfrac{1}{2}\right)^{\frac{1}{5730}}\right]^x$ （$x \in [0, +\infty)$）刻画碳 14 衰减的规律。

设计意图：通过描述碳 14 衰减的规律，引出用函数刻画指数衰减的问题，为抽象得到指数函数做准备。

问题 6：比较情境 1 和情境 2 中的两个实例（B 地景区游客人次增长与碳 14 衰减），它们所反映的变化规律有什么共同特征？

追问 2：（1）从游客人次增长和碳 14 衰减的数据看，它们的变化规律有什么共同特征？

（2）从游客人次增长和碳 14 衰减的图像看，它们的变化规律有什么共同特征？

（3）B 地景区游客人次增长的函数解析式 $y = 1.11^x$ 与碳 14 衰减的函数解析式 $y = \left[\left(\frac{1}{2}\right)^{\frac{1}{5730}}\right]^x$ 有什么共同特征？

（4）你还能再举出几个类似的模型吗？

1. 教师可以再补充：

①（数学文化背景）庄子曰"一日之锤，日取其半，万世不竭"，木锤剩余的长度 y 与经过的天数 x 之间的关系为：$y = \left(\frac{1}{2}\right)^x$；

②（生物知识背景）某种细胞分裂时，由 1 个分裂成 2 个，2 个分裂成 4 个，4 个分裂成 8 个……设细胞分裂的次数为 x，相应细胞个数为 y，则 $y = 2^x$。

设计意图：让学生进一步认识到指数函数所刻画的变化规律，另外从不同学科和数学文化的角度给出具体实例，让学生感受到数学与生活息息相关，为抽象和概括出指数函数的概念做好铺垫。

2. 形成概念。如果用字母 a 代替 $y = 1.11^x$，$y = \left[\left(\frac{1}{2}\right)^{\frac{1}{5730}}\right]^x$，$y = \left(\frac{1}{2}\right)^x$，$y = 2^x$ 中的底数，那么这几个函数就可以表示为 $y = a^x$ 的形式，其中指数 x 是自变量。

问题 7：底数 a 和自变量 x 的取值有什么限制吗？

——底数 a 是一个大于 0 且不等于 1 的常量（当 $a = 1$ 时，$a^x = 1^x = 1$ 没有研究价值）。

定义：一般地，函数 $y = a^x$（$a > 0$ 且 $a \neq 1$）叫做指数函数，其中指数 x 是自变量，定义域是 **R**。

设计意图：通过分析、比较 4 个实例，概括它们的共同本质特征，从而得到指数函数概念的本质属性，抽象和概括出指数函数的概念，提升学生数学抽象的核心素养，同时与前面指数幂 a^x 中规定 $a > 0$ 形成呼应。

（三）引议释疑，理解概念，提升思维

思考：已知函数 $f(x) = 1.11^x + 2$，$g(x) = 3 \cdot \left(\dfrac{1}{2}\right)^x$，$h(x) = 3^{x+1}$，$I(x) = 2^{-x}$，$J(x) = (-2)^x$，其中指数函数是 _____。

设计意图：通过辨析 4 个函数的解析式，加深学生对指数函数定义的理解。即化简后其形式必须与 $y = a^x$（$a > 0$ 且 $a \neq 1$）一致，其中指数 x 是自变量。

（四）点拨提高，深化概念，优化思维

例 1 已知指数函数 $f(x) = a^x$（$a > 0$ 且 $a \neq 1$），且 $f(3) = \pi$，求 $f(0)$，$f(1)$，$f(-3)$ 的值。

师生活动：教师引导学生，要求出 $f(0)$，$f(1)$，$f(-3)$ 的值，应先求出 $f(x) = a^x$ 的解析式，即先求 a。而已知 $f(3) = \pi$，可由此求出 a 的值。

设计意图：通过求函数解析式，并根据解析式求不同的函数值，从指数函数的对应关系和变化规律的角度理解指数函数的概念。

（五）精讲训练，应用概念，拓展思维

练习：已知函数 $y = f(x)$，$x \in \mathbf{R}$，且 $f(0) = 1$，$\dfrac{f(1)}{f(0)} = 2$，$\dfrac{f(2)}{f(1)} = 2$，…，$\dfrac{f(n)}{f(n-1)} = 2$，$n \in \mathbf{N}^*$，求函数 $y = f(x)$ 的一个解析式。

变式：已知函数 $y = f(x)$，$x \in \mathbf{R}$，且 $f(0) = 3$，$\dfrac{f(0.5)}{f(0)} = 2$，$\dfrac{f(1)}{f(0.5)} = 2$，…，$\dfrac{f(0.5n)}{f[0.5(n-1)]} = 2$，$n \in \mathbf{N}^*$，求函数 $y = f(x)$ 的一个解析式。

设计意图：利用函数的不同表示形式，从图像与解析式这两个不同角度加深学生对指数函数概念的理解，进一步明确概念，体会指数增长或衰减。

（六）归纳自结，深化概念，形成能力

1. 通过本节课的学习，你学到了哪些知识和方法？

2. 你能谈一谈指数函数概念的建构过程吗？

设计意图：让学生自主归纳，目的在于巩固本节课所学知识，回顾探索历程，学习数学思想，同时培养学生的概括能力、语言表达能力。

六、目标检测设计

（一）课堂检测

1. 下列图像中，有可能表示指数函数的是（   ）。

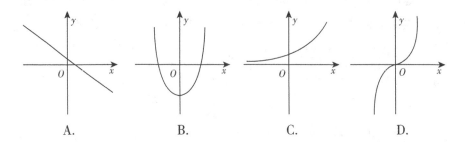

A.　　　　　B.　　　　　C.　　　　　D.

2. 若 $f(x) = (a^2 - 3)a^x$ 是指数函数，则 $a = $ ＿＿＿＿＿＿ 。

3. 若指数函数 $f(x)$ 的图像过点 $(2, 9)$，则 $f(x) = $ ＿＿＿＿＿＿ 。

设计意图：通过基础小题的练习，不仅可以巩固概念的理解，还可以让学生在练习中树立学习的信心。

（二）课后检测

1. （必做题）（1）下列函数中是指数函数的是＿＿＿＿＿＿＿。（填序号）

① $y = 2 \cdot (\sqrt{2})^x$；② $y = 2^{x-1}$；③ $y = \left(\dfrac{\pi}{2}\right)^x$；④ $y = 2 + 5^x$；

⑤ $y = x^x$；⑥ $y = x^{\frac{1}{3}}$。

（2）在某个时期，某湖泊中的蓝藻每天以 6.25% 的增长率呈指数增长，那么经过 x 天后，该湖泊的蓝藻变为原来的＿＿＿＿＿＿倍。

2. （选做题）完成课本 P115　阅读与思考。

设计意图：必做题考查学生对指数函数概念的理解，有利于进一步巩固本节所学内容；选做题则是培养学生的数学阅读习惯，提升学生的自学的能力，满足学有余力的学生的学习需求。

七、教学反思

本节课采用的是"探究—研讨"教学法，教学过程分为两个环节：第一个环节是"探究"，通过设计情境，引导学生通过计算、作图等方式进行数据分析，探索规律；第二个环节是"研讨"，通过数据所反映的特征，得出指数函数的概念及其所刻画的变化规律。学生研讨自己在探究中的发现，通过对概念的辨析、应用，由感性认识上升到理性认识。这样，增加了学生在课堂学习中的参与度，增强了参与意识。学生也在获得知识的过程中学会了分析问题与解决问题，提升了数学学科素养。

指数函数的概念（二）

一、内容与内容解析

（一）内容

指数函数的概念。

（二）内容解析

1. 内容的本质。指数函数是基本初等函数之一，是对数函数、等比数列、导数等内容的基础。它作为一种重要的函数，有广泛的应用。在学生学习了函数的概念和性质、幂函数、指数及运算性质的基础上，进一步研究指数函数的概念、图像和性质。

2. 蕴含的思想和方法。数形结合思想、分类讨论思想、化归与转化思想。

3. 知识的上下位关系。本节内容是 2019 人教版教材必修一中第四章第二节的内容，它紧接在幂函数和指数运算之后。作为指数函数的第一节概念课，要体现出指数函数变量间的对应关系的本质，并利用一些指数函数实例帮助学生去感受理解指数爆炸和指数衰减。

4. 育人价值。新版教材以游客人数变化问题以及碳 14 衰变问题作为例题，重在让学生经历数学探究的过程，通过对数据的分析，观察其特点，结合自己所学函数的经验来得到指数函数的概念。相比旧版教材直接给出指数函数的概念而言，新教材更重视学生数学活动经验的获得，并希望学生能在观察、比较和分析中理解指数函数的概念。

5. 教学重点。理解指数函数的定义，并知道底数的范围。

二、目标与目标解析

（一）目标

1. 能用表达式描述折纸、细胞分裂、放射性物质衰减问题中两个变量间的关系，在多个函数解析式中能归纳出指数函数的解析式。

2. 理解指数函数的概念，能解释其解析式中底数 a 的取值范围的原因，能判断所给的表达式是否为指数函数的解析式。

3. 经历课本例题游客人数增长问题的数据处理、模型选择的建模过程，在运算中发现数据变化的规律。体会实际问题中变量间的关系，并掌握根据数据特征建立函数模型的方法。

4. 能区分指数函数和指数型函数，在实例中感受指数爆炸和指数衰减，了解指数函数刻画的变化规律的特征，进一步理解指数函数的概念。

（二）目标解析

达成上述目标的标志是：

1. 知道指数函数的解析式是 $f(x) = a^x$ ，清楚指数 x 是自变量，定义域是 **R**。

2. 明白指数函数的底数 a 是一个大于 0 且不等于 1 的常数（不能是负数、0 和 1）的原因。

3. 知道可以通过数据的增加量和增长率来刻画变化趋势。

4. 会判断表达式是否为指数函数的解析式，体会指数型函数在生产生活中的应用价值。

三、问题诊断分析

学生在学习了函数的定义和性质及幂函数以后，能按照研究函数的基本方法去研究指数函数，具备了辨识 $y = a^x$ 是不是指数函数的能力，但对底数 a 的要求认识得并不到位，同时对指数函数的辨识更多的还是停留在表象，并不能将指数函数与生活中的增长率、数列中的等比数列联系起来。学生没有经历将实际问题抽象出数学模型的过程，便不能深入理解指数函数性质中的结构和幂函数的区别。

因此，本节课教学难点是：人口增长问题中用增长率刻画数据的变化规律。

四、教学支持条件

提前给每一位学生发一张 A4 纸用于引入新课的折纸小游戏，PPT 演示，利用 Excel 软件处理数据，绘制散点图并拟合曲线，利用公式功能进行快速的作差和作商运算，突破教学难点。

五、教学过程设计

（一）问题情境，引入概念，开启思维

前几节课我们已经将整数指数幂拓展到实数指数幂，学习了一次函数、二次函数、反比例函数、幂函数，并发现能够用它们来刻画一些生活中的问题。今天我们将学习另一种和生活紧密联系的函数。

设计意图：回顾旧知识，建立新旧知识之间的联系。

活动 1：有人说"一张 A4 纸最多折七次"，你相信吗？动手试试！

问题 1：纸的层数会随着折纸的次数发生什么变化？你能写出它们的关系式吗？设 A4 纸的面积为 1，折后纸的面积和折纸的次数有什么关系？能写出表达式吗？

师生活动：学生分组探究，发现规律。教师选代表发言并完成折叠次数与层数以及面积的数据表格的填空，预设回答 $y_1 = 2^x$，$y_2 = \left(\dfrac{1}{2}\right)^x$。

表 2-4

折纸次数 x	1	2	3	4	5	6	7
层数 y_1							
面积 y_2							

追问 1：这两个关系式是函数关系式吗？

师生活动：教师引导学生完善上述表达式中的定义域要求，即 $x \in \mathbf{N}$，从集合和对应的角度理解，这些解析式都是函数解析式。

预设回答：是函数关系式。

教师呈现关系对应的条形图，让学生对指数函数带来的爆炸和衰减有直观地认识（见图 2-14）。

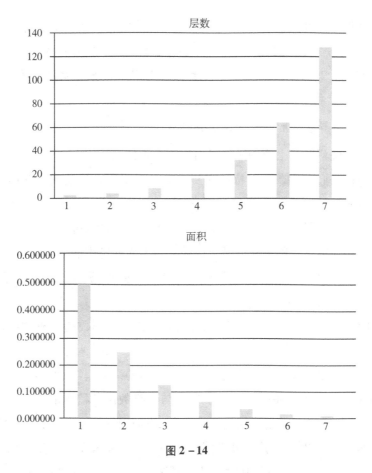

图 2 – 14

设计意图：通过动手操作引入问题，激发学生探索发现问题的兴趣。让学生在感受数据的变化后，能用数学语言叙述自己的发现并写出两个关系式，能用函数的概念去判断这两个表达式都是函数解析式，实现文字语言到符号语言的转化。最后的条形图则是从图形语言的角度去感受指数爆炸和指数衰减。

活动 2：观察一个生物学和一个物理学的例子。某种细胞分裂时，1 个分裂成 2 个，2 个分裂成 4 个，4 个分裂成 8 个……设细胞分裂的次数为 x ，相应的细胞个数为 y ，请写出 y 与 x 的关系式。某种放射性物质每经过 1 年，这种物质剩余的质量为原来的 84%，请问物质剩余量 s 与时间 t 的关系是什么？

问题 2：你能写出上述两个问题中两个变量之间的关系式吗？这两个关系是函数关系吗？

师生活动：学生回答，预设答案 $y = 2^x$, $s = 0.84^t$ ，学生可能容易忘记定义域的要求，教师要提醒学生补上，$x \in \mathbf{N}$，$t \in \mathbf{N}$。

设计意图：给出生物学和物理学的两个简单实例，让学生感受数学与生活以及其他学科的联系。围绕"$y = a^x$ 是不是函数"和"是刻画怎么样变化的函数模型"这两个问题展开。这两个例子均来自 2019 湘教版教材的课后练习，发挥了教材整合重构的数学功能。

（二）激学导思，形成概念，交流思维

活动3：观察四个上面例子中得出的四个函数表达式。

问题3：它们有什么共同特征呢？根据自变量所在的位置，你能给这类函数下个定义吗？

追问2：指数函数的表达式与幂函数的表达式有什么区别呢？

追问3：指数函数的定义域是什么呢？是上面问题中的 $x \in \mathbf{N}$ 吗？

追问4：指数函数的定义域是 **R**，a 的范围有要求吗？a 为什么不能是负数，不能是零，不能是 1？

追问5：一次函数、二次函数、反比例函数、幂函数的解析式中参数有什么要求？

追问6：根据上述讨论，你能给出一个完整的指数函数的定义吗？

师生活动：教师利用问题引导学生参与到指数函数概念的分析中，预设回答：函数 $f(x) = a^x$ 叫做指数函数，对于 $a \leq 0$ 时及 $a = 1$ 时不能称为指数函数。可能较多同学不能理解，教师可进行引导如下，当 $a = 1$ 时，函数值 y 恒等于 1，没有研究的价值；当 $a \leq 0$ 时，的定义域没法写，如 $(-2)^x$ 中 $(-2)^{\frac{3}{2}}$ 无意义，但 $(-2)^{\frac{2}{3}}$ 有意义。

设计意图：通过几个具有共性的函数表达式，归纳出指数函数的概念。让学生经历从特殊到一般，具体到抽象的过程，得到指数函数的概念。让学生在层层递进地追问后通过回忆指数运算性质，类比一次、二次、反比例、幂函数中参数的要求，理解 a 的范围对指数函数研究的影响，最后能用数学语言给出指数函数的定义。

（三）引议释疑，理解概念，提升思维

例1　下列这些表达式是指数函数的解析式吗？

（1）$f(x) = 2 \cdot 3^x + 5$　　　　（2）$f(x) = 3^{-x}$

（3）$f(x) = (-4)^x$　　　　　　（4）$f(x) = \pi^x$

例 2　若 $f(x) = (a^2 - 5a + 5)a^x$ 是指数函数，求 $f(x)$。

师生活动：学生通过观察、计算对问题进行解答，预设答案：例1中（2）、（4）是指数函数；例2中 $a = 4$。学生可能会出现的错误是，例1中（2）没有意识到 $3^{-x} = \left(\dfrac{1}{3}\right)^x$，例2忘记验证结果，通过验证应舍去 $a = 1$。

设计意图：通过例1中多个解析式的辨析深入理解指数函数的概念，通过例2的运算明确指数函数解析式中系数为1，底数为不是1的正数的要求。

（四）点拨提高，深化概念，优化思维

阅读课本第111页的例题。

表 2 − 5

时间/年	A 地景区		B 地景区	
	人次/万次	年增加量/万次	人次/万次	年增加量/万次
2001	600		278	
2002	609		309	31
2003	620	11	344	35
2004	631	11	383	39
2005	641	10	427	44
2006	650	9	475	48
2007	661	11	528	53
2008	671	10	588	60
2009	681	10	655	67
2010	691	10	729	74
2011	702	11	811	82
2012	711	9	903	92
2013	721	10	1005	102
2014	732	11	1118	113
2015	743	11	1244	126

随着中国经济高速增长，人民生活水平不断提高，旅游成了越来越多家庭的重要生活方式。由于旅游人数不断增加，A，B 两地景区自 2001 年起采取了

不同的应对措施，A 地提高了景区门票价格，而 B 地则取消了景区门票。表 1 中给出了 A，B 两地景区 2001 年至 2015 年的游客人次。

问题 4：观察表中的数据，比较两地景区游客人次的变化情况，你发现了怎样的变化规律？

追问 7：两景区的游客人数都随年份的增加而增加，怎么才能更加直观地看到游客人数的变化趋势呢？有什么办法？

追问 8：观察散点图，你发现了点的变化趋势吗？

师生活动：学生回答两景区人数的变化规律，教师利用 Excel 导入数据，并绘制两景区人数变化的散点图，如图 2 − 15 所示。

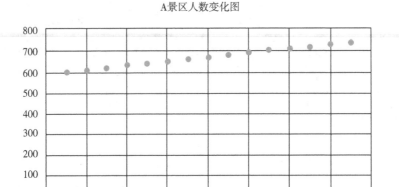

图 2 − 15

设计意图：希望学生通过纵向观察数据，能发现数据的增长规律，并能在看到二维数据时能想到散点图的办法直观呈现数据，实现从数到形的转化。

问题5：我们将散点图用光滑的线连起来（见图2－16）。观察图像，这两个图像的上升趋势有什么不同？

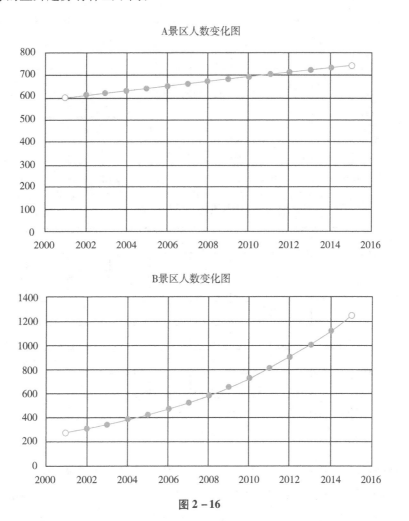

图2－16

追问9：A景区的游客人数是线性变化，B景区是非线性的变化，我们能用哪两种函数去刻画这两种不同的变化呢？

师生活动：先让学生在一体机的显示屏上用光滑曲线将散点连起来。对于A景区而言，同学们应该都会说是一次函数模型，但B景区的人数变化可能会有同学说可以用二次函数来刻画，也会有同学说可以用指数函数来刻画。这时教师可以用 Excel 中的拟合功能给学生展示两种函数的拟合效果都不错，但从 R^2 这个指标来看，指数型函数拟合得更好一点（见图 2-17）。

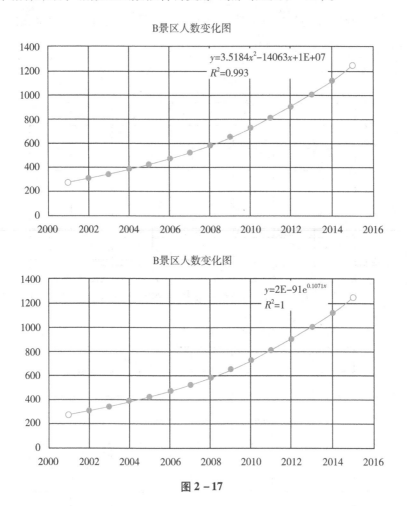

图 2-17

设计意图：将离散的点用光滑的曲线连起来，便形成了函数的图像，学生可以根据自己已有的函数图像经验做出判断，当产生了二次函数和指数函数的偏差时，引发学生思考为什么这个问题的模型是指数函数，指数函数反映出了哪种变化规律。

问题 6：上面我们从图像的角度分析了两地对应的函数模型，接下来我们重新回到表格中的数据，从代数角度分析一下两地人数的变化情况。通过计算研究数据的变化，你能算些什么？

追问 10：我们发现可以用后一年的人数去减前一年的人数，从而得到人数的增长量。通过计算游客逐年的增长量，你发现了什么规律？

追问 11：A 地的人数年增长量基本稳定在 10 附近，你能用什么函数刻画这种变化？假设 2001 年后 x 年的游客人次为 y，你能写出函数解析式吗？

追问 12：我们用作差法计算了两景区游客的年增长量，但发现 B 地的人数年增长量其本身也在变化，你能类比刚才的作差法去寻找 B 地人数变化过程中的不变量吗？

追问 13：我们用作商法发现 B 地的人数后一年与前一年的比值稳定在 1.11 附近，我们把这个 1.11 称为人数的年增长率。假设 2001 年后 x 年的游客人次为 y，你能用一个函数来刻画这种变化吗？解析式是什么？定义域的要求如何？

追问 14：这个函数是指数函数吗？

师生活动：教师设问，学生作答，预设答案：通过作差法发现 A 地游客人数的增加量稳定在 10 附近，从而得出 $y = 600 + 10x$ 这个函数解析式。通过作差发现 B 地游客人数的增加量在变化，在教师的提示下，学生类比作差法想到作商法，从而通过计算发现 B 地的增长率稳定在 1.11 附近，从而得出 $y = 278 \times 1.11^x$ 这个函数解析式。这个函数不是指数函数，因为系数不为 1，但其中含有指数函数的部分。

教师总结：我们通过作差法和作商法的运算，研究了 A 和 B 地的人数变化，发现了它们变化过程中的不变量分别是增加量和增长率，从而和一次函数及指数函数对应起来。一般来说，我们研究数据对应的函数模型，都可以按照这种模式操作（见图 2 - 18）。

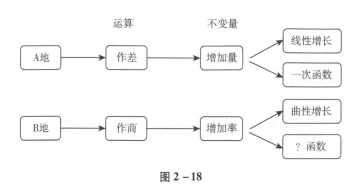

图 2 - 18

设计意图：通过一个接一个问题，启发学生不断地思考，引导学生经历从表格到图像，再到解析式的研究过程。对比两地的不同函数模型，去感知增加量和增长率在处理问题时的异同。从而让学生体验函数模型的抽象过程和发生发展过程，学会研究问题的一类方法。

（五）精讲训练，应用概念，拓展思维

回答以下三个问题：

1. 播放纸的厚度随折纸次数变化的视频。根据视频中的数据，你能写出纸的厚度 y 和折纸次数 x 的关系式吗？这个函数是指数函数吗？

2. 我们开头讲的那个放射性物质衰减问题，假如这个物质最初的质量是 10g，你能写出剩余量 y 与年数 x 之间的关系式吗？这个函数是指数函数吗？

3. 某人为了买一个电子产品，从消费贷款平台贷款了 5000 元，贷款月利率是 5%（按复利计算），请问他贷款月数 x 和到期还款数 y 之间的关系式是什么？

问题 7：这三个函数解析式有何共性特点？

追问 15：第 3 个问题你能算出一年后的本息和吗？你发现了什么？

师生活动：形如 $f(x) = 0.0001 \times 2^x$，$f(x) = 5000 \times (1 + 5\%)^x$，$f(x) = 10 \times (84\%)^x$ 的这些函数，我们称它们为指数型函数。它们的性质与指数函数的性质息息相关，指数函数具备的指数爆炸和指数衰减的性质，在指数型函数中也有体现。

设计意图：利用本节课已经研究过的几个例子给出指数型函数的概念，让学生体会指数爆炸和指数衰减。

（六）归纳自结，升华概念，发展思维

本节课我们从实际问题出发，抽象出了指数函数的概念，学会了利用软件研究数据的特征，体会了通过运算发现不变量，并感受到了指数型函数的魅力。

最后以一副对联结束本节课的内容（见图 2-19）。

再努力一点。

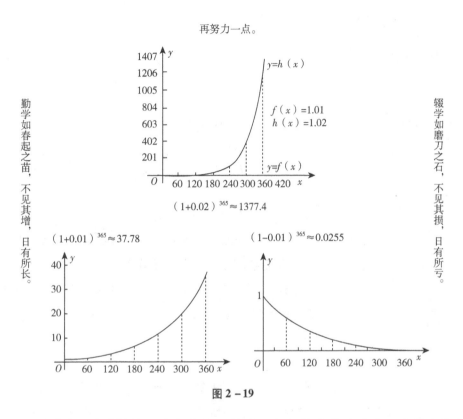

$f(x)=1.01$
$h(x)=1.02$

$(1+0.02)^{365}\approx1377.4$

$(1+0.01)^{365}\approx37.78$

$(1-0.01)^{365}\approx0.0255$

图 2 - 19

设计意图：总结提炼，升华主题，利用三个指数函数的对比，让学生体会到每天进步一点点带来的巨大效益。

六、目标检测设计

（一）课堂检测

1. 函数 $y=(a^2+3a-3)a^x$ 是指数函数，则有（　　）。

A. $a=-1$，或 $a=4$ 　　　　　　B. $a=4$

C. $a=-1$ 　　　　　　　　　　D. $a>0$，或 $a\ne1$

2. 已知指数函数 $f(x)=a^x$（$a>0$，且 $a\ne1$），且 $f(3)=\pi$，求 $f(0)$，$f(1)$，$f(-3)$ 的值。

3. 在某个时期，某湖泊中的蓝藻每天以 6.25% 的增长率呈指数增长，那么经过 30 天，该湖泊的蓝藻会变为原来的多少倍？（可以使用计算工具）

59

（二）课后检测

1. 若函数 $y = (2a - 3)^x$ 是指数函数，则 a 的取值范围是（   ）。

A. $a > \dfrac{3}{2}$

B. $a > \dfrac{3}{2}$，且 $a \neq 2$

C. $a < \dfrac{3}{2}$

D. $a \neq 2$

2. 已知函数 $y = f(x)$，$x \in \mathbf{R}$，且 $f(0) = 3$，$\dfrac{f(0.5)}{f(0)} = 2$，$\dfrac{f(1)}{f(0.5)} = 2$，…，$\dfrac{f(0.5n)}{f[0.5\,(n-1)]} = 2$，$n \in \mathbf{N}^*$，求函数 $y = f(x)$ 的一个解析式。

设计意图：课堂检测 1、2 和课后检测 1 主要是考查指数函数概念的掌握情况；课堂检测 3 考查学生能否将文字语言转化成数学符号语言；课后检测 2 模仿课本例 1 的增长率，需要先找到自变量相差 1 的两个函数值之比，再求出函数解析式，是一个指数型函数的习题，考查学生对指数函数由来理解是否到位。

七、教学反思

1. 本节课在研究了指数函数的概念的基础上，通过旅游景区人口问题、细胞分裂等问题深化学生了对指数爆炸、指数衰减的认识。借助 Excel 软件辅助，使得课堂更加生动。教学过程借助层层递进的设问，引导学生深入思考、深度学习，探究出指数函数的概念及底数的要求。培养了学生观察、总结、归纳的能力，也有助于建模素养的形成。最后的总结则是联系学生的学习，以更加直观震撼的数据、用更加幽默诗意的话语，为下节课要讲的指数函数的性质做了铺垫。

2. 课堂亮点在于通过问题情境、具体函数引入课堂，层层深入，引导学生理解指数函数概念。改变了教材顺序，课本 P111 例题放在后面，并且利用信息技术，这样更加能加深学生理解概念。内容稍多些，对于例 2 这个题型也可以安排在第二课时再讲。例 1 可以适当增加一个幂函数，让学生区分幂函数跟指数函数。

数系的扩充和复数的概念

一、内容和内容解析

（一）内容

从实数系扩充到复数系的过程与方法，复数的概念。

（二）内容分析

本节课选自普通高中教科书（人教 A 版 2019）《数学必修第二册》第七章第一节第一课时《数系的扩充和复数的概念》。复数的引入是数系的又一次扩充，也是中学阶段数系的最后一次扩充。在学习实数的基础上理解复数相关概念的引入目的和原则，为学生后继学习复数理论奠定基础，本节内容具有承上启下的作用。通过让学生回忆数系扩充的过程，使学生对数的概念有一个初步的、完整的认识，从而体会到虚数引入的必要性和合理性。同时通过实数系向复数系的扩充，让学生体会类比的数学思想，提升学生的逻辑推理素养，并感受数学中理性精神的光辉。复数的概念是整个复数内容的基础，对本章具有奠基性的作用。

二、目标和目标分析

（一）教学目标

1. 通过解三次方程 $x^3 - 15x - 4 = 0$，让学生了解引入复数的必要性和数系扩充的一般规则，理解复数的代数形式，理解复数的有关概念，理解复数相等的含义。

2. 经历从实数系扩充到复数系的过程，感受数系扩充过程中理性思维的作用，提升学生数学抽象、逻辑推理核心素养。

（二）教学重点与难点

1. 教学重点：从实数系扩充到复数系的过程与方法，复数的概念。

2. 教学难点：复数系扩充过程的基本数学思想，复数的代数形式。

三、教学问题诊断分析

学生在义务教育阶段已经经历了三次数系的扩充，对数系的发展历史有一定的了解，但对数系扩充的一般规则并不熟悉，再加上虚数单位的特殊性以及在现实生活中没有任何现实背景支持虚数，因此在本节课的学习中学生可能会在以下方面出现障碍：

1. 对虚数单位的引入以及虚数单位和实数进行形式化运算的理解会出现困难。

2. 复数的代数形式是两项的和，这与实数系中的数都是单一的一个数不同，学生在认知上会产生冲突，在理解上有一定的难度。

四、教学支持条件分析

（一）教学策略分析

探究法。

（二）教学辅助媒体分析

希沃白板、GeoGebra。

五、教学过程设计

（一）问题情境，引入概念，开启思维

问题1：回顾我们之前学的数，想一想数系为什么会一次一次的被扩充？

师生活动：观看一个介绍从自然数系到实数系扩充过程的 3 分钟短视频，

$$自然数集\ \mathbf{N}\ \xrightarrow[负整数]{引入}\ 整数集\ \mathbf{N}\ \xrightarrow[分数]{引入}\ 有理数集\ \mathbf{Q}\ \xrightarrow[无理数]{引入}\ 实数集\ \mathbf{R}。$$

设计意图：通过让学生回忆数系扩充的过程，使学生对数的概念有一个初步的、完整的认识，有助于学生体会理论产生与发展的过程，认识到数学发展既有来自外部的动力，也有来自数学内部的动力，从而形成正确的数学观。

追问1：在不同数系中，分别可以实施哪些运算，它们遵循了什么原则？

师生活动：学生在独立思考、互动交流后作答，老师进行补充归纳。

设计意图：通过一个问题一个追问，引导学生从已有的知识中发现规律，培养学生概括和发现问题的能力。让学生明白，重大的数学理论总是在继承和发展原有理论的基础上建立起来的。它们不仅不会推翻原有的理论，还总是包容原先的理论，为复数的加法、乘法运算教学埋下伏笔。

问题 2：试求解方程 $x^2 + 1 = 0, x \in \mathbf{R}$。

师生活动：学生自主完成并回答。

设计意图：方程的根是 $x = \pm \sqrt{-1}$，在实数集中，负数不能开平方，学生发现这个方程在实数范围内无解，但此处并不会产生认知冲突。

问题 3：以历史上邦贝利解决的问题为基础，解三次方程 $x^3 - 15x - 4 = 0$（见图 2 – 20）。

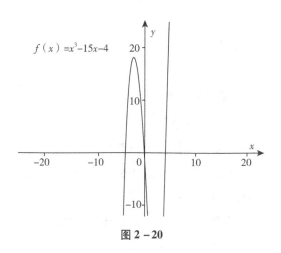

图 2 – 20

师生活动：老师简单介绍解三次方程 $x^3 = px + q$ 的公式，并告诉学生利用公式求出此方程的三个解分别为：$x = -2 \pm \sqrt{3}$，或 $x = \sqrt[3]{2 + \sqrt{-121}} + \sqrt[3]{2 - \sqrt{-121}}$。不用过多地讲解求解过程，但是由于结果中的 $\sqrt{-121}$ 会让学生误以为此方程只有两个实数解。这时老师利用 GeoGebra 软件画出 $y = x^3 - 15x - 4$ 的图像，证明方程 $x^3 - 15x - 4 = 0$ 有三个解。并利用因式分解法，将原方程化为 $(x - 4)(x^2 + 4x - 1) = 0$，解得三个根分别是 $x_1 = 4$，$x_2 = -2 - \sqrt{3}$，$x_3 = -2 + \sqrt{3}$，从而得知 $\sqrt{-121}$ 应该有意义。

设计意图：让学生体验复数提出的过程，看到实数可以表示成带有负数的平方根的形式，学生会产生明显的认知冲突，不得不思考实数与被认为没有意义的根式之间到底存在怎样的关系。由此让学生认识到必须引入新数，使得负数求平方根运算，并探讨它存在的意义，为"自然地"引入复数做好铺垫，让学生更加深刻地体会引入复数的必要性以及数学中的理性精神。

（二）激学导思，形成概念，交流思维

问题4：为了解决以上问题，仿照以往数系的扩充思路，我们有什么办法？

师生活动：学生阅读课本思考回答。

设计意图：让学生明白引入复数的必要性，并明确虚数单位 i 的性质 $i^2 = -1$，同时让学生在知识学习的过程中了解数学史，从而对数学产生兴趣。

问题5：那么实数系经过扩充后，得到的新数由哪些数组成呢？

追问2：由1，3，i 三个数，通过加法、乘法运算，你能写出哪些结果呢？

师生活动：学生独立完成。

设计意图：通过实数集扩充后加法、乘法、以及乘法对加法满足的运算法则引出复数的概念。

（三）引议释疑，理解概念，提升思维

追问3：学生读阅课本第69页例1之前的内容，并回答下列问题：

（1）什么样的数叫做复数？什么叫复数集？

（2）复数的代数形式是怎么样的？什么是实部，什么是虚部？

（3）复数相等的充要条件是什么？

（4）复数可以分成几类？它们分别满足什么条件？复数集 C 和实数集 R 之间有什么关系？

师生活动：学生独立完成，在班级进行交流，归纳总结（见表2-6）。

表2-6

复数的概念	形如 $a + bi(a,b \in \mathbf{R})$ 的数
复数集	$\mathbf{C} = \{a + bi \mid a,b \in \mathbf{R}\}$
复数的代数形式	$a + bi(a,b \in \mathbf{R})$ a 叫做复数的实部，b 叫做复数的虚部
复数相等	$a + bi = c + di(a,b,c,d \in \mathbf{R})$ 当且仅当 $a = c$，且 $b = d$

续表

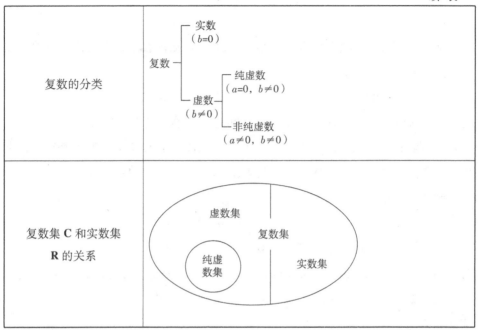

| 复数的分类 | 复数 ┬ 实数 ($b=0$) └ 虚数 ($b\neq0$) ┬ 纯虚数 ($a=0$, $b\neq0$) └ 非纯虚数 ($a\neq0$, $b\neq0$) |
| 复数集 **C** 和实数集 **R** 的关系 | 虚数集 复数集 纯虚数集 实数集 |

设计意图：这部分内容比较容易理解，课本的介绍也很到位，学生是可以自主阅读、学习、理解、概括的，加强学生的感性认识。当后面出现虚数时，类似地，只要把虚数写成复数的表达形式，就可以很好地解决虚数与实数运算问题。

追问4：复数能不能比较大小？

师生活动：老师讲授。

设计意图：让学生明确 i 的性质，只有在两个复数均是实数的前提下才能比较大小，进一步巩固复数的概念。

（四）点拨提高，深化概念，优化思维

例1 （1）请说出下列复数的实部和虚部：

$3+2i$, $\dfrac{1}{2}-\sqrt{3}i$, $-\sqrt{3}-\dfrac{1}{2}i$, $-0.2i$, 0, $3i-2$

（2）指出下列各数中，哪些是实数，哪些是虚数，哪些是纯虚数？为什么？

$2+\sqrt{7}$, 0.618, $\dfrac{2}{7}i$, 0, i, $5i+8$, $3-9\sqrt{2}i$, $i(1-\sqrt{3})$, $\sqrt{2}-\sqrt{2}i$

（3）当实数 m 取什么值时，复数 $z = m + 1 + (m - 1)i$ 是实数、虚数、纯虚数？

师生活动：学生独立思考、作答，再进行班级展示、交流，教师与学生互动交流，完善学生的认识。

设计意图：本例中三道题均取自教科书，难度不大，通过三道概念题，层层递进，认清实部与虚部，巩固复数的概念。让学生发现复数的代数表达式的结构，理解它不是凭空出现的、规定的形式。只有学生深入了解复数的代数表达式，才能更好地把握复数集、实数集、虚数集、纯虚数集之间的关系。

例2 求满足下列条件的实数 x, y 的值：

（1）$(x + y) + (y - 1)i = (2x + 3y) + (2y + 1)i$；

（2）$(x + y - 3) + (x - 2)i = 0$。

师生活动：学生独立思考、作答，再进行班级展示、交流，老师点评。

设计意图：让学生发现复数相等的充要条件是"化虚为实"的主要依据，是复数问题实数化思想的体现。

例3 已知 $z = (m^2 - 1) + (m^2 - 2m)i$，若 $z < 0$，求实数 m 的值。

师生活动：教师引导学生完成。

设计意图：强化复数的概念，形成新旧知识的冲突。

（五）精讲精练，应用概念，拓展思维

1. 下列哪些数是虚数：$2 + \sqrt{7}$，i，$3i^2$，i^3，0.618，$(a + 1)i$，i^4，$-0.12i$，$2i - 3$。

师生活动：利用多媒体平台，两个学生以竞赛形式进行作答，用时35秒。

设计意图：考查学生对虚数概念的掌握情况，以游戏的形式进行，活跃课堂气氛，提高学生的参与度和兴趣。

2. 若复数 $z = (m^2 - 1) + (m + 1)i$ 为纯虚数，求实数 m 的值。

3. 已知 $z_1 = (-4a + 1) + (2a^2 + 3a)i$，$z_2 = 2a + (a^2 + a)i$，其中 $a \in$ **R**，若 $z_1 > z_2$，求 a 的取值集合。

师生活动：学生自主思考完成，展示，然后师生共同点评。强调两个复数能比较大小必须是均为实数的前提下，而不是先移项再比较。

设计意图：巩固复数的概念。

（六）归纳自结，升华概念，形成能力

问题6：教师引导学生回顾本节课的学习内容，并回答下列问题：

（1）阐述数系扩充的必要性。

（2）概述复数的代数形式与分类，复数集、实数集、虚数集、纯虚数集之间的包含关系以及复数相等和大小关系的含义。

设计意图：通过对数系扩充规则、扩充过程以及复数相关概念等知识和方法的总结，使学生对本节课的学习有一个全面系统的认识，一方面深化对复数知识的理解，另一方面总结研究方法，积累研究数学问题的经验。

六、目标检测设计

布置作业：教材第73页习题7.1第2题、第3题。

设计意图：巩固本节所学的知识，加强理解对数复数的概念，以及复数代数形式的理解和应用。

七、教学反思

本节概念较多，但难度不大，学生基本能自主学习探讨掌握。课堂探究时学生的表现很好，老师只要适当地提醒学生要注意什么即可。通过让学生体会数系的扩充是生产实践的需要，是数学学科自身发展的需要，从而让学生积极主动地建构虚数的概念、复数的概念、复数的分类等，进而对本节课的知识掌握得更加牢固。

一元线性回归模型

一、内容和内容解析

（一）内容

本节课内容为普通高中教科书（人教 A 版 2019）《数学选择性必修第三册》第八章《成对数据的统计分析》中《一元线性回归模型及其应用》第一课时，主要内容为建立一元线性回归模型，理解一元线性回归模型。

（二）内容解析

1. 内容的本质。一元线性回归模型表示两个随机变量之间的真实关系，是描述相关关系最简单的回归模型。当两个变量之间有显著的线性相关关系时，可以建立一元线性回归模型来刻画两个变量间的随机关系，并通过模型进行预测。

建立一元线性回归模型的基础是成对数据的相关性分析。通过对散点图的直观观察，可以大致确定变量间是否存在线性关系，通过样本相关系数可以分析线性关系的强弱。在此基础上建立一元线性回归模型，用最小二乘法估计线性回归模型中的参数，得到经验回归方程，并利用残差构建指标对模型进行评价和改进，使模型不断完善，最后根据模型进行预测，帮助决策。

2. 蕴含的思想和方法。在建立一元线性回归模型的过程中，方程的建立、参数的估计等都是培养学生数据分析、数学建模、数学抽象的重要素材，蕴含的统计思想、数形结合思想等，都是加强学生"四基"、培养"四能"的重要内容。

3. 知识的上下位关系。根据前面的学习，学生根据成对样本数据的散点图和样本相关系数，可以推断两个变量的相关关系，正相关，还是负相关，以及线性相关程度的强弱等。进一步地，如果能像建立函数模型刻画两个变量之间的确定性关系那样，通过建立适当的统计模型刻画两个随机变量的相关关系，也就可以利用模型研究两个变量之间的随机关系，并通过模型进行预测，这样就帮助我们解决了很多问题。本节课内容也为后面学习的最小二乘法估计线性回归模型中的参数，得到经验回归方程，并利用残差及利用残差构建的指标对模型进行评价和改进，完善模型、利用模型预测、帮助决策等内容做了相应的铺垫。

4. 育人价值。运用具体问题抽象出数学概念，并服务于日常生活，体现了理论联系实际的思想。学生可以体会到数学是有用的，是可以帮助人类预测、决策的。

5. 教学重点。一元线性回归模型的概念，随机误差的概念。

二、目标和目标解析

（一）教学目标

结合具体实例，通过分析变量间的关系建立一元线性回归模型，让学生能说明模型参数的统计意义，提高学生的数据分析能力。

（二）目标解析

达成上述目标的标志是：

1. 让学生通过具体实例分析得到，具有线性相关性的两个变量关系不能用函数模型刻画。

2. 让学生知道随机误差产生的原因和影响、随机误差的表示与假设。

3. 让学生知道回归模型与函数模型的区别。

4. 学生能说明模型中斜率参数的统计意义。

教学难点：回归模型与函数模型的区别，随机误差产生的原因与影响。

三、教学问题诊断分析

《一元线性回归模型》这节课，整个课堂主要内容集中在两个大问题上，如何研究成对数据及如何构建并理解一元线性回归模型。从整体教学的角度来看，一方面，教师对本节课知识上下位关系的把握要放在整个函数主线上；另一方面，教学起点的选择则要根据学生的情况进行适当调整。

本节课的重点是建立一元线性回归模型和随机误差的理解。结合学校学生实际情况，本节课的起点安排在刚刚学习过的成对数据的统计相关性，更加切合学生的认知过程，避免造成更大的认知起点与学生思维最近发展区的冲突。课堂教学中教师从"儿子身高与父亲身高是否有关系"这个问题出发，引导学生从"形"和"数"两个维度实践操作、观察、分析案例，分享有关结论，进而引导学生将得到的结论用数学语言表达，建立一元线性回归模型。师生共同分析理解随机误差及其产生原因，理解函数模型与回归模型的区别，至于模型中参数的具体计算及应用问题则安排在下节课进行。

四、教学支持条件分析

（一）教学策略分析

一元线性回归方程主要研究两个随机变量的相关关系，通过成对数据建立数学模型。

通过情境引入，激发学生的学习新知的兴趣，教学过程中运用启发式、探究式教学，让学生更深入地理解概念，促进学生相互学习和提高。

（二）教学辅助媒体分析

希沃一体机、GeoGebra 软件。

五、教学过程设计

（一）问题情境，引入概念，开启思维

从小到大，我们一直在上数学课、学数学知识，那么为什么要学数学，学习数学的意义是什么？学习数学不仅仅要学习如何解题，如何考试，更重要的是要学会用数学的眼光观察世界，用数学的思维思考世界，用数学的语言表达世界，进一步地，用数学的方法指导（或服务）世界。

在上节课，我们已经学习了成对数据的统计相关性，根据成对样本数据的散点图和样本相关系数，可以推断两个变量是否存在相关关系，是正相关还是负相关，以及线性相关程度的强弱等。

设计意图：教师提出本节课的研究思路，同时通过已学习内容的简单复习，引导学生认识到利用数形结合的思想研究相关关系，为进一步研究任务 1 提供方法和思想上的铺垫。

（二）激学导思，形成概念，交流思维

生活经验告诉我们，儿子的身高与父亲的身高相关。一般来说，父亲的身

高较高时，儿子的身高通常也较高。

这是真的吗？是否可以通过建立适当的统计模型，刻画儿子身高与父亲身高这两个变量之间的相关关系？换个说法，父亲的身高 175cm，能否预测儿子的身高是多少？

任务 1：观察这组样本数据，你准备怎样分析？能得到哪些结论？把你的想法、结论和大家分享一下！

表 2-7

编号	1	2	3	4	5	6	7
父亲身高/cm	174	170	173	169	182	172	180
儿子身高/cm	176	176	170	170	185	176	178
编号	8	9	10	11	12	13	14
父亲身高/cm	172	168	166	182	173	164	180
儿子身高/cm	174	170	168	178	172	165	182

师生活动：学生提出整理和表示数据的思路，将表中的成对样本数据用散点图表示，教师使用 GeoGebra 软件作为教学支持工具画散点图，计算相关系数。学生对比两种方式，体会信息技术的便捷与优势，同时根据散点图和相关系数的值，回答问题，解决问题并推理出相应结论（见图 2-21）。

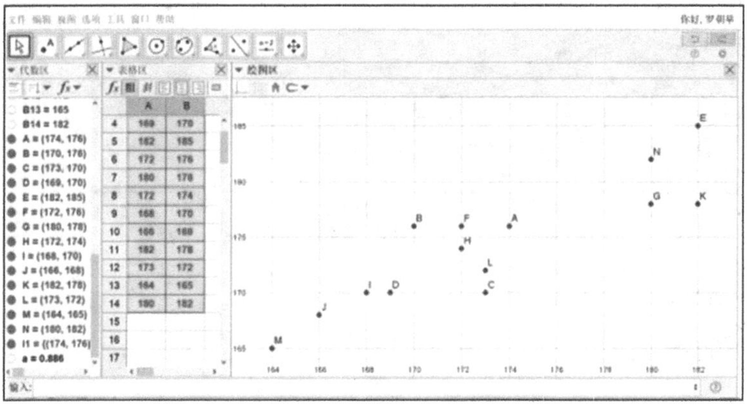

图 2-21

设计意图：通过具体的案例，对前面的学习内容进行系统回顾，同时本案例又作为探究一元线性回归模型的实例。

结论预设：（1）儿子的身高与父亲的身高有关系。（2）儿子的身高与父亲的身高之间不是函数关系，不能用函数模型刻画，两者之间是线性相关关系。

（3）由散点图可以看出，两个变量成正相关关系。（4）由散点图及计算相关系数的值可知，两个变量相关程度较高。

任务2：除了父亲身高以外，思考、讨论影响儿子身高的其他因素是什么。

师生活动：教师组织学生分组讨论，并分享讨论结果。

设计意图：找出父亲身高和儿子身高不能用函数模型刻画的原因，说明构建统计模型的必要性，即通过具体实例说明函数模型不能刻画线性相关关系。

结论预设：影响儿子身高的因素，除父亲的身高外，还有母亲的身高、儿子生活的环境、饮食习惯、营养水平、体育锻炼等随机的因素。儿子身高不是父亲身高的函数，原因是存在这些随机的因素。

任务3：用数学语言表达上述结论，建立统计模型。

师生活动：师生合作，将任务1、任务2所得到的结论进行抽象，建立统计模型。教师使用 GeoGebra 软件进行演示、验证（具体见图2-22）。

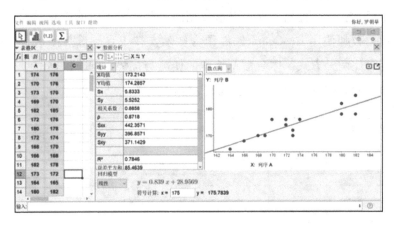

图 2-22

结论预设：

数学语言表达。

（三）引议释疑，理解概念，提升思维

建立统计模型。

父亲身高 x：自变量（或解释变量），儿子身高 Y：因变量（或响应变量）

$$\begin{cases} Y = bx + a + e, \\ E(e) = 0, \qquad (1) \\ D(e) = \sigma^2, \end{cases}$$

称（1）式为 Y 关于 x 的一元线性回归模型。其中 Y 称为因变量或响应变量，x 称为自变量或解释变量，a 和 b 为模型的未知参数，a 称为截距参数，b 称为斜率参数，e 是 Y 与 $bx + a$ 之间的随机误差。

模型中的 Y 是随机变量，其值虽然不能由变量 x 的值确定，但却能表示为 $bx + a$ 与 e 的和（叠加），前一部分由 x 唯一确定，后一部分是随机的。如果 $e = 0$，那么 Y 与 x 之间的关系就可以用一元线性函数模型来描述。

设计意图：解释引入随机误差的合理性，除父亲身高外，影响儿子身高的其他次要因素：母亲身高、生活环境、饮食习惯、体育锻炼等，统称随机误差。

（四）点拨提高，深化概念，优化思维

任务4：理解随机误差。

师生活动：教师组织学生分组讨论如何理解随机误差，结合案例进行总结分享。

设计意图：深入理解随机误差的概念，分析随机误差产生的原因。

结论预设：（1）随机误差可取正或取负、有些无法测量、不可事先设定，所以 e 是一个随机变量。（2）由于随机误差表示大量已知、未知的各种影响之和，它们会相互抵消，为使问题简洁，可以假设 $E(e) = 0$，$D(e) = \sigma^2$ 是与父亲身高无关的定值。（3）儿子身高与父亲身高线性相关，假设没有随机误差，即儿子身高只受父亲身高影响，则 $Y = bx + a$。事实上，相关系数 $r \approx 0.886$，所以 $Y \approx bx + a$，也可以记作 $Y = bx + a + e$。（4）随机误差 e 产生的原因：①除父亲身高外，其他可能影响儿子身高的因素，比如母亲身高、生活环境、饮食习惯和锻炼时间等。②在测量儿子身高时，由于测量工具、测量精度所产生的测量误差。③实际问题中，我们不知道儿子身高和父亲身高的相关关系是什么，可以利用一元线性回归模型来近似这种关系，这种近似关系也是产生随机误差 e 的原因。

设计意图：假设随机误差的可行性是随机误差取正取负的可能性相同，均值为0是理想状态，假设 $E(e)=0$，$D(e)=\sigma^2$，既体现随机性，又便于问题的研究。

任务5：比较函数模型与回归模型。

师生活动：师生共同分析比较两类模型的区别，结合具体的案例展示结论。

设计意图：理解函数模型的确定性和回归模型的随机性。

结论预设：函数模型刻画的是变量之间具有的函数关系，是一种确定性的关系。回归模型刻画的是变量之间具有的相关关系，不是一种确定性关系，即回归模型刻画的是两个变量之间的随机关系。在函数关系中，变量 x 对应的是变量 y 的确定值，而在相关关系中，变量 x 对应的是变量 Y 的概率分布。换句话说，相关关系是随机变量之间或随机变量与非随机变量之间的一种数量依存关系，对于这种关系，我们通常运用统计方法进行研究。

在本案例中，父亲身高只是部分地影响儿子的身高，还有其他因素影响。

设计意图：解释构建统计模型的科学性，即将一个随机变量表示成一个主要的确定性的量与一个次要的随机量之和，只要控制次要的随机量在一定的范围之内，那么随机问题就可以通过研究确定性问题得到理想的结果。

（五）精讲训练，应用概念，拓展思维

例 判断下列变量间哪些能用函数模型刻画，哪些能用回归模型刻画？为什么？函数模型与回归模型有什么区别？

（1）某公司的销售收入和广告支出。

（2）航空公司的顾客投诉次数和航班正点率。

（3）学生期末考试成绩和考前用于复习的时间。

（4）一辆汽车在某段路程中的行驶速度和行驶时间。

师生活动：结合具体的实例分析比较两类模型的特征与区别。

设计意图：理解函数模型的确定性和回归模型的随机性。

（六）归纳自结，升华概念，发展思维

本节课，我们学习一元线性回归模型的含义，重点是深刻理解一元线性回归模型的推导过程以及随机误差的产生原因。

在函数关系中，变量 x 对应的是变量 y 的确定值，而在相关关系中，变量 x 对应的是变量 Y 的概率分布。换句话说，相关关系是随机变量之间或随机变量与非随机变量之间的一种数量依存关系，对于这种关系，我们通常运用统计方法进行研究。通过对相关关系又可以总结规律，从而指导人们的生活与生活实践。

联系前面 GeoGebra 软件中的线性回归模型图形，回归模型中的参数如何确定才是最优的，回归直线的本质是什么？下节课精彩内容继续！

六、目标检测设计

（一）课堂检测

如果将本节课案例散点图中的点按父亲身高的大小次序用折线连起来，所得到的图像是一个折线图，可以用这条折线图表示儿子身高和父亲身高之间的关系吗？为什么？

设计意图：理解函数模型的确定性与回归模型随机性在图形中的表示。

（二）课后检测

已知父亲身高与儿子身高的一元线性回归模型 $\begin{cases} Y = bx + a + e, \\ E(e) = 0, \\ D(e) = \sigma^2, \end{cases}$

某人计算出回归模型中参数 $b \approx 0.828$，请说明参数 b 的含义。

设计意图：理解一元线性回归模型中各参数的含义。

七、教学反思

1. 相对于传统教学内容来说，本节课是一节典型的数学建模课，不仅需要运用数学思维观察问题、思考问题，更需要将理性分析和直观操作相结合，需要细心地思考辨析才能建构这样的模型，内容抽象，难度较大。也正因为有难度，所以才有公开探讨的价值。如果这节课解决得好，将为后续的新课操作或者课堂教学提供范本。因此，它极具探讨、研究的价值。

2. 中学数学教学，应体现数学发现的过程，教师应该引导学生从旧知出发，积极探究，思考抽象事物，从而形成数学语言，掌握数学的本质。本节课有教学立意高、信息技术辅助教学恰当、学生活动充分等几个优点，使学生经历或感受到从数学的角度观察问题、发现问题、提出问题、分析问题以及解决问题的全过程，着力于发展学生核心素养。从学生的课堂表现来看，他们能够从老师搭建的任务链拾级而上，师生活动较为充分，达成了预设教学目标。

3. 本节课以任务链的形式展开教学，过程中教师尽量引导学生观察、思考、表达，培养学生发现问题、提出问题、分析问题、解决问题的能力。在教学任务完成过程中，适当运用 GeoGebra 软件演示、验证，使学生体会到信息技术的便捷性与效率性。

4. 教师在数学建模教学过程中除了注意显性知识的传授，更突出了隐性知识的渗透，在落实"四基"的基础上培养了"四能"。

5. 在教学实施的过程中，需要注意整合 5 个任务并协调各任务的时间分配；在教学设计的过程中，除了关注思考、探究等环节，还有必要关注旁注等内容。

6. 从课堂中学生表现情况来看，本节课基本达成了预定的教学目标，学生基本能够掌握回归模型的建立过程，初步理解随机误差及其产生的原因，对于数形结合思想有了更进一步的体会，落实了"四能""三会"，但课堂中学生思维量的设计有待于进一步增加。

函数的单调性

一、内容和内容解析

（一）内容

本章是在学习完"预备知识"，有了高中阶段学习心理、学习方法和知识技能的必要准备的基础上，继续学习函数的有关知识。现实世界的运动变化中，增减趋势是主要的变化规律之一，而单调性的概念为刻画这种变化规律提供了方法；另外，方程、不等式等问题的求解，也可以利用函数的单调性。

从初中到高中，函数的单调性概念形成经历了从定性到定量的过程，体现了数学概念逐渐抽象化、严格化。让学生通过一次函数、反比例函数单调性的证明，建立起已知和未知的联系，实现初高中知识的过渡。

（二）内容解析

1. 内容的本质。函数是高中数学的一条重要主线，函数的单调性是函数的局部性质，也是函数的基本性质之一，它刻画了函数的增减变化规律。

2. 蕴含的思想和方法。具体到抽象、特殊到一般。

3. 知识的上下位关系。本节课是在前一单元学习了函数的概念、函数的表示方法、分段函数等内容的基础上，进一步研究函数的性质中的单调性。单调性的学习也将为接下来学习函数的奇偶性、最大（小）值、周期性等性质打下基础。

4. 育人价值。本节课通过引入数学符号，借助代数语言定量刻画变化规律，提升学生抽象思维水平，发展数学抽象、直观想象、数学运算、逻辑推理等学科核心素养。

5. 教学重点。函数单调性的概念与证明。

二、目标和目标解析

（一）教学目标

1. 帮助学生从形和数认识函数单调性，会用符号语言表达函数的单调性。

2. 使学生会用定义证明简单函数的单调性。

3. 使学生掌握利用函数图像和单调性定义判断函数单调性的方法。

（二）目标解析

1. 让学生理解"任意""都有"等关键词的含义，能够从函数图像或通过代数推理，得出函数的单调递增、单调递减区间。

2. 使学生会用函数单调性的定义，按照一定的步骤证明函数单调性。

3. 经历直观到自然语言描述再到符号语言刻画的过程，让学生感受数学符号语言的作用。

三、教学问题诊断分析

针对本节课知识内容的特点，教学过程中要避免"一个定义、三点注意、几个例题、大量练习"式的教学，导致概念的理解浅层化、形式化。同时，要让学生经历观察、分析、归纳、抽象等思维活动，不仅要学会知识，而且要学会研究方法。给学生提供感悟知识精髓的时间和空间，让学生动起来、做起来，从而加深对概念的理解。

四、教学支持条件分析

（一）教学策略分析

1. 通过情境引入，激发学生的学习新知的兴趣。

2. 通过启发式、探究式教学，让学生更好地理解概念，使学生能够相互学习和提高。

（二）教学辅助媒体分析

1. 利用网络画板等信息技术动态地展示函数随自变量变化而变化的情况。

2. 用表格的形式加强自变量从小到大时函数值的变化趋势等，数形结合地提出问题，使学生体会从定性到定量、从粗糙到精确的归纳过程。

五、教学过程设计

（一）问题情境，引入概念，开启思维

德国有一位著名的心理学家艾宾浩斯，对人类的记忆牢固程度进行了有关研究。他经过测试，得到了以下一些数据：

表 2 – 8

时间间隔 t	刚记忆完毕	20 分钟后	60 分钟后	8 ~ 9 小时后	1 天后	2 天后	6 天后	一个月后
记忆量 y（百分比）	100	58.2	44.2	35.8	33.7	27.8	25.4	21.1

以上数据表明，记忆量 y 是时间间隔 t 的函数。艾宾浩斯根据这些数据描绘出了著名的"艾宾浩斯遗忘曲线"，如图 2 – 23。

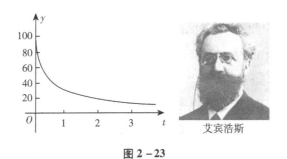

图 2 – 23

问题 1：当时间间隔 t 逐渐增大，你能看出对应的函数值 y 有什么变化趋势？通过这个试验，你打算以后如何对待刚学过的知识？

追问 1："艾宾浩斯遗忘曲线"从左至右是逐渐下降的，对此，我们如何用数学观点进行解释？

提示：（1）随着时间间隔 t 逐渐增大，函数值 y 逐渐变小，这个试验告诉我们，在以后的学习中，我们应及时复习刚学习过的知识。

（2）"艾宾浩斯遗忘曲线"是减函数曲线。

师生活动：了解"艾宾浩斯遗忘曲线"，关注图像的变化趋势及函数值的变化趋势。

设计意图：通过艾宾浩斯记忆曲线的引入，激发学生的学习兴趣，为函数单调性的引入做好铺垫。

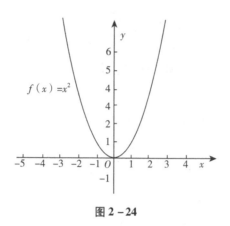

图 2 - 24

（二）激学导思，形成概念，交流思维

探究一：函数单调性性质的定量刻画

第一次认识：（图形语言）

问题 2：在初中我们研究过二次函数 $y = ax^2 + bx + c(a \neq 0)$，学习过它的图像与性质，请问你是怎样理解 "$y$ 随 x 的增大而增大" 的？观察函数 $y = x^2$ 的图像（图 2 - 24）。

追问 2：从左向右看函数在区间 $(0, +\infty)$ 上的图像有怎样的变化趋势（上升/下降）？怎样描述图像的这种上升变化呢？

学生活动：学生先独立思考，再小组交流。

设计意图：通过对图像特征进行描述，促进学生对图像变化规律的认识。

第二次认识：（文字语言）

追问 3：观察表 2 - 9，你能给出具体的描述吗？

表 2 - 9

x	...	1	2	3	4	...
$f(x) = x^2$	...	1	4	9	16	...

追问 4：这样的变化过程能写得完吗？

用几何画板演示点 A 在 $(0, +\infty)$ 上向上运动时，A 点坐标的变化。让学生观察到函数 $y = x^2$ 在区间 $(0, +\infty)$ 上，随着自变量 x 的增大，函数值 y 也增大。

追问 5："x 增大了""对应的函数值 y 增大"怎样借助符号语言表示？

学生活动：让学生从具体到抽象进行概括，教师根据学生的回答启发学生，

最后得到只要 $x_1 < x_2$，就有 $f(x_1) < f(x_2)$。

设计意图：让学生逐渐学会从定性的描述到定量的刻画，其核心是通过从具体到抽象的过程，让学生学会用严格的符号语言刻画"在区间 D 上，自变量 x 的增大，函数值 y 也增大"。

（三）引议释疑，理解概念，提升思维

第三次认识：（符号语言）

首先，将两个"增大"符号化，在区间 $(0，+\infty)$ 上的 x_1，x_2，只要 $x_1 < x_2$，就有 $f(x_1) < f(x_2)$。

追问 6：这里对 x_1，x_2 只取 $(0，+\infty)$ 上的某些数是否可以？对 x_1，x_2 有什么要求？

追问 7：你觉得更严格的表达应该是怎样的？

进一步完善表达：对于区间 $(0，+\infty)$ 上的任意的两个自变量的值 x_1，x_2，当 $x_1 < x_2$ 时，都有 $f(x_1) < f(x_2)$，那么就说函数 $f(x) = x^2$ 在区间 $(0，+\infty)$ 上是单调递增的。

追问 8：对于函数 $y = x_2$，你能模仿上述方法给出"在区间 $(-\infty，0]$ 上，y 随 x 的增大而减小"的符号语言刻画吗？

师生活动：教师引导学生不断地深度思考，函数的单调性如何用数学符号语言描述。

设计意图：通过连续地追问，让学生经历由图像直观感知到自然语言描述再到数学符号语言描述刻画，即从直观到抽象、特殊到一般、感性到理性的认识过程，使学生能够更好地感受数学知识的生成过程。

思考：函数 $f(x) = |x|$，$f(x) = -x^2$ 各有怎样的单调性？如何用严格的符号语言来刻画？

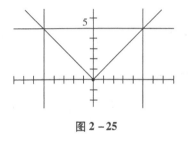

图 2-25

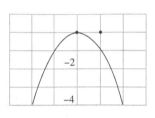

图 2-26

$f(x) = |x|$的图像如图 $2-25$，图像在 y 轴左侧从左到右是下降的。也就是说，当 $x < 0$ 时，y 随 x 的增大而减小，用符号语言描述就是任意取 x_1，$x_2 \in (-\infty, 0]$，则 $f(x_1) = |x_1|$，$f(x_2) = |x_2|$，当 $x_1 < x_2$ 时，有 $f(x_1) > f(x_2)$，所以 $f(x) = |x|$在区间 $(-\infty, 0]$ 上单调递减的。

类似地，$f(x) = |x|$在区间 $[0, +\infty)$ 是单调递增的。

$f(x) = -x^2$的图像如图 $2-26$，图像在 y 轴左侧从左到右是上升的，也就是说，当 $x < 0$ 时，与 y 随 x 的增大而增大，用符号语言描述就是任意取 x_1，$x_2 \in (-\infty, 0]$，则 $f(x_1) = -x_1^2$，$f(x_2) = -x_2^2$，当 $x_1 < x_2$ 时，有 $f(x_1) < f(x_2)$，所以 $f(x) = -x^2$ 在区间 $(-\infty, 0]$ 上是单调递增的。

类似地，$f(x) = -x^2$ 在区间 $[0, +\infty)$ 上是单调递减的。

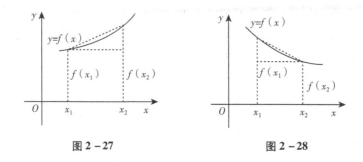

图 2 – 27　　　　　　　　图 2 – 28

师生活动：学生模仿前面的方法，用符号语言定量刻画图 $2-27$、图 $2-28$ 两个函数的单调性。

设计意图：从刻画数量特征的角度进行描述，可以促进学生深入思考单调性，以及从定性描述转向定量刻画。

（四）点拨提高，深化概念，优化思维

探究二：函数单调性的定义

定义：一般地，设函数 $f(x)$ 的定义域为 I，区间 $D \subseteq I$；

如果 $\forall x_1$，$x_2 \in D$，当 $x_1 < x_2$ 时，都有 $f(x_1) < f(x_2)$，那么就称函数 $f(x)$ 在区间 D 上单调递增。

特别地，当函数 $f(x)$ 在它的定义域上单调递增时，我们就称它是增函数。

如果 $\forall x_1$，$x_2 \in D$，当 $x_1 < x_2$ 时，都有 $f(x_1) > f(x_2)$，那么就称函数 $f(x)$ 在区间 D 上单调递减。

特别地，当函数 $f(x)$ 在它的定义域上单调递减时，我们就称它是减函数。

师生活动：学生先独立思考，教师再组织班级同学进行交流，教师可以提醒学生用多种方法表示函数。

设计意图：定义是数学的核心，通过教师带领学生对定义进行辨析，再次让学生体会和理解函数单调性的定义。

（五）精讲训练，应用概念，拓展思维

例1　根据定义，研究函数 $f(x) = kx + b(k \neq 0)$ 的单调性。

分析：根据函数单调性的定义，需要考察当 $x_1 < x_2$ 时，$f(x_1) < f(x_2)$ 还是 $f(x_1) > f(x_2)$，根据实数大小关系的基本事实，只要考察 $f(x_1) - f(x_2)$ 与 0 的大小关系。

师生活动：学生先独立思考，再小组交流，最后由学生给出严格的表述，安排两名学生到前面板书，教师对学生的解答过程进行点评。

设计意图：关于一次函数的单调性，初中已通过观察图像得到，这里利用定义进行严格的证明，不仅体现了形式化定义的作用，还让学生理解了用单调性定义考察函数单调性的基本方法。

例2　根据定义证明函数 $y = x + \dfrac{1}{x}$ 在区间 $(1, +\infty)$ 上单调递增。

师生活动：学生独立思考并尝试写出证明过程，教师用 GeoGebra 软件画出函数图像，并进行示范性的讲解和板书书写。

设计意图：这道题对部分学生来说运算过程有一定难度，需要进行小组合作和教师的引导。利用单调性的定义，通过严格的逻辑推理，获得函数在 $(1, +\infty)$ 上单调递增的性质，培养学生的逻辑推理、数学运算素养。

（六）归纳自结，升华概念，发展思维

师生活动：总结定义法判断函数单调性的一般步骤。

①取值：在指定区间内任取 x_1，x_2，且 $x_1 < x_2$；②作差变形：作差 $f(x_2) - f(x_1)$，利用因式分解、配方等方法进行变形；③判号：判断 $f(x_2) - f(x_1)$ 的符号；④定论：确定函数的单调性。

设计意图：通过归纳证明函数单调性的步骤，提高学生归纳概括的能力。

六、目标检测设计

（一）课堂检测

物理学中的玻意耳定律 $p = \dfrac{k}{V}$（k 为正常数）告诉我们，对于一定量的气体，当其体积 V 减小时，压强 p 将增大，试对此用函数的单调性证明。

师生活动：教师先引导学生认识玻意尔定律的意义，学生独立思考并写出单调性的证明过程。可安排几名学生板书。

设计意图：进一步熟悉函数单调性的证明过程，体会用函数模型刻画现实世界中的现象。

（二）课后检测

1. 若函数 $f(x)$ 的定义域为 $(0，+\infty)$，且满足 $f(1) < f(2) < f(3)$，则函数 $f(x)$ 在 $(0，+\infty)$ 内（　　）。

A. 是增函数 　　　　　　　　　B. 是减函数

C. 先增后减 　　　　　　　　　D. 单调性不能判断

设计意图：考查学生对函数单调性定义的掌握。

2. 函数 $y = f(x)$，$x \in [-4，4]$ 的图像如图 $2-29$，则函数的所有单调递减区间是（　　）。

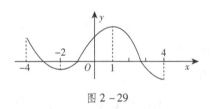

图 $2-29$

A. $[-4，-2]$ 　　　　　　　　B. $[1，4] \cup [-4，-2]$

C. $[-2，1]$ 和 $1，4]$ 　　　　D. $[-4，-2]$ 和 $[1，4]$

设计意图：辨析函数单调区间的描述方法。

3. 求证：函数 $f(x) = \dfrac{1}{x^2}$ 在区间 $(0，+\infty)$ 上是单调递减的。

设计意图：考查学生利用单调性定义进行证明的步骤和方法。

七、教学反思

　　函数的单调性是高一数学的一个难点，定义严格，论证要求高，三中学生学习起来较为吃力。本节课为市级公开课，在《高中数学课程标准（2017 年版）》和《珠海市明珠课堂实施方案》的指引下，教师准备充分，通过创设情境，层层设问，激发学生的学习兴趣，营造宽松、平等、和谐的课堂氛围，使学生情绪愉快而充满激情地投入数学学习中去，从而潜移默化地影响学生。学生在课堂上精神饱满，参与度高，课堂氛围良好，基本实现了既定的教学目标。

　　当然，本节课依然有一些不足和需要改进的地方，如时间把控方面。在概念的引入和升华环节，为了能让学生充分经历知识的生成过程，花费了过多的时间，导致后面例题讲解时间有些不足。还有少数学生在对函数单调性的符号化语言刻画方面存在问题和困难，需要在后面的课程中继续完善。

函数的概念（一）

一、内容和内容解析

（一）内容

函数的概念。

（二）内容解析

1. 内容的本质。函数是两个变量之间的特殊的对应关系，来自对运动的研究，反映了变量变化之间的依赖关系。

2. 蕴含的思想和方法。函数数学思想与方法。

3. 知识的上下位关系。学生在初中已经学习了用变量之间的依赖关系描述函数，例如一次函数、二次函数、反比例函数等，高中也学习了集合的概念，利用集合的语言和对应关系刻画函数，建立完整的函数概念，体会几何语言和对应关系在刻画函数概念中的作用。为下一步进行函数性质的学习，在现实生活中利用函数构建模型解决问题，以及即将学习的幂函数、指数函数、对数函数等内容打下基础，起着承上启下的作用。

4. 育人价值。帮助学生建立完整的函数概念，不仅把函数理解为刻画变量之间依赖关系的数学语言和工具，也把函数理解为实数集合之间的对应关系，发展了学生的核心素养。

5. 教学重点。在研究已有函数实例的过程中，感受在两个非空数集 A，B 之间所存在的对应关系 f，进而用集合、对应的语言刻画这一关系，获得函数概念。

二、目标和目标解析

（一）教学目标

1. 学生能够归纳函数的本质属性。

2. 学生能够从函数的三要素角度去判定两个具体函数是不是同一个函数。

3. 学生能够具体的函数求解。

（二）目标解析

1. 通过丰富的实例，分析所创设的问题情境的共同属性，归纳发现函数的本质属性，建立函数概念，使学生体会函数是描述两个变量间依赖关系的重要数学模型，用"对应关系说"来描述函数，培养学生的数学抽象素养。

2. 通过对函数定义的分析，使学生能用集合与对应的语言刻画函数，了解构成函数的三个要素。

3. 学生会用恰当的方式描述一个具体函数的对应关系。

4. 学生会判断两个函数是否为同一函数，会求一些简单函数的定义域和值域。

5. 通过从实例中抽象概括函数概念的活动，培养学生的抽象概括能力。

三、教学问题诊断分析

1. 由于学生在初中接触的主要是用解析式表示的函数，往往认为图像、表格所表示的函数不是函数。因此应当重视"图像、表格表示的对应关系是什么"的教学，帮助学生认识"对应关系"这一函数概念的核心。

2. 对函数概念中的"每一个""唯一确定"等关键词关注不够，领会不深。教学中，可以利用反例帮助学生理解。当然，真正达到理解还需要有个过程。

因此，本节课教学难点主要是对抽象符号 $y = f(x)$ 的理解，尤其是对 f 的意义的理解。教学中应利用具体函数例证，特别是图像、表格表示的函数，使学生逐步体会对应关系 f 的意义。

四、教学支持条件分析

（一）教学策略分析

1. 教法。从集合与对应的角度揭示函数的本质，无论难度还是跨度都有质的飞跃。依据高一学生的认知特点和年龄特征，本节课通过设置的若干个具体的问题情境的探究，去发现两个变量间都具有的关系，提炼出函数的本质属性。

2. 学法。在教师的主导下，学生通过对所创设的问题情境进行观察、分析、类比、探究、发现，利用函数的不同表征之间的转换来引导学生认识发展函数概念的必要性，经历概念的形成过程，归纳出函数概念的本质属性，因此自我探究、思考、总结、归纳，自我感悟，合作交流与对话等是本节课的主要学习方式。

（二）教学辅助媒体分析

为提高课堂效率，增加学生的直观感知，充分发挥多媒体快捷、生动、形象的特点。本节课采用黑板板书加希沃教学平台以及 GeoGebra 动态软件等相结合的方式进行教学。

五、教学过程设计

（一）问题情境，引入概念，开启思维

问题1：请举出几个在初中已学过的函数的例子。

问题2：能说出初中阶段是如何定义函数的吗？

问题3：如果作出 $y = 2$（$x \in \mathbf{R}$）的图像，那它是函数吗？

设计意图：问题1通过举例来回忆函数，问题2回顾函数的"变量说"，问题3初中所学的函数知识回答不了，引发认知冲突和困惑，有助于激发学生的学习热情和探究意识，引导学生开阔思路，从而引出本节课的主题。

（二）激学导思，形成概念，交流思维

情境1：某"复兴号"高速列车到350km/h后保持匀速运行半小时。这段时间内，列车行进的路程 S（单位：km）与运行时间 t（单位：h）的关系可以表示为 $S = 350t$．这里，t 和 S 是两个变量，而且对于 t 的每一个确定的值，S 都有唯一确定的值与之对应，所以 S 是 t 的函数。

问题4：有人说："根据对应关系 $S = 350t$，这趟列车加速到350km/h后，运行1h就前进了350km"，你认为这个说法正确吗？

情境2：某电气维修要求工人每周工作至少1天，至多不超过6天。如果公司确定的工资标准是每人每天350元，而且每周付一次工资，那么你认为该怎

样确定一个工人每周的工资？一个工人的工资 w（单位：元）是他工作天数 d 的函数吗？

问题5：情境1和情境2中的函数有相同的对应关系，你认为它们是同一个函数吗？为什么？

情境3：如图2－30，是北京市2016年11月23日的空气质量指数变化图。如何根据该图确定这一天内任一时刻 t 的空气质量指数的值 AQI？你认为这里的 AQI 是 t 的函数吗？

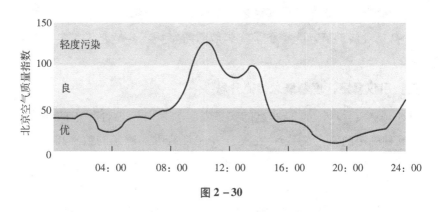

图2－30

问题6：你能根据图2－30找到中午12点的 AQI 的值吗？

情境4：国际上常用恩格尔系数 $r\left(r=\dfrac{食物支出金额}{总支出金额}\times100\%\right)$ 反映一个地区人民生活质量的高低，恩格尔系数越低，生活质量越高。表2－10是我国某省城镇居民恩格尔系数变化情况，从表中可以看出，该省城镇居民的生活质量越来越高。你认为表1给出的对应关系，恩格尔系数 r 是年份 y 的函数吗？

表2－10

年份 y	2006	2007	2008	2009	2010	2011	2012	2013	2014	2015
恩格尔系数 r（%）	36.69	36.81	38.17	35.69	35.15	33.53	33.87	29.89	29.35	28.57

问题7：上述情境1~4中的函数有哪些共同特征？由此你能概括出函数概念的本质特征吗？

上述情境的共同特征有：

（1）都包含两个非空数集，用 A，B 是来表示。

（2）都有一个对应关系。

（3）尽管对应关系的表示方法不同，但它们都有相同特性，即对于数集 A 的任意一个数 x，按照对应关系，在数集 B 中都有唯一确定的数 y 和它对应。

问题 8：前面已经学习了集合，能用集合与对应的语言来描述函数吗？

设计意图：函数概念教学关键点是让学生理解其引入的必要性、合理性，就是理解其本质属性。这些实质性的内容留给学生探究体验，对四个情境共同属性的概括，由学生自主探究并发现每个问题情境各自的特点，培养学生发现问题、分析问题的能力，以及探究意识和提取信息的能力，进而发展了学生的逻辑推理和数据分析素养。通过观察、分析、比较、发现、归纳、概括等环节，抽象出函数概念的本质，既培养了学生的创新意识，又培养了学生的抽象思维素养。

（三）引议释疑，理解概念，提升思维

函数的概念：设 A，B 是非空的实数集，如果对于集合 A 中的任意一个数 x，按照某种确定的对应关系 f，在集合 B 中都有唯一确定的数 y 和它对应，那么就称 $f: A \rightarrow B$ 为从集合 A 到集合 B 的一个函数（function），记作 $y = f(x)$，$x \in A$。

其中，x 叫做自变量，x 的取值范围 A 叫做函数的定义域；与 x 的值相对应的 y 值叫做函数值，函数值的集合 $\{f(x) \mid x \in A\}$ 叫做函数的值域。

问题 9：基于对函数概念的理解，你认为函数由几个要素构成？

问题 10：回忆初中所学过的函数，填写表 2－11。

表 2－11

函数	一次函数	二次函数（$a > 0$）	二次函数（$a < 0$）	反比例函数
对应关系				
定义域				
值域				

问题 11：问题 3 中 $y = 2$（$x \in \mathbf{R}$）是函数吗？

设计意图：在教师的引导下让学生对函数概念进行辨析，并对函数的三要素进行说明，让学生用概念解释问题，了解他们对函数本质的理解状况。

（四）点拨提高，深化概念，优化思维

问题 12：满足不等式 $1 \leqslant x \leqslant 2$ 的实数 x 的集合叫做闭区间，表示为 $[1, 2]$，你能自主学习课本 64 页区间的概念吗？

设计意图：通过学生自主学习，提高学生的课堂参与度，加强学生的阅读理解能力。

例1 已知函数 $f(x) = \sqrt{x+3} + \dfrac{1}{x+2}$。

（1）求函数的定义域；（2）求 $f(-3)$，$f\left(\dfrac{2}{3}\right)$ 的值；

（3）当 $a > 0$ 时，求 $f(a)$，$f(a-1)$ 的值。

例2 下列函数与函数 $y = x$ 相等的是（　　）。

A. $y = (\sqrt{x})^2$ B. $u = \sqrt[3]{v^3}$

C. $y = \sqrt{x^2}$ D. $m = \dfrac{n^2}{n}$

设计意图：在老师引导下让学生独立完成，师生共同讲评，及时巩固深化概念，学习利用函数概念解决问题，收获新知识。

（五）精讲训练，应用概念，拓展思维

1. 下列选项中（横轴表示 x 轴，纵轴表示 y 轴），表示 y 是 x 的函数的是（　　）。

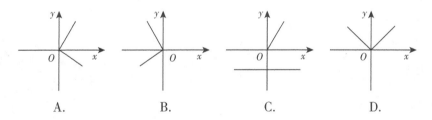

A.　　　　　　　　B.　　　　　　　　C.　　　　　　　　D.

2. 已知函数 $f(x) = \sqrt{x+4} + \dfrac{1}{x+3}$，求 $f(5)$ 的值；$f(x-4)$ 的定义域。

3. 下列四组函数中，表示同一函数的是（　　）。

A. $f(x) = \sqrt{-2x^3}$ 与 $g(x) = \sqrt{-2x}$

B. $f(x) = x$ 与 $g(x) = \dfrac{x^2}{x}$

C. $f(x) = \sqrt[3]{x^3}$ 与 $g(x) = \sqrt{x^2}$

D. $f(x) = x^0$ 与 $g(x) = \dfrac{1}{x^0}$

设计意图：通过三道练习分析解答，使学生学会根据题目条件应用函数概念进行解题，培养学生逻辑推理、数学运算等素养。

（六）归纳自结，升华概念，发展思维

问题：与初中学习的函数相比，高中学习的函数概念有哪些相同点与不同点？

设计意图：通过让学生自己归纳与总结，深化了学生对所学知识的理解，培养了学生的概括能力和表达能力，发展了学生的核心素养。

六、目标检测设计

（一）课堂检测

1. 设集合 $M = \{x \mid 0 \leqslant x \leqslant 2\}$，$N = \{y \mid 0 \leqslant y \leqslant 2\}$，那么下列四个图形中，能表示集合 M 到集合 N 的函数关系的有（　　）。

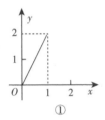 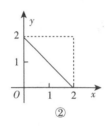 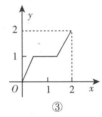 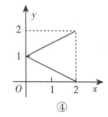

A. ①②③④   B. ①②③

C. ②③   D. ②

2. 函数 $y = \sqrt{2x} + \dfrac{4}{x-1}$ 的定义域为（　　）。

A. $[0, 1)$

B. $(1, +\infty)$

C. $(0, 1) \cup (1, +\infty)$

D. $[0, 1) \cup (1, +\infty)$

设计意图：通过课堂检测及时了解学生对本节课内容掌握情况，增强学生对函数概念的理解。

（二）课后检测

1. 设 $A = \{x \mid 0 \leqslant x \leqslant 2\}$，$B = \{y \mid 1 \leqslant y \leqslant 2\}$，图中表示 A 到 B 的函数的是（　　）。

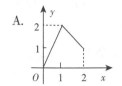 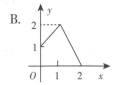

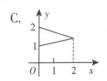 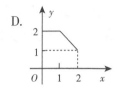

2. 托马斯说："函数概念是近代数学思想之花"。请根据函数的概念判断，下列对应是集合 $M = \{-1, 2, 4\}$ 到集合 $N = \{1, 2, 4, 16\}$ 的函数的是（　　）。

A. $x \rightarrow 2x$
B. $x \rightarrow x + 2$

C. $x \rightarrow x^2$
D. $x \rightarrow 2^x$

3. 下列各组函数中不是相等函数的是（　　）。

A. $f(x) = \sqrt{(x-1)^2}$，$g(x) = x - 1$

B. $f(x) = \sqrt{x^2 - 1}$，$g(x) = \sqrt{x+1} \cdot \sqrt{x-1}$

C. $f(x) = x - 1$，$g(t) = t - 1$

D. $f(x) = x$，$g(x) = \dfrac{x^2}{x}$

设计意图：通过课后检测，及时训练和巩固知识，理解函数概念的本质，提高学生解决问题的能力。

七、教学反思

基于学生现有认知能力，以问题引导学生学习，在概念教学过程中可以创设有利于发展学生核心素养的教学情境，启发学生探究，体会其中蕴含的数学思想，引导学生把握数学概念的本质，发展学生数学核心素养。上述教学设计主要体现如下。

1. 在突出重点、突破难点的过程中培养学生的核心素养。通过一系列问题的思考与探究，让学生体会从具体到抽象、从特殊到一般、从定量到定性的数学研究方法，使教学在突出重点、突破难点的过程中培养学生的直观想象、数学抽象等数学核心素养。

2. 在强化概念的理解和运用的过程中发展学生的核心素养。通过对一系列问题的思考与探究，进一步强化了学生对函数概念的理解，提高了学生对函数概念的运用迁移能力，有利于发展学生的数学抽象、直观想象等数学核心素养。

3. 在渗透数学文化提升课堂品质的过程中提高学生的核心素养。在教学过程中适时渗透数学文化，有助于学生深切感受到数学与自然及社会的紧密联系，增强学生学好数学的信心。

函数的概念（二）

一、内容与内容解析

（一）内容

"对应关系说"下的函数概念，函数的三要素，函数符号 $y = f(x)$。

（二）内容解析

1. 内容的本质。在两个非空数集之间建立对应关系（映射）是函数概念的本质，用集合语言和对应关系刻画函数概念是数学抽象素养得到提升的重要标志。

2. 蕴含的思想方法。学生在初中学习过函数概念函数定义采用"变量说"，高中阶段要建立函数的"对应关系说"。它比"变量说"更具一般性，函数所蕴含的集合间的"对应"是一种重要的数学思想与方法，通过具体情境抽象出数学模型，渗透着数学抽象、直观想象的思想。与初中的"变量说"相比，高中用集合语言与对应关系表述函数概念，明确了定义域、值域、引入抽象符号 $f(x)$ 蕴含着等价迁移的思想。

3. 知识的上下位关系。函数概念是现代数学中最基本的概念，是描述客观世界中变量关系和规律的最为基本的数学语言和工具。在高中阶段，函数不仅贯穿数学课程的始终，还是学习方程、不等式、数列、导数等内容的工具和基础，在物理、化学、生物等其他学科中也有广泛应用。在高等数学中，函数是基本数学对象，在实际应用中，函数是数学建模的重要基础。

4. 育人价值。函数概念所蕴含的集合间的"对应"是一种重要的数学思想与方法，帮助人们在不同事物之间建立联系，并运用这种联系去研究、发现事物变化的规律，掌握事物本身的性质。这对于提高人们的思想认识，指导日常行为有着重要的意义与价值。

5. 教学的重点。用集合语言与对应关系建立函数概念，理解函数的三要素、函数符号 $y = f(x)$。

二、目标与目标解析

（一）教学目标

1. 掌握"对应关系说"观点下用集合语言表述函数概念，发展学生数学建模、数学抽象的能力。

2. 让学生理解 $y = f(x)$ 的含义，能用函数的定义刻画简单具体的函数过程，发展学生的逻辑推理、数学抽象的能力。

3. 通过具体函数实例到一般函数概念的归纳过程，发展学生数学抽象的能力。

（二）目标解析

1. 学生从具体实例出发，能在初中"变量说"的基础上，进一步抽象对应关系、定义域与值域等三个要素，构建函数的一般概念。

2. 学生能在确定变量变化范围的基础上，通过解析式、图像、表格等形式表示对应关系，理解函数对应关系的本质，体会引入符号 f 表示对应关系的必要性。

3. 学生能在不同实例的比较、分析的基础上，归纳共性进而抽象出函数概念，体验用数学的眼光看待事物的方式，发展学生的数学抽象素养。

三、教学问题诊断分析

1. 学生在初中学习函数概念时，没有涉及自变量与函数值的取值范围，也不知道为何要研究变量的取值范围，这是在教学中首先遇到的问题。教学中应结合教科书实例 1 与实例 2 的分析、比较，让学生认识到研究自变量、函数值取值范围的必要性。

2. 如何认识函数的对应关系 f 就成为第二个教学问题，教学中要让学生通过三个实例建立解析式、图像、表格与函数对应关系的联系。通过具体的解析式、图像与表格去体会变量之间如何对应，由此抽象出函数的对应关系 f 的本质。

3. 在对三个实例分析的基础上，学生认识到了函数自变量的取值范围，函数值的取值范围及对应关系对于函数的重要性。但是如何在此基础上让学生进行归纳、抽象出函数概念，并以此培养学生的数学抽象素养，成为第三个教学问题，这也是本节课的教学难点。教学中可以将四个实例各自得到的三个要素表格化，让学生从表格中抽象出函数要素及其表示，并在此基础上给出一般的函数概念。

4. 在得出函数概念后，如何用新的函数概念重新认识已经学习过的函数，建立知识之间的联系，是第四个教学问题。教学中，除让学生按函数定义，仿照四个实例的分析去具体表述一次函数、二次函数、反比例函数外，还必须重视让学生采用教科书中的练习题与习题进行练习，也可以根据学生的学习状态适当增加一些题目供其练习。

5. 教学难点。如何在实例分析的基础上让学生通过比较、归纳、概括不同案例中的共同特征，并由此建立函数概念及符号 $y = f(x)$ 的理解。

四、教学支持条件分析

（一）教学策略分析

问题引导教学法、启发式教学、小组合作学习。

（二）辅助媒体分析

本节课的教学重点是认识函数要素并建立函数概念，会涉及函数值的计算、图像的应用及分析所得信息。因此可以借助于信息技术或者 GGB 软件解决以上问题，以让学生有更多的时间用于观察与思考函数的基本要素和抽象概念。

五、教学过程设计

（一）问题情境，引入概念，开启思维

回顾：初中已经接触过函数的概念，我们是如何定义函数的？

初中函数的定义：如果有两个变量 x 与 y，并且对于 x 的每一个确定的值，y 都有唯一确定的值与其对应，我们就说 x 是自变量，y 是 x 的函数。

设计意图：通过回顾初中函数的内容，为后面问题的提出提供基础，为本节课继续学习函数概念提供了契机，让学生了解到需要用更精确的语言描述函数的必要性。

问题1：请同学们根据如下情境回答问题。

情境1：一枚炮弹发射后，经过26s落到地面击中目标。炮弹的射高为845m，且炮弹距地面的高度h（单位：m）随时间t（单位：s）变化的规律是$h = 130t - 5t^2$。

追问1：你能得出炮弹飞行1s、10s、26s时距地面多高吗？t的范围是什么？h的范围是什么？这是个函数吗？

师生活动：学生先独立思考，再和小组同学交流确认。对应关系是$h = 130t - 5t^2$，并且对于任意的时刻t，都有唯一确定的路程h与它对应。因此，这是一个函数。

追问2：对于一定范围（h的取值范围）中的任意h，在对应关系下（在t的取值范围内）是否总有唯一值的与t对应？

学生活动：学生在小组中展开讨论，教师对小组的讨论做出提示与纠正。

设计意图：让学生关注到t的变化范围，并尝试用精确的语言表述。从初中的"变量"说，自然过渡到现在的"集合说"，教师可以在学生回答的基础上给出精确表述作为示范。

情境2：多年来，大气层中的臭氧迅速减少，因而出现了臭氧层空洞问题。图2-31中的曲线显示了南极上空臭氧层空洞的面积从1979年到2001年的变化情况。

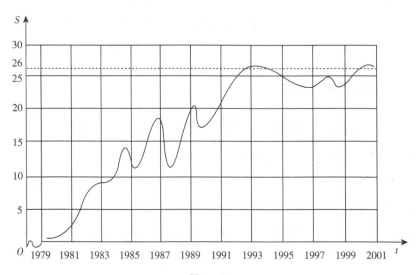

图2-31

追问3：你认为这里的 S 是 t 的函数吗？

师生互动：学生小组交流，教师引导学生可以举例说明。比如，你能找到1991 年的 S 值吗？学生的答案不一，是否说明对于任一时刻的 t，无法找到唯一确定的 S 值与它对应呢？由于误差，导致答案不一，但对应的 S 值确实是唯一存在的。

追问4：你能仿照前面的方法描述 S 与 t 的对应关系吗？

学生活动：学生小组交流，按照前面的方法精确描述。学生已经形成了"集合对应说"下的函数概念模式，但是如果对应关系是图像，学生则不能确定。教师按照定义解释图像对应关系存在的合理性。对于函数值的集合本题中无法精确地表示，教师引导学生可以通过函数值所在的集合来代替函数值的集合，体现了函数概念中对于集合 B 的容纳性。

设计意图：学生根据图像描述对应关系有困难，特别是在值域不能完全确定时。可以通过引入一个较大范围的集合，使函数值"落入其中"，这是学生经验中不具备的。实际上，如果用映射观点看，这时的映射就是非满射。由此，在问题1之后，先让学生认可图像表示一个函数，然后再通过教师讲解给出对应关系的描述方法，从而化解难点。这里学生只要理解 I 是 t 的函数，并能够接受这种描述方式就可以了。

情境3：国际上常用恩格尔系数反映一个国家人民生活质量的高低，恩格尔系数越低，生活质量越高。表 2－12 中恩格尔系数随时间（年）变化的情况表明，"八五"计划以来，我国城镇居民的生活质量发生了显著变化。

表 2－12

时间（年）	1991	1992	1993	1994	1995	1996	1997	1998	1999	2000	2001
恩格尔系数（%）	53.8	52.9	50.1	49.9	49.9	48.6	46.4	44.5	41.9	39.2	37.9

追问5：什么是恩格尔系数？恩格尔系数与时间之间的关系是否和前两个实例中的两个变量之间的关系相似？如何用集合与对应的语言来描述这个关系？请仿照1、2描述表中恩格尔系数和时间（年）的关系。

追问6：情境1、情境2、情境3的对应关系在呈现方式上有什么不同？

追问7：以上三个实例有什么相同的特征？

师生互动：经历前面三个例子的探究过程，学生已经可以独立形成集合对应下的函数概念的精确描述，学生自由发言，总结出本题函数的精确刻画。

设计意图：以恩格尔系数为切入点，加强数学文化与应用的推广，提升数学趣味与学科文化。学生在问题3的探究中，已经了解到函数的表述，对于函数值的集合没有特别的要求，只要是函数值所在的集合即可。这为后面抽象出一般函数的概念做铺垫。通过学生对实例或问题的思考，去体验知识方法，提高学生的观察、类比推理、概括能力。

（二）激学导思，形成概念，交流思维

问题2：三个问题中的函数在新定义下有哪些特征？你能概括出函数的本质特征吗？

师生活动：给学生充分思考的时间，引导学生重新回顾用集合与对应语言刻画函数的过程，教师引导学生得出：

（1）都包含两个非空数集，用A，B来表示。

（2）都有一个对应关系。

（3）尽管对应关系的表示方法不同，但他们都有如下特性，即对于数集A中的任意一个数x，按照对应关系，在数集B中都有唯一确定的数y与它对应。

（4）总结：事实上，除解析式、图像、表格外，还有其他表示对应关系的方法。为了表示方便，我们引进符号f统一表示对应关系，得到函数的概念。

函数的概念：设A，B是非空的数集，如果按照某个确定的对应关系f，使对于集合A中的任意一个数x，在集合B中都有唯一确定的数y和它对应，那么就称$f: A \rightarrow B$为从集合A到集合B的一个函数（function），记作$y = f(x)$，$x \in A$. x叫做自变量，x的取值范围A叫做函数的定义域；与x的值相对应的y值叫做函数值，函数值的集合$\{f(x) \mid x \in A\}$叫做函数的值域。

设计意图：让学生通过归纳四个实例中函数的共同特征，体会数学抽象过程，概括出用集合与对应语言刻画的一般性函数概念。在此过程中，要突破"如何在三个实例基础上让学生进行归纳、概括、抽象函数概念，并以此培养学生的数学抽象素养"这一难点，突出"在学生初中已有函数认识基础上，通过实例归纳概括出函数的基本特征（要素），用集合与对应的语言建立函数的概念"这一教学重点。

（三）引议释疑，理解概念，提升思维

追问 8：从函数的定义中可以看到构成函数的关键要素有哪些？

师生活动：学生讨论发言；教师总结归纳，引导学生从函数概念中提炼出函数的三要素——定义域、值域和对应关系。

设计意图：从集合的角度理解函数的概念；函数的三要素：定义域、值域和对应关系。在探究函数概念的过程中，通过小组讨论，合作交流，锻炼学生的协作能力，调动学生的学习积极性。在师生一问一答的过程中，将新知逐渐渗透给学生，符合学生的认知基础，有利于核心素养的培养。

追问 9：函数的值域与集合 B 什么关系？请你说出上述三个问题的值域？

师生活动：师生共同讨论，学生在老师的引导下积极发言，得出结论函数的值域是集合 B 的子集。

设计意图：让学生准确理解函数的三要素，准确理解集合的对应关系。

追问 10：如何准确理解函数符号 $y = f(x)$？

师生活动：老师引导学生积极思考，得出下列结论：

（1）$y = f(x)$ 为"y 是 x 的函数"的数学表示，仅是一个函数符号，$f(x)$ 不是 f 与 x 相乘。例如 $y = 3x + 1$ 可以写成 $f(x) = 3x + 1$，当 $x = 2$ 时 $y = 7$ 可以写成 $f(2) = 7$。

（2）$f(a)$ 与 $f(x)$ 的区别：一般地，$f(a)$ 表示当 $x = a$ 时的函数值，是一个常量，$f(x)$ 表示自变量 x 的函数，一般情况下是变量。

（3）"$y = f(x)$"是函数符号，可以用任意的字母表示，如"$y = g(x)$""$y = h(x)$"。

设计意图：在初中用变量之间的依赖关系描述函数的基础上，用集合语言和对应关系刻画函数，建立完整的函数概念，让学生体会集合语言和对应关系在刻画函数概念中的作用，理解 $y = f(x)$ 的含义。

（四）点拨提高，深化概念，优化思维

追问 11：你认为影响函数的要素有哪些？

设计意图：学习完函数的定义，通过对比两个有相同的对应关系的函数，发现定义域不同，两个函数不同。如果更换对应关系，两个函数也不同。而教师通过不断的追问，使学生进一步理解函数的三要素：定义域、对应关系、值域。也进一步明白函数概念中的任意和唯一确定两个关键词。

问题 3：如果让你用函数的定义重新认识一次函数、二次函数与反比例函数，那么你会怎样表述这些函数？请填写表 2 – 13。

表 2 – 13

函数	一次函数 $f(x) = kx + b\,(k \neq 0)$	二次函数 $f(x) = ax^2 + bx + c\,(a \neq 0)$		反比函数 $f(x) = \dfrac{1}{x}$
		$a > 0$	$a < 0$	
对应关系				
定义域				
值域				

师生活动：在学生思考后，教师用一次函数与二次函数进行示范，学生用反比例函数进行练习。

设计意图：用函数定义重新认识已学函数，加深学生对函数定义的理解，使其进一步体会到定义域、对应关系与值域是函数的三个要素。

（五）精讲训练，应用概念，拓展思维

例 1 下列图像中表示函数图像的是（　　）。

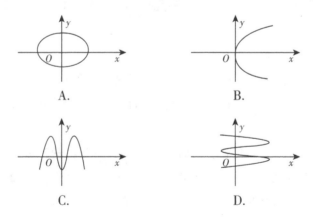

A.　　　　　　　　B.

C.　　　　　　　　D.

设计意图：通过例题巩固本节所学知识，提高学生解决问题的能力，感悟其中蕴含的数学思想，增强学生的应用意识。

小结：判断是否为函数的方法。

方法 1（图形判断）：y 是 x 的函数，则函数图像与垂直于 x 轴的直线至多有一个交点；若有两个或两个以上的交点，则不符合函数的定义，所对应图像不是函数图像。

方法 2（对应关系判断）：对应关系是"一对一"或"多对一"的是函数关系，"一对多"的不是函数关系。

例 2　下列函数中哪个与函数 $y = x$ 相等？

(1) $y = (\sqrt{x})^2$

(2) $y = \sqrt[3]{x^3}$

(3) $y = \sqrt{x^2}$

(4) $y = \dfrac{x^2}{x}$

设计意图：得到判断函数相等的方法。

(1) 先看定义域，若定义域不同，则函数不相等。

(2) 若定义域相同，则化简函数解析式，看对应关系是否相等。

思考：值域是否还要比较？不需要的原因是什么？所以观察两个函数是否为相同函数只要看两个要素就可以了：定义域与对应关系。

例 3　你能构建一个问题情境，使其中的函数的对应关系为 $y = x$（10 − x）吗？

师生活动：在学生思考后，教师以例 3 进行示范。若学生学习基础好，则让他们完成教科书例 1 后"探究"栏目的问题；若学习基础一般，则要求他们完成教科书练习第 4 题。

设计意图：让学生在完成例 1 的过程中，进一步体会函数模型应用的广泛性，加深对函数概念的理解。

（六）归纳自结，升华概念，发展思维

1. 通过本节课的学习，你有哪些收获呢？与初中学习过的函数概念相比，你对函数又有什么新的认识吗？

2. 本节课我们是怎样得到函数概念的？通过本课的学习，你对于学习概念有什么体会？

师生活动：教师出示问题后，先让学生思考后再进行全班交流，由学生自己总结、归纳，同时教师要强调如下几点：

(1) 函数的定义是判断一个对应关系是不是函数的标准。

(2) 要通过具体例子理解函数的对应关系 f 的特征。特别是对于"A 中任意一个数，B 中都有唯一确定的数"等关键词的含义要认真体会。

(3) 对应关系 f 的表示形式可以是解析式、图像、表格等多种形式，但它们的实质相同。在后续的学习中要注意积累用适当的方式表示函数的经验。

六、目标检测设计

（一）课堂检测

1. 集合 $A = \{x \mid 0 \leqslant x \leqslant 4\}$，$B = \{y \mid 0 \leqslant y \leqslant 2\}$，下列不能表示从 A 到 B 的函数的是（　　）。

A. $f: x \to y = \dfrac{1}{2}x$ 　　　　　　　B. $f: x \to y = 2 - x$

C. $f: x \to y = \dfrac{2}{3}x$ 　　　　　　　D. $f: x \to y = \sqrt{x}$

2. 变量 x 与变量 y，w，z 的对应关系如下表所示：

x	1	2	3	1	5	6
y	-1	-2	-3	-4	-1	-6
w	2	0	1	2	4	8
z	0	0	0	0	0	0

下列说法正确的是（　　）。

A. y 是关于 x 的函数　　　　　　B. w 不是关于 x 的函数

C. z 是关于 x 的函数　　　　　　D. z 不是关于 x 的函数

3. 下列各组函数中为同一函数的是（　　）。

A. $f(x) = \sqrt{(x-1)^2}$，$g(x) = x - 1$

B. $f(x) = x - 1$，$g(t) = t - 1$

C. $f(x) = \sqrt{x^2 - 1}$，$g(x) = \sqrt{x+1} \cdot \sqrt{x-1}$

D. $f(x) = x$，$g(x) = \dfrac{x^2}{x}$

设计意图：通过检测，进一步巩固函数概念，函数相等的判断方法，提高学生分析问题、解决问题的能力。

（二）课后检测

1. 下列四组函数，表示同一函数的是（　　）。

A. $f(x) = \sqrt{x^2}$，$g(x) = x$

B. $f(x) = x$，$g(x) = \dfrac{x^2}{x}$

C. $f(x) = \sqrt{x^2}$, $g(x) = \dfrac{x^2}{x}$

D. $f(x) = |x+1|$, $g(x) = \begin{cases} x+1, x \geqslant -1 \\ -x-1, x < -1 \end{cases}$

2. 已知函数 $f(x) = \dfrac{x^2}{1+x^2}$。

(1) 求 $f(2) + f\left(\dfrac{1}{2}\right)$, $f(3) + f\left(\dfrac{1}{3}\right)$ 的值；

(2) 求证：$f(x) + f\left(\dfrac{1}{x}\right)$ 是定值；

(3) 求 $f(2) + f\left(\dfrac{1}{2}\right) + f(3) + f\left(\dfrac{1}{3}\right) + \cdots + f(2019) + f\left(\dfrac{1}{2019}\right)$ 的值。

3. 一个圆柱形容器的底部直径是 d cm，高是 h cm. 现在以 v cm/s 的速度向容器内注入某种溶液，求容器内溶液的高度 x（单位：cm）关于注入溶液的时间 t（单位：s）的函数解析式，并写出函数的定义域和值域。

设计意图：学生根据课堂学习，自主总结知识要点，及运用的思想方法。注意总结自己在学习中的易错点。

七、教学反思

1. 函数是研究现实世界变化规律的一个重要模型，函数的概念是学习后续"函数知识"的最重要的基础内容。函数概念又是比较抽象的，对它的理解一直是一个教学难点，学生对问题的探索研究比较困难。因此，在教学过程中，注意以前学过的"变量之间的关系"的回顾与思考，力求提供生动有趣的问题情境，激发学生的学习兴趣；通过层层深入的问题设计，引导学生进行观察、操作、交流、归纳等教学活动，在活动中归纳，概括出函数的概念；通过师生交流，生生交流，辨析识别并加深学生对函数概念的理解。要强调对函数概念本质的认识，注意对知识进行重组，努力去提示函数概念的本质，使学生真正理解。

2. 本节课为什么要再次引入函数的定义，初高中函数的定义有什么时候区别？这个问题应该是学生最好奇却又无解的，可以在问题 1 中巩固复习了初中函数定义以后，提出"$y=1$ 是不是函数""那么 $x=1$ 呢"这样的问题，从这两个小问题上可以看到初中函数定义的局限性，高中定义中的 x 的任意性与 y 的唯一性。

椭圆的定义及其标准方程

一、内容和内容解析

（一）内容

椭圆的定义、椭圆的标准方程。

（二）内容解析

1. 内容的本质。圆锥曲线的定义可以基于平面截圆锥（见阿波罗尼奥斯《圆锥曲线论》）得到，但牵涉到的几何知识比较多，推理过程比较复杂，对于大多数学生来说难度较大，不是特别合适。椭圆是学生在高中阶段学习的重要圆锥曲线，对于学生来说是全新的内容。但是椭圆的定义的几何非常明确，与前面学习过的圆的定义衔接非常自然，所以可以从圆的定义出发，得到椭圆的定义。与圆的定义一样，椭圆的定义是基于运动轨迹的，同时从"平面内到两个定点的距离的和为常数的点的轨迹"过渡到"平面内到两个定点的距离的差为常数的点的轨迹"也是非常自然的。两个定义只有一个字的差异，体现了数学的简洁美、和谐美。椭圆定义的抽象可以通过优化具体生活情境设计数学问题，利用多种方法探究椭圆的概念，引导学生经历探究、发现、分析、解决问题，积累数学学科探究经验，得出椭圆上的点在运动过程中到两个焦点的距离之和不变的本质。

2. 蕴含的思想和方法。数与形结合、化归与转化、分类与整合、特殊与一般等。

3. 知识的上下位关系。学生已经学习了直线与圆的方程，通过研究椭圆的定义和几何特征，探究椭圆的标准方程，为以后学习双曲线、抛物线及其标准方程打下基础。

4. 育人价值。根据学生认知基础，让学生经历探究过程，培养发现问题、提出问题、分析问题和解决问题的能力，发展直观想象、数学建模等数学核心素养。

5. 教学重点。椭圆定义及其标准方程。

二、目标和目标解析

（一）教学目标

1. 让学生通过观察具体生活情境，类比圆的定义，概括出椭圆的定义。

2. 让学生掌握椭圆的标准方程。

（二）目标解析

1. 使学生能通过观察具体生活情境认识椭圆的几何特征，给出椭圆的定义。

2. 通过建立适当的坐标系，学生能根据椭圆上的点满足的条件列出其坐标满足的方程，化简得到椭圆的标准方程。

三、教学问题诊断分析

学生已经初步认识坐标法，通过之前直线与圆的方程的学习，对用坐标法研究曲线方程的基本方法已经有所了解，可能会遇到以下教学难点：

1. 难以抽象出椭圆的几何特征。

2. 难以建立适当的直角坐标系。

3. 难以化简椭圆标准方程。

四、教学支持条件分析

（一）教学策略分析

1. 通过具体生活情境，让学生对椭圆教学产生兴趣，加深对椭圆定义的理解。

2. 发挥实物投影和信息技术的作用，演示椭圆的轨迹，让学生从感性思维向理性思维转变。

3. 在椭圆教学中，注意培养学生数与形结合、化归与转化、分类与整合、特殊与一般等数学思想与方法。

（二）教学辅助媒体分析

利用实物、计算机软件等教学媒体辅助观察椭圆的结构特征，并能运用这些特征描述现实生活中椭圆的结构。

五、教学过程设计

（一）问题情境，引入概念，开启思维

问题1：用手电筒射出的平行光线照射乒乓球，当光线方向垂直桌面时，观察乒乓球在桌面的投影边界线；当光线方向倾斜桌面时，再观察乒乓球，观察到的图形分别是什么？

问题2：用圆柱形透明玻璃杯盛半杯红墨水，当水杯直立时，观察水面与杯壁的交线；当水杯倾斜时，再观察。这次观察到的图形又分别是什么？

（课前让四人学习小组准备好4条长度为10cm的细绳，4张20cm×20cm的卡纸，图钉7颗，铅笔4支。）

问题3：用图钉把细绳的两个端点同时固定在卡纸的中心，套上铅笔，拉紧绳子，移动笔尖，观察笔尖画出的轨迹图形；把细绳的两个端点分别固定在卡纸上两个距离等于8cm的地方，再尝试，观察到的图形分别是什么？

追问：在画轨迹的过程中，细绳的长度有变化吗？所得图形是不是轴对称图形？如果是，请画出对称轴。所得图形是不是中心对称图形？如果是，请画出对称中心。

设计意图：通过生活实例，观察并记录图形形状，引导学生经历动手、观察、感知圆和椭圆的形状特征，激发学生学习兴趣和求知欲望。

（二）激学导思，形成概念，交流思维

问题4：从实验探究的结果入手，学生尝试类比圆的定义，形成椭圆的定义。

问题5：把细绳的两个端点固定在卡纸上两个距离等于10cm的地方，套上铅笔，拉紧绳子，移动笔尖，观察笔尖画出的轨迹图形；若将两个端点固定距离改为12cm，再尝试，能画出图形吗？如果能，画出的是什么图形？如果不能，请说明原因。

引导学生归纳椭圆的定义：平面内与两个定点之间距离的和等于常数（大

于两个定点距离）的点的轨迹叫做椭圆。这两个定点叫做椭圆的焦点，两个焦点间的距离叫做椭圆的焦距。

设计意图：通过学生主动参与数学探究实验并进行展示，让学生深刻理解椭圆的定义，引导学生归纳和抽象椭圆定义，体会到从实体模型到数学模型转化的过程，有利于调动学生学习积极性与学习兴趣，提升学生直观想象、数学抽象素养。

（三）引议释疑，理解概念，提升思维

问题6：如何建立平面直角坐标系，可以方便推导椭圆的标准方程？

（提前预设两个解决方案）

如图 $2-32$，设定点 F_1、F_2 所在直线为 x 轴，F_1，F_2 中点 O 为坐标原点，建立平面直角坐标系。设椭圆上任意一点 P 的坐标为 (x, y)，定点 $F_1(-c, 0)$，$F_2(c, 0)$，根据 $|PF_1| + |PF_2|$ 为定值（不妨设为 $2a$）列出等式 $\sqrt{(x+c)^2+y^2} + \sqrt{(x-c)^2+y^2}=2a$，最后进行化简。

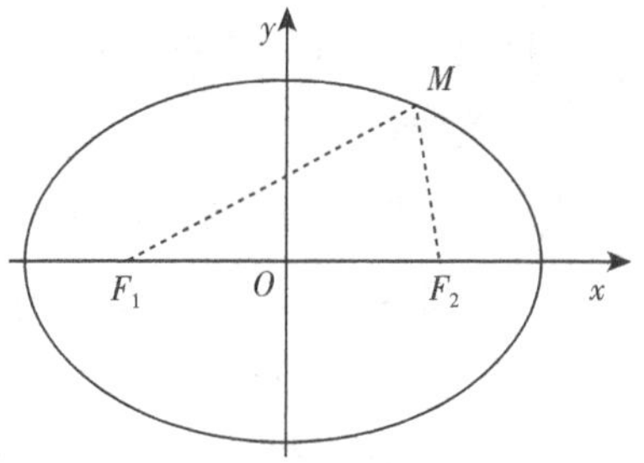

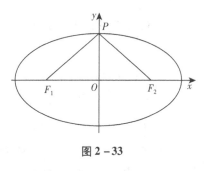

图 $2-32$

问题7：如何化简等式 $\sqrt{(x+c)^2+y^2} + \sqrt{(x-c)^2+y^2} = 2a$？

（预设方案1 二次平方法）

问题8：观察图 $2-33$，能从中找出 a，c，$\sqrt{a^2-c^2}$ 对应的线段吗？

由图 $2-33$ 可知，令 $b^2 = a^2 - c^2(b > 0)$，得 $b^2x^2 + a^2y^2 = a^2b^2$，

整理得 $\dfrac{x^2}{a^2} + \dfrac{y^2}{b^2} = 1 \ (a>b>0)$．

我们把 $\dfrac{x^2}{a^2} + \dfrac{y^2}{b^2} = 1 \ (a>b>0)$ 叫做椭

图 $2-33$

圆的标准方程，它表示焦点在 x 轴上，两个焦点分别是 $F_1(-c, 0)$，$F_2(c, 0)$ 的椭圆，其中 $c^2 = a^2 - b^2$。

问题9：椭圆上任意一点都满足以上方程，反之，满足以上方程的解为坐

标的点在椭圆上吗？

问题10：还有其他方法推导椭圆的标准方程吗？

（预设方案2 洛必达法）因为 $\sqrt{(x+c)^2+y^2}$ +

$\sqrt{(x-c)^2+y^2}=2a$，

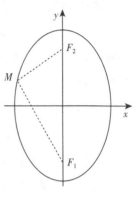

不妨设 $\sqrt{(x+c)^2+y^2}=a+d$，$\sqrt{(x+c)^2+y^2}=a$

$-d$，两式平方作差得 $4cx=4ad$，即 $d=\dfrac{cx}{a}$，代入

$\sqrt{(x+c)^2+y^2}=a+d$ 化简得 $\dfrac{x^2}{a^2}+\dfrac{y^2}{a^2-c^2}=1$，以下同

预设方案1。

问题11：如果焦点 F_1，F_2 在 y 轴上，F_1，F_2 坐

标分别为 $(0,\ -c)$，$(0,\ c)$，a，b 的意义同上，那

么椭圆的方程是什么？对比两个椭圆标准方程，有哪些相同点或不同点？

图 2-34

设计意图：通过小组合作探究，有利于调动学生学习积极性，有利于学生在实际问题中寻找解决办法，培养学生分析问题和解决问题的能力，促进学生形成数学抽象，逻辑推理、数学建模、数学运算素养。

（四）点拨提高，深化概念，优化思维

例1 已知椭圆的标准方程是 $\dfrac{x^2}{100}+\dfrac{y^2}{36}=1$，焦点分别为 F_1 和 F_2。

（1）求 $a=$ _____，$b=$ _____，$c=$ _____，焦点坐标为 _____、_____，

焦距为 _____；

（2）若椭圆上有一动点 M 到焦点 F_1 的距离为6，则点 M 到另一焦点 F_2 的

距离是 _____；

（3）若平面内有一动点 P，则以下说法正确的是（　　　）。

A. 若 P 到 F_1 和 F_2 两点距离之和为20，则点 P 轨迹为椭圆

B. 若 P 到 F_1 和 F_2 两点距离之和为16，则点 P 轨迹为椭圆

C. 若 P 到 F_1 和 F_2 两点距离之和为12，则点 P 轨迹为椭圆

D. 若 P 到 F_1 和 F_2 两点距离相等，则点 P 轨迹为椭圆

（4）若 AB 是过焦点 F_1 的弦，求 $\triangle ABF_2$ 的周长。

设计意图：通过例1加深对椭圆定义及其方程的理解。

（五）精讲训练，应用概念，拓展思维

例2 已知椭圆两个焦点分别是（-2，0），

（2，0），并且经过点 $\left(\dfrac{5}{2}, -\dfrac{3}{2}\right)$，求它的标准

方程。

问题12：同学们还能用其他方法求它的标准
方程吗？试比较不同方法的特点。

例3 如图2-35，在圆 $x^2 + y^2 = 4$ 上任取一
点 P，过点 P 作 x 轴的垂线段 PD，D 为垂足．当
点 P 在圆上运动的时候，线段 PD 的中点 M 的轨
迹是什么？为什么？

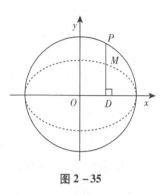

图2-35

设计意图：通过分析解答例2、例3，使学生学会根据题目条件求椭圆方程，
培养学生逻辑推理、数学运算等素养。

（六）归纳自结，升华概念，发展思维

问题13：（1）椭圆的概念中的关键点和注意点分别是什么？

（2）椭圆标准方程的推导启示了你可以通过哪些步骤求曲线的方程？

设计意图：通过师生一起复习梳理所学知识，引导学生复习数学探究活动
经验，反思总结解决问题的一般思路，渗透数形结合等数学思想，发展学生的
直观想象等核心素养。

六、目标检测设计

（一）课堂检测

1. 点 P 到点 F_1（-4，0）和 F_2（4，0）的距离之和为10，求点 P 的轨迹
方程。

2. 点 P 到点 F_1（0，-4）和 F_2（0，4）的距离之和为10，求点 P 的轨迹
方程。

3. 已知椭圆的两个焦点分别是 F_1（-2，0），F_2（2，0），并且经过点
$\left(2\sqrt{2}, \dfrac{\sqrt{5}}{3}\right)$，求它的标准方程。

设计意图：通过课堂检测及时了解学生对本节课内容的掌握情况，增强学

生对数学知识的理解。

（二）课后检测

1. 设 A，B 两点的坐标分别为（-5，0），（5，0），直线 AM，BM 相交于 M，且它们的斜率之积是 $-\dfrac{4}{9}$，求点 M 的轨迹方程。

2. 已知点 $A\left(-\dfrac{1}{2}，0\right)$，$B$ 是圆 F：$\left(x-\dfrac{1}{2}\right)^2+y^2=4$（$F$ 为圆心）上一动点，线段 AB 的垂直平分线交 BF 于点 P，求点 P 的轨迹方程。

设计意图：通过课后检测，及时巩固和训练知识，理解数学本质，提高学生解决问题的能力。

七、教学反思

《普通高中数学课程标准（2017 年版 2020 年修订）》指出，在平面解析几何的教学中，应引导学生经历以下过程：首先，通过实例了解几何图形的背景；进而，结合情境清晰地描述图形的几何特征与问题；再结合具体问题合理地建立坐标系，用代数语言描述这些特征与问题；最后，借助几何图形的特点，形成解决问题的思路，通过直观想象和代数运算得到结果，并给出几何解释，解决问题，应充分发挥信息技术的作用，通过计算机软件向学生演示方程中参数的变化对方程所表示的曲线的影响，使学生进一步理解曲线与方程的关系。本节课通过优化具体生活情境设计数学问题，探究椭圆的定义及其标准方程，引导学生经历探究、发现、分析、解决问题的过程，积累数学学科探究经验，体会到知识的形成过程，有利于学生的思维发展，从而培养学生的数学素养。

椭圆及其标准方程（第 1 课时）

一、内容和内容解析

本节内容是普通高中教科书（人教 A 版 2019）《数学选择性必修第一册》第三章《圆锥曲线的方程》第一节的内容。

在上一章《直线和圆的方程》中，通过行星运动轨迹等介绍了椭圆的背景和应用，在平面直角坐标系中建立了椭圆的标准方程，运用了代数的方法认知、研究椭圆的几何特征和本质属性。本节内容研究的路径与方法与上一章相似。因此，椭圆的学习在解析几何学习中起着承上启下的作用。又因为双曲线、抛物线与椭圆是同构的，所以本节的内容在圆锥曲线中具有重要的基础性和示范性作用。

《椭圆及其标准方程》这节内容，承载了平面解析几何中蕴含的数形结合思想方法，渗透了直观想象、数学运算、数学建模、逻辑推理和数学抽象素养，展现了"用数学的眼光看问题，用数学的思维思考问题，用数学的语言表达问题"的数学学习观。因此，本节课的教学重点是椭圆的定义及其标准方程。

二、目标和目标解析

1. 了解椭圆的实际背景，让学生感受椭圆曲线在刻画现实世界和解决实际问题中的作用。

2. 经历从具体情境中抽象出椭圆的过程，使学生掌握椭圆的定义、椭圆的标准方程。

3. 通过椭圆定义与标准方程的学习，让学生进一步体会数形结合的思想。

4. 学生能够了解椭圆的简单应用。

三、教学问题诊断分析

从学生的现有知识水平与认知能力来看，学生的探究能力、观察能力、抽象概括能力、数形结合的分析问题能力、数学运算能力等能力还是欠佳的。因此，本节课设计为"激趣导学——→探索发现——→问题导学——→抽象概括——→运用巩固"的层层递进式教学，让学生起于兴趣，从直观感受、初步认识椭圆，到抽象概括、研究椭圆的几何特征，再到推算方程，用代数的方法、方程思想研究椭圆，实现了由形到数的、由感性到理性认识椭圆。因此，本节课的教学难点是椭圆的几何特征的探究与椭圆的标准方程的推导。

四、教学支持条件分析

1. 教学一体机与师生教学平板的使用，提高了学生的学习积极性、优化了师生课堂互动环境、凸显了个性化教学的作用，提高了课堂教学效率。

2. 每小组准备好一块 A4 或 A3 纸、两颗图钉、一条无弹性的小绳子。动手实验探究，体验从具体情境中抽象出椭圆的几何特征的过程，感受成功的喜悦。

3. 学生利用平板提交分享的体会与练习的结果，教师利用一体机同屏规范的例题解答过程，有利节省时间，提高效率。

五、教学过程设计

1. 课前用学习平板扫描二维码，提前了解圆锥曲线的由来（数学史），并了解圆锥曲线在日常生活生产中有哪些常见的应用。

2. 请同学们课前提前自学教材第 105 – 107 页的内容，

初步了解本节课的大致学习内容，并填写以下的储备知识。

（1）点 $P(x, y)$，点 $F_1(-c, 0)$，则 $|PF_1| =$ _____；

（2）解方程 $\sqrt{x+1} - \sqrt{x-1} = 1$，得 $x =$ _____；

（3）平面内确定一个圆的几何要素是_____，依据是_____。

设计意图：任何一个新的概念的诞生，总会经过一段漫长的探究过程。让学生读数学史，了解椭圆概念的由来与形成过程，利于学生更好地理解椭圆的概念，认识椭圆的本质。另一方面利于激发学生的求知欲，开阔视野。

（一）问题情境，引入概念，开启思维

创设数学问题情境，盘活兴趣点，激发学生的学习欲望，引出课题。

问题 1：观赏以下图片，你觉得它们的形状与之前学过的哪种图形相似？你是如何理解它们的相似之处的？（与以前学过的圆相似，像是被压扁了的圆——椭圆）

（1）　　　　　　　　（2）　　　　　　　　（3）

图 2 - 36

问题 2：回顾上一章学习的"圆的方程"，请问平面内如何确定一个圆（圆的几何要素）？依据是什么（圆的定义）？

类比圆的探究路径，在平面内如何通过适当添加一些几何要素来确定（画出）一个椭圆呢？（引出本节课的学习课题：椭圆及其标准方程）

设计意图：从学生的知识认知的最近发展区出发，立足于学生现有的学习经验或认知经验，在课堂教学中创设符合学生认知的问题情境实施教学，让学生在最近发展区接受新的学习，其发展会更有成果。

（二）激学导思，形成概念，交流思维

小组动手实验探究，问题驱动，引入概念，开启思维。

1. 指导学生实践探究：给两个图钉、一根无弹性的细绳、一张纸，四位同学为一组，动手探究椭圆的画法。（教师课堂上根据学生的需要，提供个性化的指导实验）

2. 谈谈你动手实践探究后，有何体会？并小组之间进行交流分享。

分享内容预设：

（1）（平面上）用图钉固定绳子两端，再用笔尖拉紧绳子绕着绳子两端旋转一周（固定的两端的距离小于绳子的长度），可以画出一个椭圆。

（2）移动两个固定绳子两端的图钉位置，椭圆的形状会发生变化。

（3）两个固定绳子两端的图钉间的距离变小，椭圆变圆。反之，椭圆变扁……

（学生代表用平板提交体会，教师用教师平板查看各小组的提交结果，根据学生交流分享的心得体会，适当引导与点评，根据学生分享的实际体会与教学的需要，选择性地引导学生补充以下的问题）

问题3：在平面内把绳子两端分别用两图钉固定，记为 F_1，F_2. 用笔尖拉紧绳子，笔尖记作一动点 P，P 绕着 F_1，F_2 旋转一周，会形成什么轨迹（椭圆）？类比获取圆的轨迹的学习经验，观察你实验的过程中，动点 P 具有什么几何特征？（$|PF_1| + |PF_2| > |F_1F_2|$，椭圆）

问题4：改变两图钉间的距离，使其与绳子长度相等时，动点 P 的轨迹还是椭圆吗？若不是，它的轨迹是什么呢？为什么（$|PF_1| + |PF_2| = |F_1F_2|$，线段）？

问题5：改变两图钉间的距离，使其大于绳子长度时，动点 P 的轨迹能画出来吗？为什么？（$|PF_1| + |PF_2| < |F_1F_2|$，轨迹不存在）

设计意图：通过合作实验、探究新知、交流分享实验结果的过程，使得学生感受知识产生、验证、传播与分享的过程。探究本身的目的与意义在于让学生对椭圆概念的理解得以深化，体现了"实践出真知"的真理。

（三）引议释疑，理解概念，提升思维

学生运用多媒体模拟展示实验过程，抽象概括共同属性，形成概念，交流思维。

思考：根据以上小组间的交流体会与补充问题，请你根据实验过程中对椭圆轨迹形成过程的理解，再次完善、归纳椭圆的几何特征，并尝试对椭圆下定义。

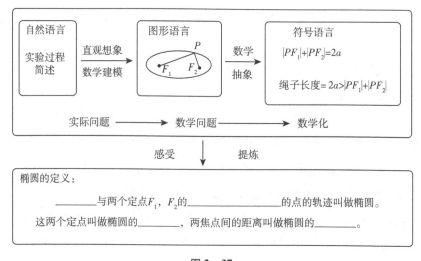

图 2 - 37

设计意图：运用概念图法辅助学生梳理、理解椭圆的定义，帮助学生将清概念学习过程中渗透了哪些重要的数学方法与学科素养，让学生体会到数学概念的学习方法。

（四）点拨提高，深化概念，优化思维

问题6：类比上一章《直线与圆的方程》的学习方法，我们可以通过何种数学方法，可以把上面直观感受的、描述性的椭圆定义，转化为更严谨的、更数学化的、更规范的椭圆定义？（通过建立平面直角坐标系，采用解析法建立曲线的方程，用方程表达椭圆，用数学的语言刻画数学问题、用数学符号研究曲线的几何特征、从运算的角度解决数学问题，从而达到了从形到数的无缝转化）

问题7：直接法求曲线方程的一般步骤是（建系、设点、找关系、列式、化简、检验）？

问题8：观察椭圆的形状你认为怎样建立坐标系会使得椭圆方程形式最简单？并说明原因（小组讨论后，代表汇报研讨结果，教师点评、总结，引导学生选择合理的建系方法：第一种是以 F_1，F_2 所在直线为 x 轴，以 F_1，F_2 的中垂线作为 y 轴，建立平面直角坐标系；第二种是以 F_1，F_2 所在直线为 y 轴，以 F_1，F_2 的中垂线作为 x 轴，建立平面直角坐标系）。

问题9：设 $|PF_1| + |PF_2| = 2a$，$|F_1F_2| = 2c$ 的好处是什么？（使到所需的点的坐标具有对称性，简化运算）

奇数号小组采用第一种建系方法，按照直接法求曲线方程的一般步骤尝试求椭圆的方程；偶数号小组采用第二种建系方法，按照直接法求曲线方程的一般步骤尝试求椭圆的方程。学生的难点在于式子的化简，教师在化简的关键步骤需要引导或带领学生运算。

问题10：以第一种建系为例，由 $|PF_1| + |PF_2| = 2a$，得

$\sqrt{(x+c)^2 + y^2} + \sqrt{(x-c)^2 + y^2} = 2a$，此时我们怎样化简带有两个根号的式子？先平方好，还是先整理后平方好？

问题11：式子经过两次完全平方与整理后，得到：$\dfrac{x^2}{a^2} + \dfrac{y^2}{a^2 - c^2} = 1$。此时，请观察图 2-38，你能从图中找出 a，c，$\sqrt{a^2 - c^2}$ 的线段吗？（引出 $b = \sqrt{a^2 - c^2}$，明确数量 b 的几何意义）

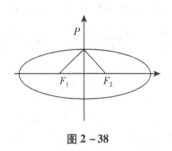

图 2-38

问题 12：从方程的角度看，如何判断点 $P(x_0, y_0)$ 是否在椭圆上？在椭圆上的点该满足什么几何特征？（曲线的方程与方程的曲线间的关系）

问题 13：请你说出椭圆的两种标准方程的结构特征？a，b，c 的几何意义与它们之间的关系？（强调 $a > b > 0$，强调椭圆的焦点始终在坐标轴）

问题 14：观察椭圆图形及其标准形式的特征，归纳总结，并填写表格。

设计意图：通过以问题驱动教学，引导学生学会用解析法去认识几何问题（坐标观念与方程观念），其目的是希望引导学生掌握研究解析几何的路径：任何实际问题──→数学问题──→代数问题──→方程求解问题。因此，椭圆定义的学习，要由具体的描述性理解提升至抽象的代数符号（方程）描述，从而达到深化概念，优化思维的效果。

（五）精讲训练，应用概念，拓展思维

例 若椭圆的两个焦点坐标分别是 $(-2, 0)$，$(2, 0)$，并且经过点 $\left(\dfrac{5}{2}, -\dfrac{3}{2}\right)$，求它的标准方程。

（学生练习后利用平板当场提交，教师利用教师平板，在后台当堂查阅，有选择性地根据学生的提交情况进行有针对性的点评，并利用平板同屏分享教师规范的解答过程）

设计意图：选择了课文 107 页例 1 作为本节课精讲训练题，通过两种方法的精练精讲，目的是让学生加深对椭圆定义的理解和椭圆标准方程的理解。

（六）归纳自结，升华概念，发展思维

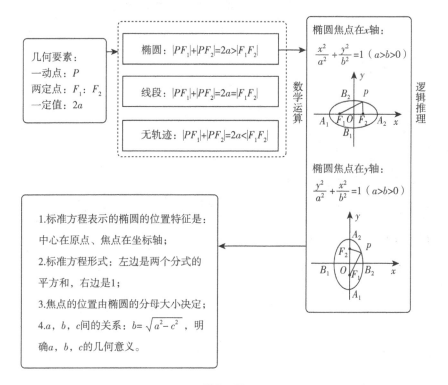

图 2 – 39

六、目标检测设计

（一）课堂检测

题组一：

（1）动点 P 到两定点 F_1（ -4 , 0 ）， F_2（ 4 , 0 ）的距离和是 8 ，则动点 P 的轨迹是（　　）。

A. 椭圆　　　　　　　　　　　B. 线段 F_1F_2

C. 直线 F_1F_2　　　　　　　　 D. 不能确定

（2）椭圆 $\dfrac{x^2}{25}+y^2=1$ 上一点 P 到一个焦点的距离为 2 ，则点 P 到另一个焦点的距离为（　　）。

A. 5　　　　　　　　　　　　　B. 6

C. 7   D. 8

题组二：判断下列方程是否为椭圆的标准方程，若是，分别求出 a，b，c 及焦距。若不是，说明理由。

(1) $\dfrac{x^2}{10} + \dfrac{y^2}{6} = 1$；   (2) $x^2 + \dfrac{y^2}{5} = 1$；

(3) $x^2 + 2y^2 = 8$；   (4) $\dfrac{x^2}{16} + \dfrac{y^2}{16} = 1$；

(5) $\dfrac{x^2}{25} - \dfrac{y^2}{16} = 1$。

题组三：写出适合下列条件的椭圆的标准方程。

(1) $a = 4$，$b = 1$；   (2) $a = 4$，$c = \sqrt{15}$；

(3) $a + b = 10$，$c = 2\sqrt{5}$。

题组四：

(1) 若椭圆经过两点 (2，0) 和 (0，1)，求椭圆的标准方程。

(2) 已知中心在原点，以坐标轴为对称轴，椭圆过点 Q (2，1) 且与椭圆 $\dfrac{x^2}{9} + \dfrac{y^2}{4} = 1$ 有公共的焦点，求椭圆的标准方程。

（二）课后检测

1. 设定点 F_1 (0，-3)，F_2 (0，3)，动点 P 满足条件 $|PF_1| + |PF_2| = a + \dfrac{9}{a}$ ($a > 0$)，则点 P 的轨迹是（   ）。

A. 椭圆   B. 线段

C. 不存在   D. 椭圆或线段

2. 椭圆 $\dfrac{x^2}{m} + \dfrac{y^2}{4} = 1$ 的焦距等于 2，则 m 的值为（   ）。

A. 5   B. 8

C. 5 或 3   D. 16

3. 已知方程 $\dfrac{x^2}{k-4} + \dfrac{y^2}{k-10} = 1$ 表示焦点在 x 轴上的椭圆，则实数 k 的取值范围为_____。

变式：若方程 $\dfrac{x^2}{m} + \dfrac{y^2}{m^2-2} = 1$ 表示焦点在 y 轴上的椭圆，那么实数 m 的取值

范围是_____。

4. 已知经过椭圆 $\dfrac{x^2}{25} + \dfrac{y^2}{16} = 1$ 的右焦点 F_2 作直线 AB，交椭圆于 A，B 两点，F_1 是椭圆的左焦点，则 $\triangle AF_1B$ 的周长为_____。

5. 已知椭圆的中心在原点，以坐标轴为对称轴，且经过 $P_1(\sqrt{6},\ 1)$，$P_2(\sqrt{3},\ -\sqrt{2})$ 两点，求椭圆的标准方程。

七、教学反思

本节课先设计了"圆锥曲线的由来及其在生活中的应用"的数学史资料阅读环节，让学生课前了解圆锥曲线的本质属性，丰富了学生的知识，开阔了学生的视野。课中的教学设计通过设计"问题情境，引入概念—激学导思，形成概念—引议释疑，理解概念—点拨提高，深化概念—精讲训练，应用概念—归纳自结，升华概念"六个环节来实现对椭圆几何特征和本质属性进行揭示和概括，引导学生由形到数、由感性到理性、由自然语言描述到"方程"形式的数学符号语言刻画椭圆，层层递进带领学生认识椭圆的几何特征，理解其本质属性。另外，本节课运用思维导图和表格的形式帮助学生梳理知识要点，利于学生明确掌握本节课的主要内容、数学思想方法、研究问题的途径等，利于培养学生"会学"的能力，从而实现让学生在数学学习的过程中习惯"用数学的眼光看问题，用数学的思维思考问题，用数学的语言表达问题"。

向量的数量积

一、内容和内容解析

（一）内容

平面向量是体现"形"与"数"融合的重要载体，是建立物理、几何、代数之间联系的重要知识桥梁。本节课是在前面研究了向量的加、减、数乘运算的基础上，进一步研究平面向量的数量积的运算。主要内容涉及两个向量的夹角、数量积（内积）、投影向量以及向量数量积的四条性质等知识。

（二）内容解析

1. 内容的本质。数学内部代数、几何、三角函数等知识之间的内在联系。

2. 蕴含的思想和方法。类比、划归与转化、数形结合。

3. 知识的上下位关系。学习完向量的概念和加减、数乘运算后，进一步学习数量积的运算，为学习平面向量的运算律打下基础。

4. 育人价值。发展数学抽象、逻辑推理、直观想象核心素养。

5. 教学重点。向量数量积的定义和运算性质。

二、目标和目标解析

（一）教学目标

1. 通过物理中的功等实例分析，学生能理解平面向量的数量积的概念及其物理意义。

2. 结合具体实例，让学生体会平面向量的数量积与投影向量的关系。

3. 学生会计算平面向量的数量积，体会数量积、向量的模、夹角之间的关系。

4. 通过数量积的引入和应用，让学生初步体会知识发生、发展的过程，培养学生类比、数形结合的思想方法，提高学生抽象概括、推理论证、运算求解、直观想象能力，形成由具体到抽象的思维品质。

（二）目标解析

1. 学生能从物理中功的概念，抽象出向量数量积的概念，并理解两个向量的夹角、垂直等概念。

2. 学生能通过数量积的运算公式进行基本的运算，理解两个向量的数量积的运算结果是一个数量，与两个向量的长度和夹角有关。

3. 学生能根据数量积的定义，得到向量数量积的四条性质并能进行简单地运用。

三、教学问题诊断分析

向量数量积运算与加法、减法、数乘运算一样，也有明显的物理、几何意义，用途广泛，但与线性运算不同的是，它的运算结果是数量而不是向量。因此，教学过程中，需要强调两个非零向量的积是数量而不是向量。

另外，学生在理解投影向量和向量的投影的概念时，会觉得有一定的难度。教学过程中可以让学生通过思考观察讨论等方式，加深对相关概念的理解，体会分类讨论、数形结合思想在向量学习过程中的运用。

四、教学支持条件分析

（一）教学策略分析

1. 为了使学生加强对向量数量积运算的直观感受，教师可以利用信息技术，改变两个向量和夹角的大小，作出它们的数量积，帮助学生理解向量数量积的概念。

2. 向量数量积内容的学习，教师通过问题导向，运用引导启发式、分组讨论教学的方法，帮助学生完整地认识运算研究的脉络，强化"四基"，发展数学运算、直观想象等核心素养。

（二）教学辅助媒体分析

借助多媒体辅助教学，可以直观形象地呈现教学过程，有利于提高学生学习的兴趣和积极性。

五、教学过程设计

（一）问题情境，引入定理，开启思维

在物理课中，我们学习过功的概念，如果一个物体在力 F 的作用下产生位移 s ，如何计算力 F 所做的功？

提示：$W = |\vec{F}||\vec{s}|\cos\theta$ ，其中 θ 是 $\vec{F}$ 与 $\vec{s}$ 的夹角。

功是一个标量，它由力和位移两个向量来确定，这给我们一个启示，能否把"功"看成是两个向量相乘的结果呢？受此启发，我们引入向量"数量积"的概念。

（二）激学导思，探究猜想，交流思维

思考1　前面我们学习了向量的加、减运算，类比数的运算，自然出现了一个问题：向量能否相乘，如果能，那么向量的乘法应该怎样定义？

1. 向量夹角的定义

已知两个非零向量 $\vec{a}$ ，$\vec{b}$ （如图 2-40），O 是平面上的任意一点，作 $\overrightarrow{OA} = \vec{a}$ ，$\overrightarrow{OB} = \vec{b}$ ，则 $\angle AOB = \theta$ （$0 \leq \theta \leq \pi$）叫做向量 $\vec{a}$ 与 $\vec{b}$ 的夹角，向量 $\vec{a}$ 与 $\vec{b}$ 的夹角记作 $\langle \vec{a} , \vec{b} \rangle$ 。

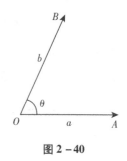

图 2-40

显然，当 $\theta = 0$ 时，$\vec{a}$ 与 $\vec{b}$ 同向；

当 $\theta = \pi$ 时，$\vec{a}$ 与 $\vec{b}$ 反向。

如果 $\vec{a}$ 与 $\vec{b}$ 的夹角是 $\dfrac{\pi}{2}$ ，那么说 $\vec{a}$ 与 $\vec{b}$ 垂直，记作 $\vec{a} \perp \vec{b}$ 。

2. 向量数量积的定义

已知两个非零向量 $\vec{a}$ 与 $\vec{b}$ ，它们的夹角为 θ ，我们把数量 $|\vec{a}||\vec{b}|\cos\theta$ 叫做向量 $\vec{a}$ 与 $\vec{b}$ 的数量积（或内积），记作 $\vec{a} \cdot \vec{b}$ ，即 $\vec{a} \cdot \vec{b} = |\vec{a}||\vec{b}|\cos\theta$ 。

规定：零向量与任一向量的数量积为 0 。

注意：（1）向量的线性运算的结果是一个向量，而两个向量的数量积是一个数量，而不是向量；

（2）$\vec{a} \cdot \vec{b}$ 中间的"·"在向量运算中不能省略掉，也不能换成"×"；

（3）运用数量积公式时，一定注意两向量的夹角范围是 $[0，\pi]$。

（三）引议释疑，验证论证，提升思维

投影及投影向量

如图 2 – 41，设 $\vec{a}，\vec{b}$ 是两个非零向量，$\overrightarrow{AB} = \vec{a}，\overrightarrow{CD} = \vec{b}$，作如下变换：过 $\overrightarrow{AB}$ 的起点 A 和终点 B，分别作 $\overrightarrow{CD}$ 所在直线的垂线，垂足分别为 $A_1，B_1$，得到 $\overrightarrow{A_1B_1}$，我们称上述变换为向量 $\vec{a}$ 向向量 $\vec{b}$ 投影，$\overrightarrow{A_1B_1}$ 叫做向量 $\vec{a}$ 在向量 $\vec{b}$ 上的投影向量。

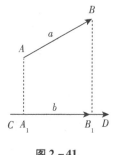

图 2 – 41

如图 2 – 42，在平面内任取一点 O，作 $\overrightarrow{OM} = \vec{a}，\overrightarrow{ON} = \vec{b}$。过点 M 作直线 ON 的垂线，垂足为 M_1，则 $\overrightarrow{OM_1}$ 就是向量 $\vec{a}$ 在向量 $\vec{b}$ 上的投影向量。

问题 1：$\vec{a}$ 在 $\vec{b}$ 上的投影和 $\vec{b}$ 在 $\vec{a}$ 上的投影向量相同吗？

提示：不相同，尽管他们都是向量，但 $\vec{a}$ 在 $\vec{b}$ 上的投影一定与 $\vec{b}$ 共线。而 $\vec{b}$ 在 $\vec{a}$ 上的投影一定与 $\vec{a}$ 共线。

探究 1：如图 2 – 42，设与 $\vec{b}$ 方向相同的单位向量为 $\vec{e}$，$\vec{a}$ 与 $\vec{b}$ 的夹角为 θ，那么 $\overrightarrow{OM_1}$ 与 $\vec{e}，\vec{a}，\theta$ 之间有怎样的关系？

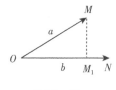

图 2 – 42

$\overrightarrow{OM_1}$ 与 $\vec{e}$ 共线，于是 $\overrightarrow{OM_1} = \lambda \vec{e}$。

问题 2：当 θ 为锐角、直角、钝角以及 $\theta = 0$，$\theta = \pi$ 等不同的情况时，探究 λ 与 $\vec{a}，\theta$ 的关系以及 $\overrightarrow{OM_1}$ 的表达式有什么不同？（提示：可小组进行讨论）

当 θ 为锐角（如图 2 – 43）时，$\overrightarrow{OM_1}$ 与 $\vec{e}$ 方向相同，$\lambda = |\overrightarrow{OM_1}| = |\vec{a}|\cos\theta$，所以 $\overrightarrow{OM_1} = |\overrightarrow{OM_1}|\vec{e} = |\vec{a}|\cos\theta\vec{e}$；

当 θ 为直角（如图 2 – 44）时，$\lambda = 0$，所以 $\overrightarrow{OM_1} = \vec{0} = |\vec{a}|\cos\dfrac{\pi}{2}\vec{e}$；

当 θ 为钝角（如图 2 – 45）时，$\overrightarrow{OM_1}$ 与 $\vec{e}$ 方向相反，所以 $\lambda = -|\overrightarrow{OM_1}| = -|\vec{a}|\cos\angle MOM_1 = -|\vec{a}|\cos(\pi - \theta) = |\vec{a}|\cos\theta$，即 $\overrightarrow{OM_1} = |\vec{a}|\cos\theta\vec{e}$。

当 $\theta = 0$ 时，$\lambda = |\vec{a}|$，所以 $\overrightarrow{OM_1} = |\vec{a}|\vec{e} = |\vec{a}|\cos0\vec{e}$；

当 $\theta = \pi$ 时，$\lambda = -|\vec{a}|$，所以 $\overrightarrow{OM_1} = -|\vec{a}|\vec{e} = |\vec{a}|\cos\pi\vec{e}$。

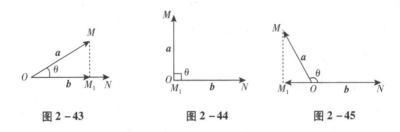

图 2 - 43　　　　　　图 2 - 44　　　　　　图 2 - 45

综上可知，对于任意的 $\theta \in [0,\pi]$，都有 $\overrightarrow{OM_1} = |\vec{a}|\cos\theta\vec{e}$。

（四）点拨提高，获得定理，优化思维

向量数量积的性质

探究 2：从上面的探究我们看到，两个非零向量 $\vec{a}$ 与 $\vec{b}$ 相互平行或垂直时，向量 $\vec{a}$ 在向量 $\vec{b}$ 上的投影向量具有特殊性。这时，它们的数量积又有怎样的特殊性？

由向量数量积的定义，可以得到如下重要性质：

设 $\vec{a},\vec{b}$ 是非零向量，它们的夹角是 θ，$\vec{e}$ 是与 $\vec{b}$ 方向相同的单位向量，则

(1) $\vec{a} \cdot \vec{e} = \vec{e} \cdot \vec{a} = |\vec{a}|\cos\theta$。

(2) $\vec{a} \perp \vec{b} \Leftrightarrow \vec{a} \cdot \vec{b} = 0$。

(3) 当 $\vec{a}$ 与 $\vec{b}$ 同向时，$\vec{a} \cdot \vec{b} = |\vec{a}||\vec{b}|$；当 $\vec{a}$ 与 $\vec{b}$ 反向时，$\vec{a} \cdot \vec{b} = -|\vec{a}||\vec{b}|$，特别地，$\vec{a} \cdot \vec{a} = |\vec{a}|^2$ 或 $|\vec{a}| = \sqrt{\vec{a} \cdot \vec{a}}$。

(4) 此外，由 $|\cos\theta| \leq 1$ 还可以得到 $|\vec{a} \cdot \vec{b}| \leq |\vec{a}||\vec{b}|$。

思考：如果 $\vec{a} \cdot \vec{b} = 0$，是否有 $\vec{a} = \vec{0}$ 或 $\vec{b} = \vec{0}$？

小结：向量数量积的性质及其应用。

性质（1）表明任意向量与单位向量的数量积等于这个向量在单位向量 $\vec{e}$ 上的投影向量的长度。

性质（2）可用于解决与两个非零向量垂直有关的问题。

性质（3）表明，当两个向量相等时，这两个向量的数量积等于向量的模的平方，因此可用于求向量的模。

性质（4）可以解决有关"向量不等式"的问题。

性质（5）它的实质是平面向量数量积的逆用，可用于求两向量的夹角，

也称为夹角公式。

（五）精讲训练，应用定理，拓展思维

例 1 已知 $|\vec{a}| = 5$，$|\vec{b}| = 4$，$\vec{a}$ 和 $\vec{b}$ 的夹角 $\theta = \dfrac{2\pi}{3}$，求 $\vec{a} \cdot \vec{b}$。

例 2 设 $|\vec{a}| = 12$，$|\vec{b}| = 9$，$\vec{a} \cdot \vec{b} = -54\sqrt{2}$，求 $\vec{a}$ 和 $\vec{b}$ 的夹角。

（六）归纳自结，升华定理，发展思维

师生共同总结，本节课学习了哪些知识？涵盖了哪些思想方法？

（1）向量夹角与数量积的概念。（2）投影向量。（3）向量数量积的性质。

六、目标检测设计

（一）课堂检测

1. 已知 $|\vec{a}| = 8$，$|\vec{b}| = 6$，$\vec{a}$ 和 $\vec{b}$ 的夹角 $\theta = 60°$，求 $\vec{a} \cdot \vec{b}$。

2. 平面向量 $\vec{a} = (1,2)$，$|\vec{b}| = 3$，$\vec{a} \cdot \vec{b} = -6$，则向量 $\vec{a}, \vec{b}$ 夹角的余弦值为（　　）。

A. $-\dfrac{\sqrt{5}}{5}$ B. $-\dfrac{2\sqrt{5}}{5}$

C. $\dfrac{1}{5}$ D. $\dfrac{4}{5}$

3. 在 $\triangle ABC$ 中，$\overrightarrow{AB} = \vec{a}$，$\overrightarrow{BC} = \vec{b}$，且 $\vec{b} \cdot \vec{a} = 0$，则 $\triangle ABC$ 是（　　）。

A. 锐角三角形   B. 钝角三角形

C. 直角三角形   D. 无法确定

4. 设 $\vec{e_1}, \vec{e_2}$ 是两个平行的单位向量，则下面的结果正确的是（　　）。

A. $\vec{e_1} \cdot \vec{e_2} = 1$ B. $\vec{e_1} \cdot \vec{e_2} = -1$

C. $|\vec{e_1} \cdot \vec{e_2}| = 1$ D. $|\vec{e_1} \cdot \vec{e_2}| < 1$

5. 已知 $|\vec{a}| = 6$，$\vec{e}$ 为单位向量，且 $\vec{a}, \vec{e}$ 的夹角 θ 为 $45°$，求向量 $\vec{a}$ 在 $\vec{e}$ 上的投影向量。

（二）课后检测

1. 完成教材相关练习和习题内容。

2. 预习向量数量积的运算律的内容。

七、教学反思

本节课主要介绍向量数量积的概念与性质、投影向量等有关知识。教学中要注意强调两个非零向量的数量积是数量而不是向量，它的值是两个向量的长度与两个向量夹角的余弦值的乘积。对学生来说，虽然有对功的认识基础，但要抽象到数学中的数量积的概念还是有一定的难度。教学过程中要充分尊重学生的主体地位，更好地发挥教师的主导作用，要发扬民主，鼓励学生质疑，提倡学生形成独立思考、动手实践、自主探索、阅读自学等的自主学习方式。注重启发学生的学习思维，激发学生的学习兴趣，培养学生发现问题、提出问题、分析问题、解决问题的能力。要注意避免传统教学中"重知识、轻方法，重结论、轻过程"的做法，让学生充分经历数学知识的形成与应用过程，把握学生的认知规律，获得自主探索和问题解决的成功。

第三章

③

定理课教学案例

两条直线平行和垂直的判定

一、内容与内容解析

（一）内容

两条直线平行和垂直的判定。

（二）内容解析

1. 内容的本质。平行和垂直是空间中图形的两种基本位置关系，位置关系是几何研究的一个重要方面。斜率刻画了平面直角坐标系中直线相对于 x 轴的倾斜程度，因此可以用斜率来判断两条直线的位置关系。

2. 蕴含的思想和方法。数形结合思想、化归与转化思想。

3. 知识的上下位关系。本节课选自普通高中教科书（人教 A 版 2019）《数学选择性必修第一册》第二章第一节第二课时，是高中解析几何的基础内容。通过本节课内容的学习，掌握两条直线的平行和垂直的判定。两直线平行的判断在初中已运用几何法进行了学习，而在平面解析几何中，运用代数方法即坐标法，是一种新的观点和方法，需要学生理解和感悟。

4. 育人价值。通过对两直线平行与垂直的位置关系的研究，培养学生的数学意识，利用合作交流的学习方式，激发学生的学习兴趣，通过几何画板的演示归纳，加强学生对知识的理解和应用，强化学生数学运算、逻辑推理的核心素养。

5. 教学重点。两条直线平行和垂直的判定。

二、目标与目标解析

（一）目标

1. 理解两条直线平行和垂直的条件，会用斜率关系判定两条直线平行或垂直。

2. 能利用代数方法解决简单的平面几何问题。

（二）目标解析

达成上述目标的标志是：

1. 理解直线的倾斜程度是由倾斜角或斜率来刻画的。进一步来说，两条平行直线应具有相同的倾斜程度，两条垂直直线的方向向量是垂直的。

2. 解决平面几何问题时，让学生通过先画出图形，得到直观想象，再选取适当的代数关系加以论证，体会数学中代数和几何的相互联系。

三、教学问题诊断分析

学生比较容易接受对于两条直线平行的判定，教师应注重证明充分性和必要性两个方面，在得出"斜率分别为 k_1，k_2 的两条不同直线 l_1，l_2 有 $l_1 /\!/ l_2 \Leftrightarrow k_1 = k_2$"的结论后，教师应强调这个充要条件是在两条直线的斜率都存在的情况下成立的，这样学生在后面研究垂直关系时就会注重对特殊情况的讨论。

在上一课时，我们研究了斜率为 k 的直线的一个方向向量是 $(1, k)$，故而寻求两条直线的垂直关系的充要条件可以是它们的方向向量垂直，这一点与过去教材不同。

本节课教材上有四个例题，实际就是平行和垂直斜率关系的应用。例 2 和例 4 分别是由点坐标判断所确定直线的平行或垂直关系，主要练习会用两点坐标求这两点所确定直线的斜率；例 3 和例 5 都是平面几何问题，教学中注意引导学生先画出图形，得到直观想象，再用所学代数方法加以解决。

本节课的教学难点是应用代数方法解决几何问题。

四、教学支持条件

多媒体（PPT 演示）、几何画板演示。

五、教学过程设计

（一）问题情境，引入定理，开启思维

上节课，我们学习了倾斜角和斜率的概念。

1. 倾斜角的概念以及它的范围。

2. 斜率的概念以及斜率公式。

3. 斜率跟倾斜角之间的关系。

设计意图：及时地回顾上节课内容，加深学生记忆，并且引导这节课的开始。

两条直线平行的判定

问题1：我们知道，平面中两条直线有两种位置关系：相交和平行。当两条直线 l_1 与直线 l_2 平行时，它们的斜率 k_1 与 k_2 满足什么关系（几何画板演示）？

师生活动：教师指出说"两条直线 l_1，l_2"时，指两条不重合的直线。师生一起画出图形，学生回答问题。

若 $l_1 /\!/ l_2$，则 $\alpha_1 = \alpha_2$，可知 $\tan\alpha_1 = \tan\alpha_2$，（$\alpha_1$ 90°，α_2 90°），即 $k_1 = k_2$；

反之，当 $k_1 = k_2$ 时，$\tan\alpha_1 = \tan\alpha_2$，（$\alpha_1$ 90°，α_2 90°），由倾斜角的取值范围及正切函数的单调性可知 $\alpha_1 = \alpha_2$，因此 $l_1 /\!/ l_2$。

对于斜率分别为 k_1，k_2 的两条直线 l_1，l_2 有 $l_1 /\!/ l_2 \Leftrightarrow$ $k_1 = k_2$。

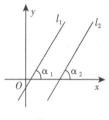

图 3 - 1

追问1：（1）如果两条直线平行，它们的斜率一定相等吗？

（2）如何用斜率关系证明三点共线？

设计意图：让学生注意到两直线平行的充要条件是它们的斜率相等，是在斜率存在的情况下成立的。让学生体会数学的严谨性。任意两条直线平行的充要条件应为它们的倾斜角相等。

当 $\alpha_1 = \alpha_2 = 90°$ 时，直线斜率不存在，此时 $l_1 /\!/ l_2$。

对于 A，B，C 三点，如果直线 AB 的斜率等于直线 AC 斜率，它们有公共点 A，则 A，B，C 三点共线。

（二）激发导思，形成定理，交流思维

设两条不重合的直线 l_1，l_2 的倾斜角分别为 1，2，斜率存在时分别为 k_1，k_2，则对应关系如表 3 – 1。

表 3 – 1

类型	斜率存在	斜率不存在
前提条件	$\alpha_1 \neq 90°$，$\alpha_2 \neq 90°$	$\alpha_1 = \alpha_2 = 90°$
对应关系	$l_1 /\!/ l_2 \Leftrightarrow k_1 = k_2$	$l_1 /\!/ l_2 \Leftrightarrow$ 两直线斜率都不存在

设计意图：通过小结，让学生进一步巩固本节所学内容，提高概括能力。

（三）引议释疑，理解定理，提升思维

例1 判断正误。

（1）若两条不重合的直线的倾斜角相等，则这两条直线必定平行。（　　　）

（2）若两条直线平行，则这两条直线的倾斜角一定相等。（　　　）

已知 A (2，3)，B (3，$\sqrt{3}$)，直线 $l /\!/ AB$，则直线 l 的倾斜角为＿＿＿＿。

设计意图：及时练习，扎实巩固内容并学会灵活运用。

例2 已知 A (2，3)，B (4，0)，P (3，1)，Q (1，2)，试判断直线 AB 与 PQ 的位置关系，并证明你的结论。

设计意图：复习用两点坐标求这两点所在直线的斜率，能根据斜率相等判定两条直线平行，让学生体会用代数方法解决几何问题的过程。

例3 已知四边形 $ABCD$ 的四个顶点分别为 A (0，0)，B (2，1)，C (4，2)，D (2，3)，试判断四边形 $ABCD$ 的形状，并给出证明。

师生活动：师生共同画出图形，通过计算斜率的数量关系完成证明。

设计意图：通过画图先得到四边形是平行四边形的直观想象，再由两组对边分别平行来证明结论，用代数方法解决几何问题。

（四）点拨提高，深化定理，优化思维

问题2：当两条直线相交时，它们的斜率不相等；反之，当两条直线的斜率不相等时，它们相交。在相交的位置关系中，垂直是最特殊的情形。当直线 l_1，l_2 垂直时，它们的斜率除了不相等外，是否还有特殊的数量关系？（几何画板演示）

追问2：（1）两条直线垂直，那么这两条直线的方向向量具有怎样的关系？

（2）斜率分别为 k_1，k_2 的两条直线的方向向量分别是什么？

设计意图： 让学生体会两条直线垂直实质等价于它们的方向向量垂直，并回顾上一课时推导的方向向量与斜率之间的关系，这样学生就能自行推导垂直直线的斜率关系了。

$l_1 \perp l_2 a \perp b \Leftrightarrow a \cdot b = 0 \Leftrightarrow 1 + k_1 k_2 0$，即 $k_1 k_2 = -1$。

追问3：当两条直线垂直时，它们的斜率之积一定等于 -1 吗？为什么？

考虑特殊直线垂直的问题，即两直线垂直，其中一条直线的倾斜角为90°时，另一条直线的倾斜角为0°。

表 3-2

类型	斜率存在	l_1（或 l_2）的斜率不存在
前提条件	$\alpha_1 \neq 90°$，且 $\alpha_2 \neq 90°$	$\alpha_1 = 90°$（或 $\alpha_2 = 90°$）
对应关系	$l_1 \perp l_2 \Leftrightarrow k_1 \cdot k_2 = -1$	$l_1 \perp l_2 \Leftrightarrow l_2$（或 l_1）的斜率为 0
图示		

设计意图： 通过小结，让学生进一步巩固本节所学内容，提高概括能力。

（五）精讲精练，深化定理，拓展思维

例1 已知 A（6，0），B（3，6），P（0，3），Q（6，6）试判断直线 AB 与 PQ 的位置关系。

设计意图： 熟练用两点坐标求这两点所在直线的斜率，能根据斜率关系判定两条直线垂直。

例2 已知 A（5，1），B（1，1），C（2，3）三点，试判断 ABC 的形状。

师生活动： 师生共同画出图形，通过计算斜率的数量关系完成证明。

设计意图：通过画图先得到三角形是直角三角形的直观想象，并观察到要证哪两条直线垂直，再用代数方法解决几何问题，提示应用勾股定理、向量也可以解决，拓宽学生思维。

（六）归纳自结，升华定理，发展思维

通过本课学习，大家是否可以回答如下问题呢？

1. 如何用斜率判断两直线的平行和垂直关系？

2. 对于斜率不存在的直线，判断平行、垂直关系时需要注意什么？

3. 通过本节课学习，对你解决平面几何问题有哪些启发？

设计意图：归纳梳理，升华主题，进一步体会数学中代数和几何的相互联系。

六、目标测试设计

（一）课堂检测

教科书 P58　习题 2.1　5、6 题

（二）课后检测

1. 已知 A（1，2），B（1，1），C（3，4）三点，这三点是否在同一条直线上？为什么？

设计意图：考查学生用斜率相等证明三点共线。

2. 已知点 M（2，2）和 N（5，2），点 P 在 x 轴上，且 MPN 为直角，求点 P 的坐标。

3. 思考：对于结论 2 当两条直线的斜率都存在时 $l_1 \perp l_2 \Leftrightarrow k_1 \cdot k_2 = -1$，还有没有其他方法证明？

设计意图：考查学生用代数方法解决几何问题，发散学生思维。

七、教学反思

本课通过探究两直线平行或垂直的条件，力求培养学生运用已有知识解决新问题的能力以及数形结合的能力。在探究过程中，以学生共同探究为主。运用几何画板展示平面内两直线平行和垂直时，教师引导学生观察倾斜角之间的关系，进而得到两直线的斜率关系，并提出特殊情况。让学生通过精讲例题掌握两直线平行和垂直的判定，并加强练习训练，融会贯通。

正弦定理

一、内容与内容分析

（一）内容

正弦定理是普通高中教科书（人教 A 版 2019）《数学必修第二册》第六章《平面向量及其应用》的内容，主要学习正弦定理，用正弦定理来解三角形。

（二）内容解析

《正弦定理》是三角形理论中的一个重要内容，与初中学习的三角形的边和角的基本关系有密切的联系。在此之前，学生已经学习了正弦函数和余弦函数、余弦定理，知识储备已足够。正弦定理是后续课程中解三角形的理论依据，也是解决实际生活中许多测量问题的工具。因此熟练掌握它能为接下来学习解三角形打下坚实基础，并能在实际应用中灵活变通。

蕴含的思想方法。数形结合的思想、归纳思想、特殊到一般思想、数学建模思想。

育人价值。通过实际问题的探讨、解决，促进学生了解向量的工具性、知识的相互联系，培养学生学习数学的兴趣和学习主动性，培养"用数学"的意识和自主、合作、探究能力。

教学重点。利用几何法和向量法证明正弦定理、正弦定理的应用。

二、教学目标和目标解析

（一）教学目标

1. 学生能够借助向量的运算，探索三角形边长与角度的关系并掌握正弦定理。

2. 学生能够运用正弦定理与三角形内角和定理解决简单的解三角形问题。

3. 通过对正弦定理的学习，培养学生数学抽象、数学运算、数学建模等数学素养。

（二）目标解析

1. 从实际问题出发，让学生理解数学是有用的，能从特殊三角形（直角三角形）出发，发现三边与对应角的正弦值之间的数量关系，即正弦定理。

2. 学生能在教师的引导下，利用向量的数量积方法证明正弦定理。

3. 学生能够运用正弦定理解决"已知两角和一边，解三角形"和"已知两边及其中一边的对角，解三角形"等两类简单问题。

三、教学问题诊断分析

利用向量方法证明正弦定理的过程，蕴含着用代数方法解决几何问题的思想方法，即数形结合思想，这是学生理解上的难点。另外对于数学的应用性，学生的应用意识还不够强，技能还不足。

为了更好地达成上面的教学目标，促进学习方式的转变，本节课采用"问题教学法"。由教师以问题为主线组织教学，利用一体机和实物投影仪等教学手段来激发学生兴趣，提高课堂效率，并鼓励、引导学生自主探究、相互合作，参与到课堂教学的过程中去，让学生体验成功、失败，逐步建立、完善自身的认知结构。

教学难点。通过对任意三角形边长和角度关系的探索，掌握正弦定理的内容及其证明。

四、教学支持条件分析

一体机、实物投影仪结合。

五、教学过程设计

（一）问题情境，引入定理，开启思维

情境1：如图 3 - 2，设 A，B 两点在河的两岸，要测量两点之间的距离。测量者在 B 的同侧，在所在的河岸边选定一点 C，测出两点间 B，C 的距离24m，$\angle ACB = 90°$，$\angle ABC = 45°$，求 A，B 两点间的距离。

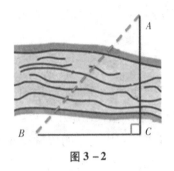

图 3 - 2

情境2：如图3 - 3，设 A，B 两点在河的两岸，测量者要得到 A，B 两点之间的距离。测量者在 B 的同侧，在所在的河岸选定一个点 C，测出 BC 的距离是 24m，$\angle B = 45°$，$\angle C = 60°$，根据这些数据能解决这个问题吗？

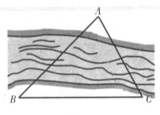

图 3 - 3

问题：余弦定理及其推论分别给出了已知两边及其夹角、已知三边直接解三角形的公式，如果已知两角和一边，是否也有相应的直接解三角形的公式呢？

设计意图：问题情境设置在学生熟悉的实际生活实例中，有利于学生尽快融入课堂氛围，在教师的引导下主动思考、探究，提高学习兴趣。

（二）激学导思，探究猜想，交流思维

探究1：直角 $\triangle ABC$ 中，角 A，B，C 对的边长分别为用 a，b，c 表示，怎样用 a，b，c 表示角 A，B，C 的正弦？

设计意图：将正弦定理所涉及的边角关系中一般性的结论转化为熟悉的特殊问题，引导学生思考、解决新问题时采用从特殊到一般的思想。

答：$\sin A = \dfrac{a}{c}$　$\sin B = \dfrac{b}{c} \Rightarrow \dfrac{a}{\sin A} = \dfrac{b}{\sin B} = c \xrightarrow{\sin C} \dfrac{a}{\sin A} = \dfrac{b}{\sin B} = \dfrac{c}{\sin C}$

追问：对于锐角三角形和钝角三角形，以上关系式是否仍然成立？

分析 1：在等边 $\triangle ABC$ 中，验证 $\dfrac{a}{\sin A} = \dfrac{b}{\sin B} = \dfrac{c}{\sin C}$ 是否成立。

分析 2：在钝角 $\triangle ABC$ 中，$A = 120°$，$B = C = 30°$，验证 $\dfrac{a}{\sin A} = \dfrac{b}{\sin B} = \dfrac{c}{\sin C}$ 是否成立。

猜想：对于任意的斜三角形，也存在以下边角数量关系：$\dfrac{a}{\sin A} = \dfrac{b}{\sin B} = \dfrac{c}{\sin C}$。

探究 2：如何证明在三角形中，角与所对的边满足关系：$\dfrac{a}{\sin A} = \dfrac{b}{\sin B} = \dfrac{c}{\sin C}$?

答：我们希望获得 $\triangle ABC$ 中的边 a，b，c 与它们所对角 A，B，C 的正弦之间的关系式。

在向量运算中，两个向量的数量积与长度、角度有关，这就启示我们可以用向量的数量积来探究。

（1）如图 3-4，在锐角三角形中，$\vec{j} \cdot \vec{AC} + \vec{j} \cdot \vec{CB} = \vec{j} \cdot \vec{AB}$，

$|\vec{j}| \cdot |\vec{AC}| \cdot \cos 90° + |\vec{j}| \cdot |\vec{CB}| \cdot \cos(90° - C) = |\vec{j}| \cdot |\vec{AB}| \cdot \cos(90° - A)$，

即 $a \cdot \sin C = c \cdot \sin A$，

$\therefore \dfrac{a}{\sin A} = \dfrac{c}{\sin C}$。

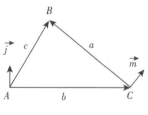

图 3-4

同理过 C 点做 $\vec{m} \perp \vec{CB}$ 得，$\dfrac{c}{\sin C} = \dfrac{b}{\sin B}$。

所以在锐角三角形中，$\dfrac{a}{\sin A} = \dfrac{b}{\sin B} = \dfrac{c}{\sin C}$。

（2）如图 3-5，在钝角三角形中，

设 $\angle A > 90°$，过点 A 作与 $\vec{AC}$ 垂直的单位向量 $\vec{j}$，

则 $\vec{j}$ 与 $\vec{AB}$ 的夹角为 $A - \dfrac{\pi}{2}$，$\vec{j}$ 与 $\vec{CB}$ 的夹角为 $\dfrac{\pi}{2} - C$，

仿照上述方法，可得 $\dfrac{a}{\sin A} = \dfrac{b}{\sin B} = \dfrac{c}{\sin C}$。

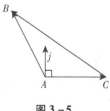

图 3-5

（三）引议释疑，验证论证，提升思维

正弦定理（law of sines）在一个三角形中，各边和它所对的角的正弦的比相等，即 $\dfrac{a}{\sin A} = \dfrac{b}{\sin B} = \dfrac{c}{\sin C}$。

注意：（1）正弦定理里面包含了 3 个等式，$\dfrac{a}{\sin A} = \dfrac{b}{\sin B}$，$\dfrac{b}{\sin B} = \dfrac{c}{\sin C}$，$\dfrac{a}{\sin A} = \dfrac{c}{\sin C}$；（2）使用正弦定理解三角形的条件：①已知两角及任一边，求另一角及其余两边；②已知两边和其中一边对角，求另一边的对角（从而进一步求出其他的边和角）。

（四）点拨提高，获得定理，优化思维

例 1 如下图所示，在 $\triangle ABC$ 中，$BC = 24$，$\angle B = 45°$，$\angle C = 60°$，求 AB。

例 2 在 $\triangle ABC$ 中，已知 $A = 15°$，$B = 45°$，$c = 3 + \sqrt{3}$，解这个三角形。

设计意图：例 1、例 2 考查的是"已知两角和一边，解三角形"的问题，属于基础题，利用三角和定理可求得第三个角，再利用正弦定理可求剩余两边。

例 3 在 $\triangle ABC$ 中，已知 $B = 30°$，$b = \sqrt{2}$，$c = 2$，解这个三角形。

设计意图：例 3 考查的是"已知两边和其中一边的对角，解三角形"的问题，可以利用正弦定理求得另一边的对角（注意解的情况），再利用三角形内角和定理以及正弦定理求剩余的边角。

方法规律。利用正弦定理解三角形的步骤为：（1）用正弦定理求出另一边所对角的正弦值。（2）用三角形内角和定理求出第三个角。（3）根据正弦定理求出第三条边。

其中进行（1）时要注意讨论该角是否可能有两个值。

（五）精讲精练，应用定理，拓展思维

1. 在 $\triangle ABC$ 中，已知 $B = 30°$，$C = 105°$，$b = 4$，解三角形。

2. 在 $\triangle ABC$ 中，已知 $c = \sqrt{6}$，$A = 45°$，$a = 2$，解三角形。

设计意图：进一步深化两种类型的解三角形问题，考查学生对正弦定理的熟练运用，特别注意的是第二类问题中解的情况的讨论。

（六）归纳自结，升华定理，发展思维

正弦定理：$\dfrac{a}{\sin A} = \dfrac{b}{\sin B} = \dfrac{c}{\sin C}$。

应用：（1）已知两角及任一边，求另一角及其余两边。

（2）已知两边和其中一边对角，求另一边的对角（从而进一步求出其他的边和角）。

六、目标检测设计

（一）课堂检测

1. 在 $\triangle ABC$ 中，$\cos \dfrac{C}{2} = \dfrac{\sqrt{5}}{5}$，$BC = 1$，$AC = 5$，则 $AB =$ （　　）。

A. $4\sqrt{2}$　　　　　　　　　　　B. $\sqrt{30}$

C. $\sqrt{29}$　　　　　　　　　　　D. $2\sqrt{5}$

2. $\triangle ABC$ 中，已知 $a = \sqrt{2}$，$b = 2$，$B = 45°$，则角 A 等于 （　　）。

A. $30°$ 或 $150°$　　　　　　　　B. $60°$ 或 $120°$

C. $60°$　　　　　　　　　　　　D. $30°$

3. 在 $\triangle ABC$ 中，已知 $b = 40$，$c = 20$，$C = 60°$，则此三角形的解的情况是 （　　）。

A. 有一解　　　　　　　　　　B. 有两解

C. 无解　　　　　　　　　　　D. 有解但解的个数不确定

设计意图：（1）考查学生三角函数及三角恒等变换的有关公式、正弦定理的应用。（2）在第二类问题中可以应用正弦定理和三角形的不等关系确定角，避免增解或漏解。

（二）课后检测

1. 已知 a，b，c 为 $\triangle ABC$ 的三个内角 A，B，C 所对的边，若 $3b\cos C = c(1 - 3\cos B)$，则 $\sin C : \sin A =$ （　　）。

A. $2:3$　　　　　　　　　　　B. $4:3$

C. $3:1$　　　　　　　　　　　D. $3:2$

2. $\triangle ABC$ 的内角 A，B，C 的对边分别为 a，b，c，若 $b^2 = ac$，$c = 2a$，则 $\cos C =$ （　　）。

A. $\dfrac{\sqrt{2}}{4}$　　　　　　　　　　B. $-\dfrac{\sqrt{2}}{4}$

C. $\dfrac{3}{4}$ D. $-\dfrac{3}{4}$

3. 已知 $\triangle ABC$ 中，$a = x$，$b = 2$，$\angle B = 45°$，若三角形有两个解，则 x 的取值范围是（   ）。

A. $x > 2$ B. $x < 2$

C. $2 < x < 2\sqrt{2}$ D. $2 < x < 2\sqrt{3}$

4. （选做）在 $\triangle ABC$ 中，$AC = \sqrt{7}$，$BC = 2$，$B = 60°$，则 BC 边上的中线 AD 的长为（   ）。

A. 1   B. $\sqrt{3}$

C. 2   D. $\sqrt{7}$

5. （选做）已知 $\triangle ABC$ 的内角 A，B，C 的对边分别为 a，b，c，且 $\dfrac{c - b}{c - a} = \dfrac{\sin A}{\sin C + \sin B}$，则 $B =$（   ）。

A. $\dfrac{\pi}{6}$ B. $\dfrac{\pi}{4}$

C. $\dfrac{\pi}{3}$ D. $\dfrac{3\pi}{4}$

设计意图：必做题和选做题的设计，考虑到了分层教学、分层达标的要求和因材施教的原则，照顾到各个层次学生的实际需求，有利于实现全体学生的发展。

七、课后反思

本节课，充分利用一些实例来探索关于解三角形在实际应用中的思维方法。具体解三角形时，所选例题突出了数学建模的思想及函数与方程的思想，将正弦定理、余弦定理视作方程或方程组，处理已知量与未知量之间的关系。

线面平行的判定定理

一、内容和内容解析

《线面平行的判定定理》是普通高中教科书（人教 A 版 2019）《数学必修第二册》第八章《立体几何初步》第五节的内容。在前面的四节内容里我们已经学习了"基本立体图形""立体图形的直观图""简单几何体的表面积与体积""空间点、直线、平面之间的位置关系"，学生已经可以运用定义判断线面的位置关系，解决一些简单的实际问题。本节课在此基础上继续学习线面平行如何判定及证明，以此培养学生形成数学转化的思想，培养学生的数学抽象，直观想象能力。

二、目标和目标解析

（一）目标

1. 学生能理解并掌握直线和平面平行的判定定理。

2. 学生会运用定理证明线面平行问题。

（二）目标解析

达成上述目标的标志是：

1. 学生能在直线与平面平行的定义基础上，将直线与平面平行的判定转化为直线与直线平行的判定；并通过直观感知、动手操作、抽象概括的数学化过程，自主构建直线与平面平行的判定定理。

2. 学生能够将直线与平面平行转化为平面内的直线与平面外的直线平行问题。在判定定理运用过程中，培养了学生发现问题、分析问题、解决问题的能力，并让学生体会本节课的核心数学思想——转化与化归。

三、教学问题诊断分析

学生虽然对生活中线面平行的模型较为熟悉，有较强的动手操作能力和一定的小组合作经验，但学习立体几何所具备的语言表达、空间感和空间想象能力相对不足，学习方面有一定的困难。这里需要教师注重引导学生通过观察、操作交流、讨论、有条理地思考和推理等活动，从多角度认识直线和平面平行的判定方法。为了让学生能够较好地运用判定定理，教师设计了"想一想、做一做、证一证、练一练"等环节，从易到难，由浅入深地强化学生对定理的认识。特别是"练一练"中采用一题多解的教学方式，有利于培养学生思维的广阔性与深刻性。

四、教学支持条件分析

根据对教材与学生的分析，并针对学生的实际情况，本节课主要采用问题链的方式引导学生去思考与探索，借助多媒体辅助的教学方式，生动形象地辅助教学。另外，前面几节课，我们已经学习了空间点、直线、平面之间的位置关系，特别是直线与直线平行的判定方法，对直线与平面平行的判定定理的学习起到了很大的作用。学生在这方面的证明已经有较熟练的经验，在教学设计的例 2 中有更好的体现。

五、教学过程设计

（一）问题情境，引入定理，开启思维

思考：我们学习过空间直线与平面的位置关系，即直线在平面内、直线与平面相交、直线与平面平行。我们能否从公共点的角度去说明直线与平面的位置关系呢？完成表 3 - 3。

表 3 - 3

空间直线与平面的基本位置关系	图形表示	符号表示	公共点情况
直线在平面内			
直线与平面相交			
直线与平面平行			

教师总结：我们可以通过直线与平面的公共点个数去判定直线与平面的位置关系，没有公共点，则直线与平面平行。但是由于直线无限延伸，平面无限延

展，很难去判断直线和平面"没有公共点"，因此能找到其他的判定方法吗？

设计意图：提出问题，让学生带着问题去探索，激发学生学习的欲望。

问题1：根据日常对周边环境的观察，你能发现并举出直线与平面平行的具体实例吗？

实例1：（直观感知）课室的黑板上边框是否与天花板平面平行？（见图3-6）

图3-6

实例2：（实际操作）课室的门转动的一边与门框所在的平面之间的位置关系如何？（见图3-7）

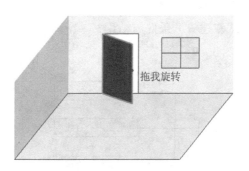

图3-7

实例3：（实际操作）将一本书平放在桌面上，翻动书的硬皮封面，封面边缘 AB 所在直线与桌面所在平面具有什么样的位置关系？（见图3-8）

图3-8

探究思考：

问题2：通过观察感知发现直线与平面平行关键有几个要素？（学生自己归纳，最后老师总结并板书，让学生留下深刻的印象）

生1：首先要有两条直线平行。

生2：有条直线必须要在面内。

生3：另外一条直线肯定要在面外。

师：这几个同学总结得非常到位，我们在观察实例时，会发现要直线与平面平行必须要有三个要素（板书）：

1. 线线平行；

2. 平面内的一直线；

3. 平面外的另一直线。

设计意图：通过让学生观察周边熟悉的环境实例，激起学生的求知欲望。学生自己进行操作，体会到观察实例的归纳和演绎推理。

（二）激发导思，形成定理，交流思维

老师总结板书完后紧接着提出问题。

问题3：能否尝试叙述一下条件与结论？

学生：回答（见图3－9）。

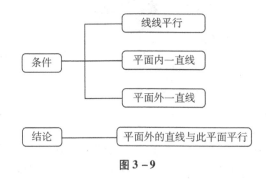

图3－9

问题4：如何来判定直线与平面平行（引出线面平行的判定定理）？

文字语言表述：平面外的一条直线与此平面内的一条直线平行，则该直线与此平面平行。（线线平行⇒线面平行）

师：能否用符号语言和图形语言表述出来呢？

学生在黑板板演：

符号语言表述：$\left.\begin{array}{l} a/\!/b \\ a\not\subset\alpha \\ b\subset\alpha \end{array}\right\}\Rightarrow a/\!/\alpha$。图形语言表述：见图 3-10

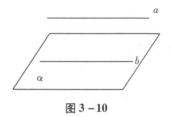

图 3-10

设计意图：让学生将判定定理由文字表述转化为符号语言与图形语言，加深对直线与平面平行判定定理的理解，强化定理的三要素。

（三）引议释疑，理解定理，提升思维

（想一想）

1. 判断下列命题的真假，说明理由。

（1）如果一条直线不在平面内，则这条直线就与平面平行。　　（　　）

（2）过直线外一点可以作无数个平面与这条直线平行。　　　　（　　）

（3）一条直线上有两个点到平面的距离相等，则这条直线与平面平行。（　　）

（4）一条直线与平面内一条直线平行，则这条直线与该平面平行。（　　）

（5）若直线 a 与平面内无数条直线平行，则 a 与该平面平行。　（　　）

（6）如果直线 a 平行于直线 b，则 a 平行于经过 b 的任何平面。（　　）

（学生自主回答）

设计意图：让学生通过对直线与平面平行位置的判定，加深对直线与平面平行的判定定理三要素的理解。

2. 如图 3-11，长方体 $ABCD-A'B'C'D'$ 中：

（1）与 AB 平行的平面是_____；

（2）与 AA' 平行的平面是_____；

（3）与 AD 平行的平面是_____。

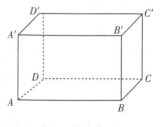

图 3-11

设计意图：让学生通过熟悉的模型找线面平行，增强学生空间想象能力，并加强对线面平行的判定进一步理解。

（做一做）

3. 如图 3 – 12，正方体 $ABCD-A'B'C'D'$ 中，P 是棱 A_1B_1 的中点，过点 P 画一条直线使之与截面 $A'BCD'$ 平行。

（学生自行完成）总结：在截面内找出一条直线与平面外的点 P 画一条直线平行。

设计意图：让学生通过画线面平行，更加深刻地理解线面平行的判定定理。

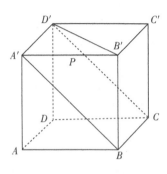

图 3 – 12

（四）点拨提高，深化定理，优化思维

（证一证）

例 求证：空间四边形相邻两边中点的连线平行于经过另外两边所在的平面。

师：例题只有文字叙述，我们需先转化为符号语言的已知、求证，再画图帮助理解，最后写证明过程。请同学们分小组完成。

（小组一）已知：如图 3 – 13，空间四边形 $ABCD$ 中，E，F 分别是 AB，AD 的中点。

求证：EF // 平面 BCD。

老师分析：要证明线面平行只需证明线线平行，

即在平面 BCD 内找一条直线平行于 EF，由已知的条件怎样找这条直线？

（小组二）完成证明。

问题5：能否归纳判定定理的作用，使用的关键及思想方法？

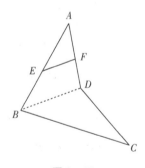

图 3 – 13

（学生回答）作用：判定或证明线面平行。

关键：在平面内找（或作）出一条直线与平面外的直线平行，三个条件"内""外""平行"，缺一不可。

思想方法：将线面平行的空间问题转化为线线平行的平面问题。

设计意图：让学生通过证明题，先把文字命题转化为已知求证题，审题找条件，再根据线面平行的判定定理，在平面内找或作出一条直线与平面外直线平行，深化理解判定定理的三个条件。

（五）精讲精练，深化定理，拓展思维

师：上面的例题运用了三角形中位线性质，找到平面内的直线与平面外直线平行，使我们对线面平行判定定理有了一定的理解，接下来我们来看看还有什么方法去找"这条线"呢？

（练一练）

1. 如图 3 - 14，在正方体 $ABCD - A'B'C'D'$ 中，E，F 分别是棱 BC 与 $C'D'$ 的中点。

求证：EF∥平面 $BDD'B'$。

分析：要证明线面平行只需证明线线平行，即在平面 $BDD'B'$ 内找一条直线平行于 EF，由已知的条件怎样找这条直线？

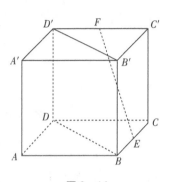

图 3 - 14

学生分组讨论得出两种作线方式。

方式一：取 $D'B'$ 的中点 M，连结 MF，MB（见图 3 - 15）。

方式二：取 DB 的中点 M，连结 ME，$D'M$（见图 3 - 16）。

证明：（略）。

设计意图：通过学生之间的讨论，让学生发现还可以构造平行四边形，利用对边平行，在面内找"这条线"，使学生在这一过程中思维得到拓展。

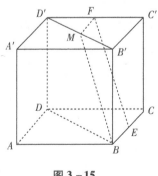

图 3 - 15

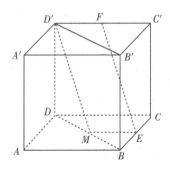

图 3 - 16

2. 如图 3 - 17，直四棱柱 $ABCD - A_1B_1C_1D_1$ 的底面是菱形，$AA_1 = 4$，$AB = 2$，$\angle BAD = 60°$，E，M，N 分别是 BC，BB_1，A_1D 的中点。

证明：$MN /\!/$ 平面 C_1DE。

3. 如图 3 – 18，在直三棱柱 $ABC - A_1B_1C_1$ 中，D，E 分别为 BC，AC 的中点，$AB = BC$。求证：$A_1B_1 /\!/$ 平面 DEC_1。

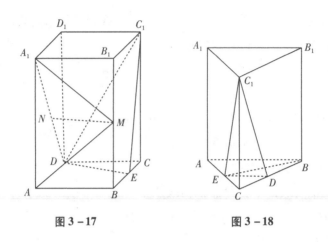

图 3 – 17　　　　　　　　　图 3 – 18

设计意图：第 2，3 题均为高考试题，通过高考题的呈现，吸引学生的注意力，同时把握本节课在高考中的地位以及考法。

（六）归纳自结，升华定理，发展思维

对于练习题的线面平行证明中出现的问题，我们注意以下三点：

1. 线面平行，通常可以转化为线线平行来处理。

2. 寻找平行直线可以通过三角形的中位线、平行四边形对边（梯形的中位线、平行线分线段成比例定理）等来完成。

3. 证明的书写中三个条件"内""外""平行"，缺一不可。

师：我们本节课主要学习了直线与平面平行的判定定理，如何利用判定理去证明线面平行？在证明过程中，关键是寻找平面内与已知直线平行的直线。寻找平行直线常常利用三角形中位线定理、平行四边形的性质、平行线分线段成比例定理等方法。

六、目标检测设计

（一）课堂检测

教科书 P138 练习 1、2、3。

设计意图：回归课本，重视课本上的练习，紧贴本节课的例题，引导学生发现规律方法，体验突破本节重点内容的喜悦，有利于激发学生的学习热情。

（二）课后检测

1. 如图 3 - 19 所示，已知有公共边 AB 的两个全等的矩形 $ABCD$ 和矩形 $ABEF$ 不在同一个平面内，P，Q 分别是对角线 AE，BD 上的点，且 $AP = DQ$，求证：$PQ /\!/$ 平面 CBE。

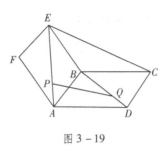

图 3 - 19

设计意图：考查学生对直线与平面平行判定定理的理解。

2.（探究性问题）如图 3 - 20 所示，四边形 $ABCD$ 为正方形，$\triangle ABE$ 为等腰三角形，$AB = AE$，P 是线段 CD 的中点，在直线 AE 上是否存在一点 M，使 $PM /\!/$ 平面 CBE？若存在，指出点 M 的位置，并证明你的结论。

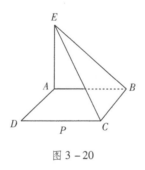

图 3 - 20

设计意图：通过探究性的问题，进一步考查学生对直线与平面平行判定定理的理解。

七、教学反思

本节课主要是把学习的主动权交还给学生，注重学生的主动探索、思考及师生互动。从实践情况来看，收到了不错的教学效果。通过直观感知、动手操作、抽象概括的数学化过程，让学生理解线面平行的判定定理成立的条件，探究线面平行的判定定理，提高学生观察、归纳、抽象和语言表达的能力；让学生经历观察发现、抽象概括，自主构建直线与平面平行的判定定理，培养学生发现问题、分析问题、解决问题的能力，并体会本节课的核心数学思想——转化与化归。让学生懂得对已有的知识进行迁移，采用一题多解的方法让学生主动进行学习合作交流，培养学生数学抽象与直观想象的能力。让学生在课堂中会体现自我，学会自己寻找解题的突破口，在探究中学会思考，在合作中学会推进，在观察中学会归纳，进而推进整个教学程序的展开。绝大多数学生已学会利用线面平行的判定定理证明线面平行的位置关系，但有小部分学生在平面内找直线与平面外的直线平行这一步难以进行，还没有掌握，需在下节课加强练习，查漏补缺。

正弦定理

一、内容和内容解析

（一）内容

本节课是普通高中教科书（人教 A 版 2019）《高中数学必修第二册》第六章《平面向量及其应用》第四节《平面向量的应用》中《余弦定理、正弦定理》的内容，该节包括正弦定理的发现、证明和应用。本节内容为《正弦定理》的第一课时，主要包括正弦定理的发现、证明和简单的应用。

（二）内容解析

《余弦定理、正弦定理》比较系统地研究了三角形这个课题。新教材中把它放在《平面向量及其应用》这一章中，可以启发学生联想所学知识，运用平面向量的数量积连同三角形、三角函数的其他知识作为工具，推导出正弦定理。正弦定理是求解任意三角形的基础，又是学生了解向量的工具性和知识间的相互联系的开端，在对学生进一步学习任意三角形的求解，形成事物是相互联系的辩证思想中均起着举足轻重的作用。

育人价值。通过本节课学习，可以培养学生"用数学"的意识和自主、合作、探究能力。

教学重点。发现正弦定理，利用几何法和向量法证明正弦定理，正弦定理的应用。

二、目标和目标解析

（一）教学目标

1. 通过设置问题情境，培养学生的独立探究意识，发现正弦定理，激发学生学习兴趣。

2. 通过向量把三角形的边长和三角函数建立起关系，运用向量法证明正弦定理，在解决问题的过程中培养学生的联想能力、综合应用知识的能力。

3. 引导学生利用几何法证明正弦定理，体会一题多解的思维，让学生多角度思考问题，开拓思维。

4. 能够运用正弦定理解决简单的问题，培养学生数学运算、逻辑推理的核心素养。

（二）目标解析

达成上述目标的标志是：

1. 学生能从特殊三角形（直角三角形）出发，发现三边与对应角的正弦之间的等量关系，即正弦定理。

2. 通过教师的引导，学生能利用向量的数量积把三角形的边长和内角的三角函数联系起来，用平面向量的数量积方法证明正弦定理。

3. 在教师的启发下，学生能用等面积法证明正弦定理。

4. 学生能够运用正弦定理解决两类简单问题：一是"已知两角和一边，解三角形"，二是"已知两边和其中一边的对角，解三角形"。

三、教学问题诊断分析

正弦定理是三角形边角关系中最常见、最重要的两个定理之一，它准确反映了三角形中各边与它所对角的正弦的关系，对于它的形式、内容、证明方法和应用必须引起足够的重视。学生在初中时已学过直角三角形的一些基础知识；任意三角形大边对大角，两边之和大于第三边。在前面章节已学过三角函数与平面向量等知识，已具备初步的数学建模能力，会从简单的实际问题抽象出数学模型。这些基础为新知的探究提供了保障，但要利用向量法推导正弦定理，对学生来说是有一定的困难的。

基于上述分析，确定本节课的难点为正弦定理的证明。

四、教学支持条件分析

（一）教学策略分析

本节课采用"思意数学"模式，即由"问题情境，引入定理—教学导思，探究猜想—引议释疑，验证论证—点拨提高，获得定理—精讲精练，应用定理—归纳自结，升华定理"六个环节组成的"思意数学"模式，在教学中贯彻"启发性"原则，通过提问不断启发学生，引导学生自主探索与思考；贯彻"以学定教"原则，即根据教学中的实际情况及时地调整教学方案。教师平等地参与学生的自主探究活动，引导学生全员参与、全过程参与。通过启发、调整、激励来体现主导作用，根据学生的认知情况和情感发展来调整整个学习活动的梯度和层次，保证学生的认知水平和情感体验分层次向前推进。

（二）教学辅助媒体分析

使用多媒体平台（包括希沃白板和投影仪）辅助教学，让学生自己动手进行实验，借助多媒体快捷、形象、生动的辅助作用。既突出了知识的产生过程，遵循了学生的认知规律，让学生形成体验性认识，体会成功的愉悦，同时又可以增加课堂的趣味性，提高学生学习数学的兴趣，树立学好数学的信心。

五、教学过程设计

（一）问题情境，引入定理，开启思维

问题1：假如让你设计一座桥，连接海的两岸 A 和 B，如何测出桥的长度？（只有测角器和皮尺）

设计意图： 从实际生活实例出发，设置问题情境，营造轻松和谐、主动积极的探究氛围，激发学生学习兴趣。

生1：选择某地 C 点，构造△ABC，使得∠BAC 为直角，测出∠C 与 AC 的长，即可算出 AB 的长。

师：想法非常好，但老师有一个问题：如果构造出直角三角形 ABC 时，发现点 C 在海上（或者由于地形、建筑等因素），无法测出∠C 与 AC 的长，那怎么办？

师：既然不能构造直角三角形，那就只能构造一般三角形 ABC。这时，我们能够测出哪些量？

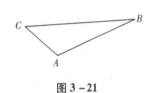

图 3-21

生2：学生分析讨论后得出：可以测出∠A，∠C 与 AC 的长。

师：测出这些量后，如何求出 AB 的长？教师引导学生将实际问题抽象出数学问题，再来求解，得到图 3-21 所示的三角形。

已知∠A，∠C 与 AC，如何求 AB？

学生经过小组合作分析讨论后得出，可以作辅助
线，如图 3-22，构造直角三角形来求解：

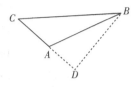

作 $BD \perp AC$ 于点 D，在 Rt△ABD 中，$BD =$
$AB\sin\angle BAD = AB\sin\angle BAC$，

$AD = AB\cos\angle BAD = -AB\cos\angle BAC$，在 Rt△BCD

图 3-22

中，$BD = (AC + AD)\tan\angle C$，即可求出 AB。

师：非常好！在实际生活中，比如在进行测量、航海等活动时，经常遇到
与三角形有关的问题。在解决这些问题时，如果每次都通过构造直角三角形来
求解，就显得比较麻烦。在任意三角形中，各边、角之间是否存在某种数量关
系呢？若有，就可以直接计算了。

（二）激学导思，探究猜想，交流思维

为了探究任意三角形的各边、角是否存在某种数量关系，我们采用从特殊
到一般的研究方法。

我们从熟悉的直角三角形的边、角关系入手，如图
3-23所示，在 Rt△ABC 中，

有 $\sin A = \dfrac{a}{c}$，$\sin B = \dfrac{b}{c}$。

显然，上述两个关系式在一般三角形中不成立。观察
发现，它们有一个共同元素 c，利用它把两个式子联系起

来，可得 $\dfrac{a}{\sin A} = \dfrac{b}{\sin B} = c$。

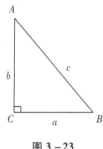

图 3-23

又因为 $\sin C = \sin 90° = 1$，所以上式可以写成边与它

的对角的正弦的比相等的形式，即 $\dfrac{a}{\sin A} = \dfrac{b}{\sin B} = \dfrac{c}{\sin C}$。

师：对于锐角三角形和钝角三角形来说，以上关系式是否仍然成立？

生3：应该是成立的吧！

师：如何证明呢？因为涉及三角形的边、角关系，所以仍然用向量法来研
究。我们希望获得△ABC 中的边和它们所对角的正弦之间的关系式。在向量运
算中，两个向量的数量积与长度、角度有关，这就启示我们可以用向量的数量
积来探究。

问题2：向量的数量积运算中出现了角的余弦，而我们需要的是角的正弦，如何实现转化呢?

设计意图：把不熟悉的问题转化为熟悉的问题，引导启发学生利用已有的知识解决新的问题。

生4（优生）：由诱导公式 $\cos\left(\dfrac{\pi}{2} - \alpha\right) = \sin\alpha$ 可知，我们可以通过构造角之间的互余关系，把边与角的余弦关系转化为正弦关系。

师：非常棒！那就我们一起来完成证明吧！

（三）引议释疑，验证论证，提升思维

师生互动合作：先研究锐角三角形的情况。

如图 3 - 24，在锐角 $\triangle ABC$ 中，过点 A 作与 $\overrightarrow{AC}$ 垂直的单位向量 $\overrightarrow{j}$，则 $\overrightarrow{j}$ 与 $\overrightarrow{AB}$ 的夹角为 $\dfrac{\pi}{2} - A$，$\overrightarrow{j}$ 与 $\overrightarrow{CB}$ 的夹角为 $\dfrac{\pi}{2} - C$。

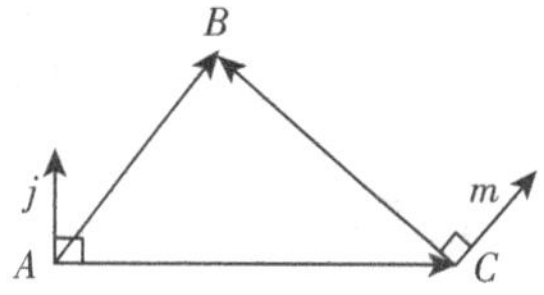

图 3 - 24

因为 $\overrightarrow{AC} + \overrightarrow{CB} = \overrightarrow{AB}$，所以 $\overrightarrow{j} \cdot (\overrightarrow{AC} + \overrightarrow{CB}) = \overrightarrow{j} \cdot \overrightarrow{AB}$，由分配律得 $\overrightarrow{j} \cdot \overrightarrow{AC} + \overrightarrow{j} \cdot \overrightarrow{CB} = \overrightarrow{j} \cdot \overrightarrow{AB}$，即 $|\overrightarrow{j}||\overrightarrow{AC}|\cos\dfrac{\pi}{2} + |\overrightarrow{j}||\overrightarrow{CB}|\cos\left(\dfrac{\pi}{2} - C\right) = |\overrightarrow{j}||\overrightarrow{AB}|\cos\left(\dfrac{\pi}{2} - A\right)$，

也即 $a\sin C = c\sin A$，所以 $\dfrac{a}{\sin A} = \dfrac{c}{\sin C}$。

同理，过点 C 作与 $\overrightarrow{CB}$ 垂直的单位向量 $\overrightarrow{m}$，可得 $\dfrac{b}{\sin B} = \dfrac{c}{\sin C}$。

因此 $\dfrac{a}{\sin A} = \dfrac{b}{\sin B} = \dfrac{c}{\sin C}$。

师：同学们，请问当 $\triangle ABC$ 为钝角三角形时，又如何证明呢？请小组合作讨论，并证明。

生5（小组展示）：当 $\triangle ABC$ 为钝角三角形时，不妨设 A 为钝角，过点 A 作与 $\overrightarrow{AC}$ 垂直的单位向量 $\overrightarrow{j}$，则 $\overrightarrow{j}$ 与 $\overrightarrow{AB}$ 的夹角为 $A - \dfrac{\pi}{2}$，$\overrightarrow{j}$ 与 $\overrightarrow{CB}$ 的夹角为 $\dfrac{\pi}{2} - C$。仿照上述方法，因为 $\overrightarrow{AC} + \overrightarrow{CB} = \overrightarrow{AB}$，所以 $\overrightarrow{j} \cdot (\overrightarrow{AC} + \overrightarrow{CB}) = \overrightarrow{j} \cdot \overrightarrow{AB}$，由分配

律得 $\vec{j} \cdot \overrightarrow{AC} + \vec{j} \cdot \overrightarrow{CB} = \vec{j} \cdot \overrightarrow{AB}$，即 $|\vec{j}||\overrightarrow{AC}|\cos\dfrac{\pi}{2} + |\vec{j}||\overrightarrow{CB}|\cos\left(\dfrac{\pi}{2} - C\right) =$

$|\vec{j}||\overrightarrow{AB}|\cos\left(A - \dfrac{\pi}{2}\right)$，

也即 $a\sin C = c\sin A$。

所以 $\dfrac{a}{\sin A} = \dfrac{c}{\sin C}$。

同理，过点 C 作与 $\overrightarrow{CB}$ 垂直的单位向量 $\vec{m}$，可得 $\dfrac{b}{\sin B} = \dfrac{c}{\sin C}$。

因此 $\dfrac{a}{\sin A} = \dfrac{b}{\sin B} = \dfrac{c}{\sin C}$。

（四）点拨提高，获得定理，优化思维

师：以上我们利用向量方法获得了 $\dfrac{a}{\sin A} = \dfrac{b}{\sin B} = \dfrac{c}{\sin C}$，探索这个等式的方法很多，有些方法甚至比上述方法更加简洁，同学们，你还能想到其他方法吗？

生 6（优生）：以锐角 $\triangle ABC$ 为例，过点 A 作 $AD \perp BC$，则 $AD = AB \cdot \sin B = c\sin B$，所以 $S_{\triangle ABC} = \dfrac{1}{2} \cdot BC \cdot AD = \dfrac{1}{2}ac\sin B$，同理可得 $S_{\triangle ABC} = \dfrac{1}{2}ab\sin C = \dfrac{1}{2}bc\sin A$，所以 $\dfrac{1}{2}ac\sin B = \dfrac{1}{2}ab\sin C = \dfrac{1}{2}bc\sin A$，两边同时除以 $\dfrac{1}{2}abc$ 得 $\dfrac{\sin B}{b} = \dfrac{\sin C}{c} = \dfrac{\sin A}{a}$，即 $\dfrac{a}{\sin A} = \dfrac{b}{\sin B} = \dfrac{c}{\sin C}$。

师：非常好！综上，我们得到正弦定理：在一个三角形中，各边和它所对角的正弦的比相等，即 $\dfrac{a}{\sin A} = \dfrac{b}{\sin B} = \dfrac{c}{\sin C}$。

正弦定理给出了任意三角形中三条边与它们各自所对的角的正弦之间的一个定量关系，利用正弦定理，不仅可以解决"已知两角和一边，解三角形"的问题，还可以解决"已知两边和其中一边的对角，解三角形"的问题。

（五）精讲精练，应用定理，拓展思维

例 1 在 $\triangle ABC$ 中，已知 $A = 15°$，$B = 45°$，$c = 3 + \sqrt{3}$，解这个三角形。

设计意图：本题考查的是"已知两角和一边，解三角形"的问题，属于基础题，利用三角和定理可求得角 C，再利用正弦定理可求剩余两边。

师生活动：教师巡视观察学生易错或不会做的点，进行课堂提示。

生 7：由三角形内角和定理，得 $C = 180° - (A + B) = 120°$。

由正弦定理得 $a = \dfrac{c\sin A}{\sin C} = \dfrac{(3 + \sqrt{3})\sin 15°}{\sin 120°} = \dfrac{(3 + \sqrt{3})\sin(45° - 30°)}{\sin 120°} =$

$$\dfrac{(3 + \sqrt{3})\left(\dfrac{\sqrt{2}}{2} \times \dfrac{\sqrt{3}}{2} - \dfrac{\sqrt{2}}{2} \times \dfrac{1}{2}\right)}{\dfrac{\sqrt{3}}{2}} = \sqrt{2}。$$

$$b = \dfrac{c\sin B}{\sin C} = \dfrac{(3 + \sqrt{3})\sin 45°}{\sin 120°} = \dfrac{(3 + \sqrt{3}) \times \dfrac{\sqrt{2}}{2}}{\dfrac{\sqrt{3}}{2}} = \sqrt{6} + \sqrt{2}。$$

师：解答过程非常规范，有条理，值得所有同学学习！

例 2　在 $\triangle ABC$ 中，已知 $B = 15°$，$b = \sqrt{2}$，$c = 2$，解这个三角形。

设计意图：本题考查的是"已知两边及其一边所对的角，解三角形"的问题，考查学生对正弦定理的熟练运用，要注意的是角的解有两种情况。

生 8（中等生）：由正弦定理得 $\sin C = \dfrac{c\sin B}{b} = \dfrac{2\sin 30°}{\sqrt{2}} = \dfrac{\sqrt{2}}{2}$。

因为 $0° < C < 180°$，所以 $C = 45°$ 或 $135°$。

（1）当 $C = 45°$ 时，$A = 105°$。此时

$$a = \dfrac{b\sin A}{\sin B} = \dfrac{\sqrt{2}\sin 105°}{\sin 30°} = \dfrac{\sqrt{2}\sin(60° + 45°)}{\sin 30°}$$

$$= \dfrac{\sqrt{2}\left(\dfrac{\sqrt{3}}{2} \times \dfrac{\sqrt{2}}{2} + \dfrac{1}{2} \times \dfrac{\sqrt{2}}{2}\right)}{\dfrac{1}{2}}$$

$$= \sqrt{3} + 1$$

（2）当 $C = 135°$ 时，$A = 15°$。此时

$$a = \dfrac{b\sin A}{\sin B} = \dfrac{\sqrt{2}\sin 15°}{\sin 30°} = \dfrac{\sqrt{2}\sin(60° - 45°)}{\sin 30°}$$

$$= \dfrac{\sqrt{2}\left(\dfrac{\sqrt{3}}{2} \times \dfrac{\sqrt{2}}{2} - \dfrac{1}{2} \times \dfrac{\sqrt{2}}{2}\right)}{\dfrac{1}{2}}$$

$$= \sqrt{3} - 1$$

师：同学们觉得该同学的解答有问题吗？

生9：老师，为什么角 C 有两种情况，如何取舍的呢？

师10（优生）：应该根据大边对大角判断出角 C 有两种情况，才是合理的。故解答过程应这样修改：因为 $c > b, B = 30°$，所以 $30° < C < 180°$，于是 $C = 45°$ 或 $135°$。

师：非常棒！这样解答就合理多了。

问题3：为什么角 C 有两个值？请同学们小组合作讨论一下。

生11（小组展示）：由三角函数性质知，正弦函数在区间 $\left(0, \dfrac{\pi}{2}\right)$ 内单调递增，在区间 $\left(\dfrac{\pi}{2}, \pi\right)$ 内单调递减，所以利用正弦定理求角。可能有两解，具体需根据大边对大角的定律来确定。

（六）归纳自结，升华定理，发展思维

本节课我们学习了正弦定理，请同学们自己总结归纳，完成自我小结。

生12：正弦定理揭示了任意一个三角形三边与其所对角的正弦之间的等量关系，可以用它来解决"已知两角及一边，解三角形"问题和"已知两边和其中一边所对的角，解三角形"问题，在第二种问题解答中，需要注意角可能有两种情况。

六、目标检测设计

（一）课堂检测

1. 在 $\triangle ABC$ 中，已知 $A = 60°, B = 45°$，$c = 20cm$，解三角形。

2. 在 $\triangle ABC$ 中，已知 $a = 2$，$c = \dfrac{2\sqrt{3}}{3}$，$A = 120°$，解三角形。

设计意图：通过当堂练习，检测学生对正弦定理的掌握程度，训练解题速度及答题准确率，提升解题能力。

（二）课后检测

1.（必做题）在 $\triangle ABC$ 中，已知 $A = 45°$，$C = 75°$，$b = 2$，求 c。

2.（必做题）在 $\triangle ABC$ 中，已知 $\cos A = \dfrac{4}{5}$，$B = \dfrac{\pi}{3}$，$b = \sqrt{3}$，求 a，c。

3.（选做题）已知 a，b，c 分别为 $\triangle ABC$ 三个内角 A，B，C 的对边，且

$a\cos C + \sqrt{3}a\sin C - b - c = 0$。

（1）求 A；

（2）若 $a = 2$，则 $\triangle ABC$ 的面积为 $\sqrt{3}$，求 b，c。

设计意图：根据因材施教的原则，习题检测设计了必做题和选做题，做到了分层教学、分层达标的要求。通过分层作业，让所有学生都可以做到知识的概括和迁移。

七、课后反思

本节课采用"思意数学"定理课教学模式。教学过程中，在教师的启发引导下，学生进行独立自主探究与思考，同时加强了学生间的合作交流。以"正弦定理的发现"为基本探究内容，参照生活实例，为学生提供自由表达、质疑、探究、讨论的机会。学生通过个人、小组、集体等多种途径的尝试解疑释难，将自己所学知识应用于对任意三角形性质的深入探讨。让学生在"活动"中学习，在"主动"中发展，在"合作"中增知，在"探究"中创新。

直线与平面垂直的判定定理

一、内容和内容解析

(一) 内容

本节课主要内容是直线与平面垂直的定义、直线与平面垂直的判定定理及应用。

(二) 内容解析

1. 内容的本质。本节课是在学生学习了空间中点、直线、平面之间的位置关系和直线、平面平行的判定及其性质之后进行的，是平面中直线与直线垂直在空间中的延伸。

2. 蕴含的思想和方法。教学过程中利用直线与平面垂直的定义判断直线与平面垂直不易操作，教师引导学生类比直线与平面平行的判定定理，探究直线与平面垂直的判定定理，在该过程中体现了转化与化归、类比等数学思想。

3. 知识的上下位关系。直线与平面垂直是直线与平面相交的特殊情况，对于理解点面距离和线面夹角有重要作用，是直线与直线垂直的拓展，也是平面与平面垂直的基础。因此它是一个中心纽带，起着承上启下的作用。

4. 育人价值。直线与平面垂直的判定，是在已有知识经验的基础上对新知的发现与再创造，培养了学生数学抽象、逻辑推理等核心素养，对培养学生用数学眼光观察世界、用数学思维思考世界、用数学语言表达世界有重要的作用。

5. 教学重点。归纳概括出直线与平面垂直的定义、直线与平面垂直的判定定理。

二、目标和目标解析

（一）教学目标

1. 通过具体生活实例直观感知，抽象出直线与平面垂直的定义，让学生体会到数学源于生活，提升学生的数学抽象素养。

2. 学生通过直观感知、操作确认，归纳、概括出直线与平面垂直的判定定理，体会立体几何中研究问题的基本思路，培养学生数学建模的核心素养。

3. 通过用文字语言、图形语言、符号语言三种语言的相互转化，理解直线与平面垂直的判定定理，提高学生的逻辑推理与直观想象能力素养。

（二）目标解析

达成上述目标的标志是：

1. 学生能从生活现象中直观感受到直线与平面垂直的形象，并能将其抽象出直线与平面垂直的概念。

2. 学生能够类比直线与平面平行的判定，利用无限转化为有限的思想，寻找判定直线与平面垂直的可能性假设。能在实验操作中，确认直线与平面垂直的判定定理。

3. 学生能用文字语言、符号语言、图形语言描述定理内容，能够用定义和判定定理解决空间位置关系的简单命题。

三、教学问题诊断分析

学生已经学习了两条直线互相垂直的位置关系和直线、平面平行的判定定理及性质，有了"通过观察、操作并抽象概括等活动获得数学结论"的体会，有了一定的几何直观能力、推理论证能力等，具备学习本节课所需的知识的能力，但高一学生抽象思维能力还是比较薄弱的。认识到这一点，在教学中要控制拔高的坡度，关注学生的学习过程。

基于上述分析，确定本节课的难点为：直线与平面垂直的定义的生成，操作确认直线与平面垂直的判定定理。

四、教学支持条件分析

（一）教学策略分析

1. 课堂上，利用学生感兴趣的图片引出直线与平面垂直的形象，抽象出直线与平面垂直的概念。让学生在分析操作过程中发现规律特点，从而自发地生成定义。

2. 由定义判断直线与平面垂直不可行，引导学生思考判定直线与平面垂直是否有更简洁方便的方法。通过折纸活动，让学生在游戏中学习，在活动中获得知识。本节课设计了分组探究等实践活动，通过活动引导学生进行观察、思考、操作、归纳，得到直线与平面垂直的判定定理。

（二）教学辅助媒体分析

1. 通过 PPT 展示大量现实生活中的直线与平面垂直的图片，让学生对直线与平面垂直有了初步感性认识。

2. 通过播放几何画板制作的动画视频，引导学生发现规律，归纳出直线与平面垂直的定义。

五、教学过程设计

本节内容教学设计的思路是：遵循"直观感知—操作确认—思维论证—实践应用"的认知过程；以自主学习为出发点，通过合作探究等方法，让学生由感性思维到理性思维转变，掌握本节内容；通过练习巩固，使理论在实践中得到升华。

（一）创设情境，引入定义，开启思维

通过观察图片，直观感知旗杆与地面的位置关系。并让学生根据自己的生活经验，列举直线与平面垂直的实例，进一步直观感知直线与平面垂直（复习线面平行中的转化思想）。

设计意图：通过引入贴近生活的例子，吸引学生学习的兴趣以及培养学生从实际问题转化为数学问题的能力。

如图 3-25，在阳光下观察直立于地面的旗杆 AB 及它在地面的影子 BC。

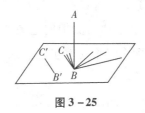

图 3 – 25

问题 1：阳光下，旗杆 AB 与它在地面上的影子是否垂直？

预设：学生能够直观感知，并回答旗杆 AB 与它在地面上的影子是垂直的。

追问 1：随着太阳的移动，旗杆 AB 所在直线与影子 BC 所在直线是否能保持垂直？

学生回答：垂直。

老师小结：也就是说，旗杆 AB 所在直线与地面上任意一条过点 B 的直线都垂直。

趁热打铁，继续追问。

追问 2：旗杆 AB 所在直线与地面上任意一条不过点 B 的直线 $B'C'$ 的位置关系如何？

预设：学生回答还是垂直，教师提问为什么。由此启发学生思考，引导学生形成线面垂直的概念，教师板书直线与平面垂直的定义。（可以再举圆锥是由直角三角形绕直角边旋转而成的例子，轴线是垂直于底面的，然后学生总结共性得到定义）

如果直线 l 与平面 α 内的任意一条直线都垂直，我们就说直线 l 与平面 α 互相垂直，记作 $l \perp \alpha$。直线 l 叫做平面 α 的垂线，平面 α 叫做直线 l 的垂面。直线与平面垂直时，它们唯一的公共点 P 叫做垂足。（需要强调的是，定义是充要条件，可以相互推出）

画直线与平面垂直时，我们通常把直线画成与表示平面的平行四边形的一边垂直。

设计意图：根据布鲁纳的认知了解学习理论和当代建构主义学习理论，以实际生活案例为背景，让学生感知。然后逐步设问，引导学生自主思考，归纳提炼形成平面与直线垂直的定义。

（二）激学导思，探究猜想，交流思维

问题 2：根据定义可以判定直线与平面垂直，但无法验证一条直线与一个平面内的所有直线都垂直。那么，有没有比较方便可行的方法来判断直线与平面的垂直呢？（这里的问题可以递进，如根据定义可以判定直线与平面垂直，好操作吗？追问：为什么不好操作？难在哪里？追问：你有什么好的想法吗？教师提示线面平行判定定理的学习）

师生活动：实践研究、操作确认。

（类比线面平行，若一条直线只与平面内一条直线垂直能否判断？若不能学生举反例并现场演示。教师追问：两条呢，任意两条呢？）再来下面的实验学生就会更轻松了。

（三）引议释疑，验证论证，提升思维

（1）折纸实验探究。请学生拿出准备好的三角形纸片 ABC，过 $\triangle ABC$ 的顶点 A 翻折纸片，得到折痕 AD，将翻折后的纸片竖起放置在桌面上（BD，DC 与桌面接触），以小组为单位，探究折痕 AD 与桌面是否垂直。

预设：有些小组折痕 AD 是 BC 边上的高，有些不是。学生直观感知：当折痕 AD 不是 BC 边上的高时，折痕 AD 不与桌面垂直，当折痕 AD 是 BC 边上的高时，折痕 AD 与桌面垂直。

追问 3：当折痕 AD 是 BC 边上的高时，如图 3 – 26，你能看到 AD 所在直线与平面 α 中的哪些直线有垂直关系？（让学生旋转其中一边，会发现 AD 实际上会垂直于平面内任意一条直线）

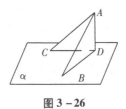

图 3 – 26

预设：学生可以观察到 AD 与过点 D 点的两条相交直线垂直，为下一个探究和判定定理的归纳做铺垫。

（2）线面实物模型探究。让同学们分别用笔和桌面作为直线和平面的模型进行探究直线与平面中一条直线垂直、直线与平面中两条平行直线垂直、直线与平面中两条相交直线垂直的不同情况。

（四）点拨提高，获得定理，优化思维

通过两个实物模型，归纳、概括直线与平面垂直的判定定理。（用表格形式学生根据总结出的判定定理，分别用三种语言表示）

直线与平面垂直的判定定理：如果一条直线与一个平面内的两条相交直线垂直，那么该直线与此平面垂直。（文字语言表述）

图形语言表述：见图 3 – 27。

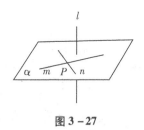

图 3 – 27

符号语言表述：$\left.\begin{array}{l} l \perp m \\ l \perp n \\ m \subset \alpha \\ n \subset \alpha \\ m \cap n = P \end{array}\right\} \Rightarrow l \perp \alpha。$

设计意图： 教师引导学生根据直观感知及已有经验，通过实际动手操作，再进行合情推理，获得了判定定理。学生作为学习的主体在此过程中得到体现，通过定理三种语言的表述、理解，提高了学生的表达能力与转化能力。

（五）精讲训练，应用公式，拓展思维

例 已知 $a /\!/ b$，$a \perp \alpha$，求证：$b \perp \alpha$。

设计意图： 初步运用直线与平面垂直的判定定理解决问题，让学生养成用符合数学规范的方式来表达的习惯，实现了逻辑推理可视化，思维表达规范化，发展了学生直观想象、推理证明的数学素养。

（六）归纳自结，升华公式，发展思维

（1）直线与平面垂直的定义。

（2）直线与平面垂直的判定定理。

（3）垂直思维导图（见图 3 – 28）。

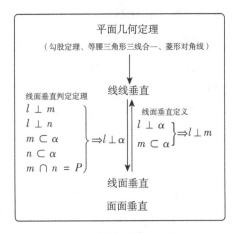

图 3 – 28

设计意图：通过小结，使学生梳理了本节课所学的内容，掌握了本节课的核心知识，让学生对本节知识有一个整体的框架，加深理解。

六、目标检测设计

（一）课堂检测

1. 如图 3 – 29，四棱锥 $S – ABCD$ 的底面是正方形，$SD \perp$ 平面 $ABCD$，求证：$AC \perp$ 平面 SDB。

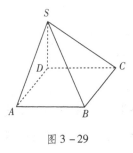

图 3 – 29

2. 如图 3 – 30，直四棱柱 $A'B'C'D' – ABCD$（侧棱与底面垂直的棱柱称为直棱柱）中，底面四边形 $ABCD$ 满足什么条件时，$B'D' \perp$ 平面 AC'？

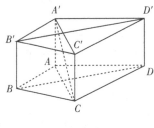

图 3-30

设计意图： 初步运用直线与平面垂直的判定定理解决问题，让学生养成用符合数学规范的方式来表达的习惯，实现逻辑推理可视化，思维表达规范化，发展学生直观想象、推理证明的数学素养。

（二）课后检测

1. （必做题）过 $\triangle ABC$ 所在平面 α 外一点 P，作 $PO \perp \alpha$，垂足为 O，连接 PA，PB，PC。

（1）若 $PA = PB = PC$，则点 O 是 $\triangle ABC$ 的_____心。

（2）若 $PA = PB = PC$，$\angle C = 90°$，则点 O 是 AB 边的_____点。

（3）若 $PA \perp PB$，$PB \perp PC$，$PC \perp PA$，垂足都为 P，则点 O 是 $\triangle ABC$ 的_____心。

2. （必做题）如图 3-31，在三棱锥 $P-ABC$ 中，$CD \perp AB$，垂足为 D，$PO \perp$ 底面 ABC，垂足为 O，且 O 在 CD 上，求证：$AB \perp PC$。

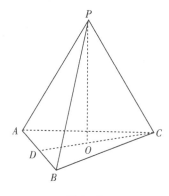

图 3-31

3. （选做题）如图 3-32，在直三棱柱 $ABC-A_1B_1C_1$ 中，$CA = CB$，P 为 A_1B 的中点，Q 为棱 C_1C 的中点，求证：

（1）$PQ \perp AB$；（2）$PQ \perp C_1C$；（3）$PQ \perp A_1B$。

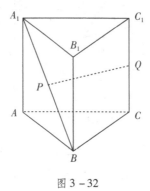

图 3 – 32

设计意图：根据因材施教的原则，习题检测设计了必做题和选做题，主要是用来检验学生对线面垂直判定定理的掌握情况。

七、教学反思

本节课的教学设计尊重学生现有知识和能力基础，按照新课标的要求，遵循"直观感知—操作确认—思维论证—实践应用"的认知过程，以发展数学核心素养为原则，积极构建生本课堂；以探究活动为抓手，使课堂在过程实施、知识构建、问题拓展、效果检测上始终坚持以"学生为本"，以期取得良好的教学效果。

对数的运算（第 1 课时）

一、内容与内容解析

（一）内容

对数的运算性质及换底公式。

（二）内容解析

1. 内容的本质。数与运算是推动数学发展的重要动力，而对数作为数的一种重要表示形式，是高中数学的重要内容之一。有关对数的研究是基于指数及指数函数而展开的，指数与对数有着密不可分的关系，因此对数的运算与指数的运算也是紧密相连的。本节内容是普通高中教科书（人教 A 版 2019）《数学必修第一册》第四章中《对数的运算》的第一课时。在此之前，学生已经学习了对数的概念、常用对数、自然对数、指数式与对数式互化等内容。本节课着重于对数运算律的理解及运用，为后续对数函数的学习打下了坚实的基础，起到了承上启下的作用。

2. 蕴含的思想和方法。分类讨论、类比迁移、化归与转化思想。

3. 知识的上下位关系。对数的运算律是对数概念的延续，是指数运算律的运用，也为后续对数函数的概念及性质的研究做了铺垫。

4. 育人价值。本节带领学生类比指数的运算性质，经历数学探究的过程，通过对运算性质的分析，观察其特点，在比较和分析中理解了对数的运算律，并体会到对数的运算进一步完善了数的运算体系。

5. 教学重点。以指数与对数的关系为基础，理解和运用对数的运算律。

二、目标与目标解析

（一）目标

1. 通过探究和归纳，巩固指数的运算性质，让学生掌握对数的运算性质及推导过程，并能运用它们对含对数的表达式进行化简。

2. 经历对数运算性质的研究过程，让学生运用类比的数学思想，猜想并证明对数的运算性质，尝试运用性质解决例题。

3. 由指数和对数的联系入手，在知识的探究过程中培养学生合理猜想、大胆求证和实事求是的精神，让学生感受数学学习的乐趣。

（二）目标解析

达成上述目标的标志是：

1. 学生知道对数的运算与指数幂运算的关系，能在明晰指数幂的运算性质的基础上推导得出对数的运算性质。

2. 学生通过小组合作学习探究，研究问题、总结归纳出对数的运算律。

3. 学生会用对数的运算性质解决具体问题，能用运算律化简、运算，将多个对数整理成一个。

三、问题诊断分析

由于学生对对数的概念不熟悉，数学思维能力较弱，知识迁移能力不强，所以他们在学习对数的运算性质时总会存在不少疑惑，如对数的运算法则及其来历。在传统的教学中，教师往往会直接把对数的运算法则告诉学生，而把教学的重心放在证明和运用这些运算法则上。教师忽视结论来源的教学，导致学生不了解知识发生的过程，疑惑无法消除。为了解决此问题，教师要紧扣指数和对数之间的关系，指导学生结合指数的运算性质进行研究性学习。在课堂上，教师可以让学生亲身尝试，与同伴合作，观察现象，研究问题，得出结论，自觉纠正错误。

因此，本节课教学难点是：对数运算性质的获得过程。

四、教学支持条件

学生提前分组，每 6 人为一组，每组准备 3 台计算器以及相关的学习材料。

教师利用 Geogebra 进行数据计算，利用投影展示小组研究成果，突破教学难点。

五、教学过程设计

（一）问题情境，引入公式，开启思维

上节课我们已经学习了对数的概念，发现了指数和对数有着密切的联系，我们知道指数有以下这些运算性质，那么对数会有怎样的运算性质呢? 我们在研究运算时常从加减乘除四则运算入手。

（1）$a^m \cdot a^n = a^{m+n}$；（2）$\dfrac{a^m}{a^n} = a^{m-n}$；（3）$(a^m)^n = a^{mn}$。

（$a > 0$，$a \neq 1$，m，$n \in \mathbf{R}$）

设计意图：回顾旧知识，建立新旧知识之间的联系。

活动 1：每个小组任意选择三组不同的 M，N 的值，通过计算器完成表 3 - 4 中的数据。

表 3 - 4

M（自选）				
N（自选）				
$\lg M$				
$\lg N$				
$\lg M + \lg N$				
$\lg M - \lg N$				
$\lg M \lg N$				
$\dfrac{\lg M}{\lg N}$				
$\lg(MN)$				
$\lg \dfrac{M}{N}$				
$\lg(M + N)$				
$\lg(M - N)$				

师生活动：学生分组探究，发现规律。教师请每组代表展示表格数据。

设计意图：小组合作探究，经历数据运算的过程，为后续发现规律作铺垫。数据的选择也揭示了性质的适用场合。

（二）激学导思，探究猜想，交流思维

活动2：观察表格中的数据，发现并猜测对数的运算规律。

师生活动：学生利用表格的数据，并结合指数幂的运算性质，猜测对数的运算性质。教师请小组代表呈现自己的猜想。

设计意图：让学生类比指数幂的运算性质，通过多组数据发现对数的运算性质，提出合理的猜想，为后续公式的证明做准备。

（三）引议释疑，验证论证，提升思维

活动3：你能证明你发现的结论吗？

师生活动：教师引导学生对对数的加法、减法、数乘运算性质进行证明，并由师生共同补充各公式的适用场合。投影学生的证明步骤并板书加法的规范证明过程。

公式（一）：$\log_a(MN) = \log_a M + \log_a N$

公式（二）：$\log_a \dfrac{M}{N} = \log_a M - \log_a N$

公式（三）：$\log_a M^n = n\log_a M$

设计意图：从指数和对数的关系角度，严谨证明对数的运算性质，并关注公式的适用范围。从大胆地猜想到小心地求证是研究数学问题常用的方式。

（四）点拨提高，获得公式，优化思维

活动4：有了前面的三个公式，我们能将多个同底的对数式进行加减和数乘运算，那是否有同底的对数的除法呢？

师生活动：教师引导学生研究换底公式。

公式（四）：$\log_a b = \dfrac{\log_c b}{\log_c a}$

设计意图：从是否有同底对数的除法引入，将任意的对数转成自然对数或者常用对数，对于计算是十分有用的。

（五）精讲训练，应用公式，拓展思维

解决以下几个问题。

例1 用 $\log_a x$，$\log_a y$，$\log_a z$ 表示下列各式：（1）$\log_a \dfrac{xy}{z}$；（2）$\log_a \dfrac{x^2\sqrt{y}}{\sqrt[3]{z}}$。

设计意图：对数运算性质的简单运用。

例2　求下列各式的值：(1) $\log_2(4^7 \times 2^5)$；(2) $\lg \sqrt[5]{100}$。

设计意图：对数运算性质的复杂运用，巩固指数幂的相关化简知识。

例3　化简求值：(1) $\log_a c \cdot \log_c a$；(2) $\log_2 3 \cdot \log_3 4 \cdot \log_4 5 \cdot \log_5 2$。

设计意图：对数换底公式的灵活应用。

例4　判断正误并说明理由。

(1) $\lg[(-8) \times (-8)] = \lg(-8) + \lg(-8)$；

(2) $\log_3(9+9) = \log_3 9 + \log_3 9 = 4$；

(3) $\dfrac{\lg 1000}{\lg 100} = \lg \dfrac{1000}{100} = \lg 10 = 1$；

(4) $\log_3(9 \times 81) = \log_3 9 \times \log_3 81 = 8$；

(5) $\log_5 25 = \log_5 5^2 = (\log_5 5)^2 = 1$。

设计意图：运用对数的运算性质、记忆的形式，并理解其适用范围。

（六）归纳自结，升华公式，发展思维

本节课我们从自己选择的数入手，探究了对数运算的性质，并理解了公式使用的场合，能用它们解决具体的问题。我们感受到了指数运算和对数运算的紧密联系，最后希望大家以表3-5的形式总结它们的异同。

表3-5

式子	$a^b = N$	$\log_a N = b$
名称	a ——幂的底数 b ——幂的指数 N ——幂值	a ——对数的底 b ——以 a 为底 N 的对数 N ——真数
运算性质	$a^m \cdot a^n = a^{m+n}$ $\dfrac{a^m}{a^n} = a^{m-n}$ $(a^m)^n = a^{mn}$ $(a>0,\ a \neq 1,\ m,\ n \in \mathbf{R})$	$\log_a(MN) = \log_a M + \log_a N$ $\log_a \dfrac{M}{N} = \log_a M - \log_a N$ $\log_a M^n = n \log_a M$ $(a>0,\ a \neq 1,\ M>0,\ N>0,\ n \in \mathbf{R})$

设计意图：总结提炼，升华主题，让学生体会指数和对数运算性质的联系。

六、目标检测设计

（一）课堂检测

1. 化简：$2\lg5 + \dfrac{2}{3}\lg8 + \lg5\lg20 + (\lg2)^2$。

2. 在天文学中，天体的明暗程度可以用星等或亮度来描述。两颗星的星等和亮度满足关系 $m_1 - m_2 = \dfrac{1}{2}\lg E_2^5 - \dfrac{1}{2}\lg E_1^5$ 式，其中星等为 m_i 的星的亮度为 E_i。已知牛郎星的星等是 0.75，织女星的星等为 0，求牛郎星和织女星的亮度之比。

（二）课后检测

1. 化简：（1）$\log_5 35 - 2\log_5\dfrac{7}{3} + \log_5 7 - \log_5 1.8$；

（2）$\lg^2 5 + \lg2\lg5 + \lg2$。

2. 已知 $\lg(x+y) + \lg(2x+3y) - \lg3 = \lg4 + \lg x + \lg y$，求 $\dfrac{x}{y}$ 的值。

3. 化简：$\log_2 25 \cdot \log_3 5 \cdot \log_5 9$。

设计意图：课堂检测 1 和课后检测 1、2 主要是考察对数的三个运算法则的掌握情况，课堂检测 2 主要考查知识的迁移，课后检测 3 考查学生能换底公式是否掌握。

七、教学反思

本节课主要研究了对数的运算性质。如何得到对数的运算性质并进行灵活地运用，是教学中的一个难点。为了突破这个难点，我采取了学生小组合作探究的方法，提前印发表格给学生，让他们以小组为单位任取两值，利用计算器计算来填写表格。引导学生们观察、分析、比较表格中数据的关系，从而得出对数的运算性质。这样从特殊到一般，从猜想到论证，再到应用的方式有利于学生对于新知识的建构，也让他们更加主动地投入学习。让学生在指数和对数的对比中，巩固和复习所学知识，最后通过几组例题帮助学生正确灵活地使用公式。这样的方法有利于提高学生的数学思维能力，培养学生的数学运算素养。

第四章

习题课教学案例

正弦定理习题课（第 3 课时）

一、内容与内容解析

（一）内容

正弦定理的运用。

（二）内容解析

1. 内容的本质。本节内容是普通高中教科书（人教 A 版 2019）《数学必修第二册》第六章第四节第二部分的内容。在此之前学生们已经学过了三角函数的相关知识、向量的概念及运算、余弦定理等。前一节课学习了正弦定理的内容及证明之后，我们对正弦定理进行了简单的应用，主要是学习了解决已知两边和一个对角的解三角形问题，以及如何利用正弦定理判断三角形的个数。本节课着重于对正弦定理的深度理解和运用，借助三角形外接圆的直径作为桥梁，重点研究三角形中的边角互化，为解决后续实际应用问题打下坚实的基础。

2. 蕴含的思想和方法。类比的思想，化归与转化思想。

3. 知识的上下位关系。正弦定理的应用是正弦定理及其证明的延续，解三角形问题是对余弦定理的补充，为后续利用正余弦定理解决实际问题做了铺垫。

4. 育人价值。经历数学探究的过程，学生通过对正弦定理结构和变形的深度剖析，理解其在边角互化问题时的重要作用，体会事物之间的普遍联系，感受简洁的定理的无穷变化。

5. 教学重点。利用正弦定理进行边角互化解三角形，判断三角形的形状。

二、目标与目标解析

（一）目标

1. 通过探究和归纳，巩固三角函数相关知识，使学生能对正弦定理进行变形，并运用正弦定理对表达式进行边角互化。

2. 经历正弦定理的变形及分析过程，学生可以结合类比、化归和转化的数学思想，尝试运用正弦定理的性质解决问题，并对正弦定理能解决的问题进行归类。

3. 由三角形及外接圆半径的关系入手，在正弦定理应用的探究过程中学生培养仔细观察、大胆猜想、小心求证的精神，让学生感受数学学习的乐趣。

（二）目标解析

达成上述目标的标志是：

1. 学生知道正弦定理的完整形式，能利用三角形外接圆的直径得出三角形的边角关系，并利用这种关系进行含有边角的表达式的化简。

2. 学生通过自主探究与小组合作的学习方式，研究问题、总结归纳出正弦定理的变形性质及运用场景，能对三角形的形状进行判断。

3. 学生会用正弦定理及余弦定理解决具体问题，能区分两个定理的适用情形，并在解决边角互化的问题中对比两个定理的使用过程。

三、问题诊断分析

在学习本节内容之前，学生已经学习了三角函数和向量等内容。尤其在最近的学习中，学生对于如何利用平面几何方法及向量方法来证明余弦定理和正弦定理已有了解。对于余弦定理的运用已经通过一节习题课进行巩固，因此在学生学习正弦定理的运用时，也可以类比余弦定理的研究顺序。也就是先研究定理的形式及证明，再对定理进行变形等深入分析，并用其解决实际问题。由于具体问题往往涉及三角形中内角的关系、诱导公式、两角和差公式等综合性内容，因此在诸如表达式的化简等的问题中，学生可能会有到底是用正弦定理、还是余弦定理，到底应该将角化成边、还是边化成角等的困惑。为了解决此问题，本节选择合适的例题和习题帮助学生对知识进行系统的归纳，通过观察、对比、运算、总结等环节，利用自主探究加小组合作的方式去观察问题、研究定理、得出结论，让学生自行纠正理解的偏差。

因此，本节课教学难点是：灵活运用正弦定理进行边角互化。

四、教学支持条件

教师提前准备好学案，利用投影展示小组研究成果，突破教学难点。用 GeoGebra 软件制作课件，使学生更加清晰地感受正弦定理是如何与三角形外接圆直径联系起来。

五、教学过程设计

（一）梳理知识，精选范例，开启思维

上节课我们已经学习了正弦定理，并利用向量方法对定理进行了证明，发现了三角形中边与角的另外一种关系。你还记得正弦定理的形式及简单的变形吗？你知道利用正弦定理可以解决哪些类型的问题吗？

师生活动：学生口答，教师板书。

正弦定理：在 $\triangle ABC$ 中，角 A，B，C 所对的边长分别为 a，b，c，则 $\dfrac{a}{\sin A}$

$= \dfrac{b}{\sin B} = \dfrac{c}{\sin C}$。

应用：已知两边和其中一条边的对角或者已知两角和任意一条边解三角形。

变形：三角形中，边之比等于角的正弦值之比，即 $a:b:c = \sin A:\sin B:\sin C$。

设计意图： 回顾旧知识，建立新旧知识之间的联系。

活动1：根据正弦定理的形式，我们知道在任意的三角形中，三条边的长度和对应角的正弦值之比相等。请问不同的三角形中 $\dfrac{a}{\sin A}$ 的值是否相同？你能

写出两组不同的三角形的边角数据，使得其 $\dfrac{a}{\sin A}$ 的值是一样的吗？

师生活动：学生分组探究，发现规律，教师请代表展示探究结果。学生可能给出这样三种情况，其中第一种即两个三角形有一条相同长度的边及相等的对角，其余数据不完全相同；第二种即两个三角形拥有一条长度相等的边及互补的对角；第三种情形即两个三角形对应边和角都不相同，但边和角的正弦值比值相等。也有可能学生会给出比值不相等的情况，这时留作下一步研究。

供参考的数据：

（1）$\triangle ABC$ 中 $a=5$，$A=\dfrac{\pi}{2}$，$b=3$，$c=4$；$\triangle A'B'C'$ 中 $a'=5$，$A=\dfrac{\pi}{2}$，$b=1$，$c=2\sqrt{6}$；

（2）$\triangle ABC$ 中 $a=1$，$A=\dfrac{\pi}{3}$，$b=1$，$c=1$；$\triangle A'B'C'$ 中 $a'=1$，$A=\dfrac{2\pi}{3}$，$b=c=\dfrac{\sqrt{3}}{3}$；

（3）$\triangle ABC$ 中 $a=1$，$A=\dfrac{\pi}{6}$，$b=\sqrt{3}$，$c=2$；$\triangle A'B'C'$ 中 $a'=2$，$A=\dfrac{\pi}{2}$，$b=c=\sqrt{2}$。

设计意图：通过小组合作探究，经历数形结合及数据运算的过程，为发现利用三角形的外接圆解决问题作铺垫。

活动 2：研究上述三角形，为什么不全等的三角形能算出相同的比值，这些三角形通过什么量联系起来？

师生活动：教师利用 GeoGebra 软件绘制图形，引导学生观察图形，联想三角形的外接圆，并给出定理，并证明、总结定理的变形形式。

正弦定理完整形式：在 $\triangle ABC$ 中，角 A，B，C 所对的边长分别为 a，b，c，则 $\dfrac{a}{\sin A}=\dfrac{b}{\sin B}=\dfrac{c}{\sin C}=2R$，其中 R 是 $\triangle ABC$ 的外接圆半径。

证明：如图 4-1 所示，$\angle A=\angle D$，则 $\dfrac{a}{\sin A}=\dfrac{c}{\sin D}=2R$。

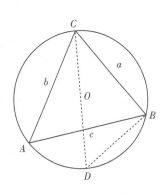

图 4-1

同理 $\dfrac{b}{\sin B}=\dfrac{c}{\sin C}=2R$，即证。

变形：$a=2R\sin A$，$b=2R\sin B$，$c=2R\sin C$。

观察并解决例 1。

例 1　在 $\triangle ABC$ 中，角 A，B，C 的对边分别为 a，b，c，且 $\sin^2\dfrac{A}{2}=\dfrac{c-b}{2c}$。试判断 $\triangle ABC$ 的形状，并加以证明。

（二）激学导思，探究方法，交流思维

师生活动：学生自行探究，教师引导学生找到解决问题的方法。选代表介绍并板书解题过程。

解析：$\triangle ABC$ 是直角三角形。

证明如下：

由 $\sin^2 \dfrac{A}{2} = \dfrac{c-b}{2c}$，利用降幂公式可得 $\dfrac{1-\cos A}{2} = \dfrac{1}{2} - \dfrac{b}{2c}$，即 $b = c\cos A$。

方法一：由余弦定理得 $\cos A = \dfrac{b^2+c^2-a^2}{2bc}$，则 $b = c \cdot \dfrac{b^2+c^2-a^2}{2bc}$，所以 $c^2 = a^2 + b^2$，由此可知 $\triangle ABC$ 是直角三角形。

方法二：由正弦定理得 $2R\sin B = 2R\sin C\cos A$，即 $\sin B = \sin C\cos A$。

而在 $\triangle ABC$ 中，$\sin B = \sin(A+C)$，从而 $\sin A\cos C + \cos A\sin C = \sin C\cos A$，即 $\sin A\cos C = 0$。

在 $\triangle ABC$ 中，$\sin A \neq 0$，所以 $\cos C = 0$，

由此得 $C = \dfrac{\pi}{2}$，所以 $\triangle ABC$ 是直角三角形。

设计意图：结合降幂公式，在观察公式中发现边角的关系，从而寻找到两种解题方法。

（三）引议释疑，应用方法，提升思维

师生活动：教师提出问题，学生思考。

问题1：在例1中我们利用正弦定理和余弦定理两种方法都解决了这道题。请问同学们，我们在选择利用两种方法的时候，有什么讲究吗？

预设答案：出现角的余弦值和边长的混合式时，为了将表达式统一成边，可以选择利用余弦定理；而如果出现角的正弦值和边长的混合式，为了将表达式统一成角，可以选择利用正弦定理。

问题2：在 $\triangle ABC$ 中，内角 A,B,C 的对边分别为 a,b,c，且 $b\sin A = \sqrt{3}a\cos B$。求角 B 的大小。你会选择哪种方法解决这个问题？

预设想法1：如果利用余弦定理 $b\sin A = \sqrt{3}a\cos B = \sqrt{3}\dfrac{a^2+c^2-b^2}{2c}$，不能将表达式彻底化成边的形式。如果再结合正弦定理，则得到 $b\dfrac{a}{2R} = \sqrt{3}\dfrac{a^2+c^2-b^2}{2c}$，

其中的 $2R$ 却不能约去。

预设想法 2：利用正弦定理将边化成角，即 $2R\sin B\sin A = 2\sqrt{3}\sin A\cos B$，即 $\sin B = \sqrt{3}\cos B$，从而 $\tan B = \sqrt{3}$，即 $B = \dfrac{\pi}{3}$。

问题 3：在处理什么样的表达式时，使用正弦定理化边为角可以将出现的 $2R$ 约去？

预设答案：表达式中每一项都有边长，且边长的次数都相等。比如"在 $\triangle ABC$ 中，内角 A，B，C 的对边分别为 a，b，c，且 $a^2\cos A\sin B = b^2\sin A\cos B$，判断三角形的形状"这个问题中，边的次数都是二次，是可以利用正弦定理化边为角的。

问题 4：能否利用正弦定理将角化成边呢？

预设答案：可以，比如"在 $\triangle ABC$ 中，内角 A，B，C 的对边分别为 a，b，c，且 $\sin^2 A = \sin^2 B + \sin^2 C - \sin C\cos B$，求角 A 的大小"问题中，每一项中都出现了角的正弦的二次的形式，利用 $\sin A = \dfrac{a}{2R}$ 就可以化角为边，然后利用余弦定理解题。

设计意图：从例题出发，一步一步引导学生深入理解正弦定理的适用情形，注意何时不能使用，同时也让学生知晓一题可以多解，不能让思维固化。

（四）点拨提高，深化理解，优化思维

师生活动：学生对上述分析进行总结，教师给出例 2，对解题方法进行深入探讨。

例 2 在 $\triangle ABC$ 中，角 A，B，C 的对边分别为 a，b，c，且 $a\cos C + 2\sqrt{3}\sin C - b - c = 0$，且 $a = 2$，求角 A 的大小。

设计意图：改变表达式的形式，考查学生能否结合所学内容，将数 2 转化为边长 a，从而能够更加便利地适用正弦定理。本题对学生的思维水平提出了更高的要求。

（五）精讲训练，拓展提升，拓展思维

解决以下两个问题：

1. 在 $\triangle ABC$ 中，三个角 A，B，C 的对边分别为 a，b，c，若 $\dfrac{\cos A}{\cos B} = \dfrac{b}{a} = $

$\sqrt{2}$ ，求角 C 的大小。

设计意图：考察多种方法的使用，注意辨析正弦定理和余弦定理。

2. $\triangle ABC$ 中，若 $a - c = b\cos C - b\cos A$ ，判断 $\triangle ABC$ 的形状。

设计意图：正弦定理化边为角、三角形形状判断，学生容易犯错的是少了直角的判断或者是最后的结论是等腰直角三角形。

（六）归纳自结，诊断矫正，优化思维

本节课我们从正弦定理中的比值入手，通过探索发现了这个比值和三角形的外接圆直径相等，从而得到了正弦定理的完整形式。这个形式可以方便地把边和对应角的正弦值联系起来，从而使得处理问题更加便利。在解决问题的过程中，我们也知道了次数不能被盲目地去掉，我们需要观察表达式的特征，重点关注每一项中边的次数或者角的正弦值的次数。当然之前学过的三角函数公式也是需要大家牢牢记住的，那么最后请同学们自己总结解决边角互化问题时常用的公式，以及易错点。可以把类似的问题放在一起进行比较，也可以对一个问题的多种方法进行探究。

表 4 − 1

常用公式	
易错点	
经典问题	

设计意图：总结提炼，升华主题，让学生自己总结常用公式、常见方法、易错点等。

六、目标检测设计

（一）课堂检测

1. 已 $\triangle ABC$ 的三个角 A ，B ，C 的对边分别为 a ，b ，c ，面积为 S 。若 $a\sin\dfrac{A+C}{2}$ $= b\sin A$ ，$2S = \sqrt{3}\ \overrightarrow{BA} \cdot \overrightarrow{CA}$ ，求角 C 的大小。

（二）课后检测

1. 在 $\triangle ABC$ 中，若 $\sin A = 2\sin B\cos C$ ，且 $\sin^2 A = \sin^2 B + \sin^2 C$ ，判断三角

形的形状。

2. 在 $\triangle ABC$ 中，若 $a^2\tan B = b^2\tan A$ ，判断三角形的形状。

设计意图：课堂检测 1 主要考察对比利用正弦定理和余弦定理化简表达式，从而解三角形。课后检测主要是考察综合利用正余弦定理进行边角互化，并判断三角形形状。

七、教学反思

本节课主要研究了正弦定理的变形及灵活运用。本节课从正弦定理中比值的定与动入手，通过寻找比值相等的实例，观察规律，发现三角形与外接圆的关系，从而得到正弦定理的完整形式。再利用外接圆的直径作为桥梁，实现边和角关系的分解。本节课通过精选的例题和习题的练习，通过对表达式的观察、多种做法的探索，突破了边角互化问题这个难点。例题选择方面尽量遵循有方法的传承、又有思路差异的题目，使得各个层次的学生都能得到数学思维能力和素养的提升。

定义法求曲线的轨迹方程

一、内容和内容解析

求曲线的轨迹方程常见的方法有待定系数法、直接法、相关点法、定义法。定义法求曲线的轨迹方程主要是运用圆锥曲线的定义与平面几何的知识，进行几何等量关系的转换，再利用椭圆、双曲线、抛物线等的定义作为依据，判断图形中刻画的关系是否满足条件，从而建立曲线对应的数学模型，转化为待定系数法求其方程，最后用方程的思想研究曲线的几何特征或关系求得曲线的轨迹方程。求曲线的轨迹方程旨在用运动的观点理解曲线，了解求轨迹方程的意义及解决问题的基本思路，培养学生观察、类比推理的分析能力和抽象概括的思维能力；培养学生数学的转化思想、数形结合思想；培养学生仔细审视、全方位考虑问题的良好习惯。

本节课是高三一轮复习中的习题课。本节是普通高中教科书（人教 A 版 2019）《数学选择性必修第一册》第三章《圆锥曲线的方程》的习题 3.1 复习巩固第 6 题的内容。学生之前已经把椭圆、双曲线、抛物线及其标准方程、几何性质等复习完，且也学习了待定系数法、直接法、相关点法等求曲线方程的方法，这为本节课的学习奠定了基础。定义法求曲线的轨迹方程在近十年的高考中曾多次出现，如 2021 年的全国新高考一卷 21 题的第一问用定义法求双曲线的方程、2016 年的全国一卷（理科）的第 20 题第一问用定义法求椭圆的方程、2014 年福建高考文科卷第 21 题第一问用定义法求抛物线的方程等。由此看来，定义法求曲线的轨迹方程在高考中的重要性不容小觑。

求曲线的轨迹方程这节内容，承载了平面解析几何中蕴含的数形结合、等价转化思想方法，渗透了直观想象、数学运算、数学建模、逻辑推理和数学抽象素养，展现了"用数学的眼光观察问题，用数学的思维思考问题，用数学的语言表达问题"的数学学习观。因此，本节课的教学重点是确定动点满足的几何等量关系，结合圆锥曲线的定义，确定曲线的类型，使学生理解轨迹的完备性和与纯粹性，并能准确地运用。

二、目标和目标解析

1. 让学生了解圆锥曲线的实际背景，感受圆锥曲线在刻画现实世界和解决实际问题中的作用。

2. 经历从具体情境中抽象出圆锥曲线的过程，让学生掌握确定动点所满足的等量关系的方法，结合圆锥曲线的定义，确定曲线的类型，理解轨迹的完备性和与纯粹性，并能准确地运用，正确求出曲线的轨迹方程。

3. 通过定义法求曲线的轨迹方程的学习，让学生进一步体会到等价转化与数形结合的思想。

三、教学问题诊断分析

从学生的现有知识水平与认知水平来看，学生的探究能力、观察能力、抽象概括能力、数形结合的分析问题能力、数学运算能力等能力还是欠佳的，以致不能从题目描述的运动变化的情境中确定动点所满足的数量关系，不会结合圆锥曲线的定义确定曲线的类型，也难于理解轨迹的完备性和与纯粹性。因此，本节课采用题组教学与变式教学相结合的教学方法，设计问题串，层层递进地教学，让学生起于感兴趣、知考向、初模仿、懂方法、会迁移，实现教学过程落实核心素养渗透的目的。因此，本节课的教学难点是让学生确定动点所满足的等量关系满足何种曲线的类型，并理解其轨迹的完备性和与纯粹性。

四、教学支持条件分析

1. 教学一体机与师生教学平板，提高学生的学习积极性，优化课堂师生互动环境，凸显个性化教学的作用，提高课堂教学效率。

2. 学生利用平板提交分享的体会、练习的结果，教师利用一体机同屏规范的例题解答过程，有利于节省时间，提高效率。

五、教学过程设计

（一）梳理知识，精选范例，开启思维

课前梳理知识，帮助学生明确考向，树立信心。

1. 回顾椭圆、双曲线、抛物线的定义，并填写表4－2。

表4－2

	椭圆	双曲线	抛物线
自然语言			
图形语言			
符号语言			

2. 课前题组检测。

（1）如果点 $M(x,y)$ 在运动中总满足关系式 $\sqrt{x^2+(y-3)^2}+\sqrt{x^2+(y+3)^2}=10$，那么点 M 的轨迹是什么曲线？为什么？写出它的方程。

（2）与圆 $x^2+y^2=1$ 及 $x^2+y^2-8x+12=0$ 都相内切的圆心在（ ）。

A. 在一个椭圆上

B. 双曲线的一支上

C. 一条抛物线上

D. 一个圆上

（3）设圆 C 与圆 $x^2+(y-3)^2=1$ 外切，与直线 $y=0$ 相切，则圆 C 的圆心为（ ）。

A. 抛物线

B. 双曲线

C. 椭圆

D. 圆

设计意图：设计的内容作为预习作业在课前利用智慧平台向学生推送并且要求学生用学生平板提交作业。课前教师通过学生作业的反馈，提前精准了解学情，有利于教学内容设计更具针对性。另外，教师采用先学后教的教学策略，有利于发挥学生的主观能动性，凸显了学生在学习中的主体地位。

3. 点评课前作业后梳理本节课的专题知识内容、考点、考向。

表 4 – 3

课程标准	精细考点	素养达成	近十年高考题目
1. 了解圆锥曲线的实际背景，感受圆锥曲线在刻画现实世界和解决实际问题中的作用。 2. 经历从具体情境中抽象出圆锥曲线的过程，掌握椭圆的定义。 3. 进一步体会数形结合的思想。 4. 了解圆锥曲线的简单运用	圆锥曲线的定义及其运用	通过学习培养学生的直观想象素养、数学运算素养	2021 年的全国新高考一卷 21（1）；2016 年的全国一卷（理科）的 20（1）；2014 年福建高考文科卷 21（1），选择题或填空题也常出现

（二）激学导思，探究方法，交流思维

例 1　如图 4 – 2，圆 O 的半径为定长 r，A 是圆 O 内的一个定点，P 是圆 O 上的任意一点。线段 AP 的垂直平分线 l 和半径 OP 相交于点 Q，当点 P 在圆上运动时，点 Q 的轨迹是什么？为什么？

问题 1：请根据题意，回答有哪些确定图形的几何要素？刻画了哪些定点、动点、定值、目标动点？考查的内容是什么？（定点：A，B，动点：P，Q，目标动点：Q，定值：半径 r；考查利用圆锥曲线的定义解决实际问题的能力）

问题 2：目标动点与定点、定值之间具有哪些几何关系？为什么？如何用数学符号表述？（$|QO| + |QA| = |QO| + |QP| = |OP| > |OA|$）

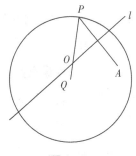

图 4 – 2

问题 3：目标动点 Q 与定点 A，B 之间的关系符合之前学过的哪种曲线模型？你能根据你的理解把解题过程清晰地表达出来吗？请完成后用平板当堂提交。

师生活动：学生动手书写解答过程，教师再根据学生提交的答案，挑选一些具有代表性的作品进行点评，规范学生的解答过程，最后通过平板分享规范解答过程。

设计意图：高考试题是源于教材，高于教材的一种考核方式。因此高考题或高考模拟题很多时候都可以在课本例题、习题或探究题中找到题源。这道课本题与 2016 年全国一卷（理科）20（1）高度相似，选择这道教材题目作为本节专题复习课的典例，其目的是提醒学生高三复习要重视教材，课标与教材才是根。二是通过挖掘这道题的典型方法所体现的数学思想方法与数学素养，让学生形成系统的知识架构，为高考模拟训练打下基础。

（三）引议释疑，应用方法，提升思维

问题4：（范例变式训练）如图4-3，圆 O 的半径为定长 r，A 是圆外的一个定点，P 是圆 O 上的任意一点。线段 AP 的垂直平分线 l 和半径 OP 相交于点 Q，当点 P 在圆上运动时，点 Q 的轨迹是什么？为什么？

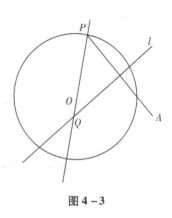

图4-3

（学生根据对范例的理解，先尝试独立思考并完成，再进行小组讨论。同时教师发布课堂小组讨论任务，小组之间可以通过学生平板留言区与教师或其他组的同学交流，教师可以在教师平板查阅留言区的讨论情况，精准点评与释疑）

设计意图：作者通过改变范例的条件，让学生探索，以激发学生的创新思维，培养他们的创新能力。另外，合理适当地利用学校智慧教学平台，能够以最短的时间实现师生间、生生间的分享与交流，获取教学最优化的目的。

（四）点拨提高，深化理解，优化思维

问题5：你能否尝试用思维导图的形式总结一下解决此类问题的一些方法或路径？（学生思考后提问个别学生，根据学生的回答，教师辅助学生完成方法归纳，构建系统的知识架构）

图4-4

设计意图：学习是一个不断提出问题并解决问题的过程。同类的问题中总有共性的问题。因此，指导学生从已有活动经验、现有的认知水平出发，让学生寻找适合自己理解、利于自己掌握的能解决同类问题的方法或方案，有利于优化课堂教学效率。

（五）精讲训练，拓展提升，拓展思维

链接高考：（2016 全国一卷·理20）设圆 $x^2 + y^2 + 2x - 15 = 0$ 的圆心为 A，直线 l 过点 B（1，0）且与 x 轴不重合，l 交圆 A 于 C，D 两点，过 B 作 AC 的平行线交 AD 于点 E。证明 $|EA| + |EB|$ 为定值，并写出点 E 的轨迹方程。

问题6：题目中为什么添加"直线 l 过点 B（1，0）且与 x 轴不重合"这一个条件？它对所求的轨迹方程有影响吗？去掉此条件可以吗？为什么？

设计意图：高考题常被戏称："年年岁岁点相似，岁岁年年题不同。"因此，高考题训练就是高三最好的训练，因为每一年的高考中总会有一些新颖的题，它们本身就是那些高考重点知识和难点知识。命题人在这里动足脑筋，下足功夫，我们也需要在这些内容上下点苦功，搞清楚来龙去脉，力求做到举一反三。这道高考题与范例的模型非常相似，只是偷换了情境，本质是一样的。这道高考题不仅考查了应用椭圆定义求曲线的轨迹方程，还考验了学生的数学思维是否具备严谨性，是否具备曲线与方程的完备性。通过这一训练设计，规范学生的解题过程，让学生能严谨地理解曲线与方程的完备性，掌握定义法求曲线的轨迹方程的方法。

（六）归纳自结，诊断矫正，优化思维

图 4 - 5

六、目标检测设计

（一）课堂检测

1. （2021 年新高考全国一卷）在平面直角坐标系 xOy 中，已知点 F_1（$-\sqrt{17}$，0），F_2（$\sqrt{17}$，0），点 M 满足 $|MF_1| - |MF_2| = 2$，记 M 的轨迹为 C，求 C 的方程。

2. 已知曲线 Γ 上的点到点 F（0，1）的距离比它到直线 $y = -3$ 的距离小

2，求曲线 Γ 的方程。

（二）课后检测

1. 下列说法中正确的是（　　）。

A. 已知 F_1（-4，0），F_2（4，0），平面内到 F_1，F_2 两点的距离之和等于 8 的点的轨迹是椭圆。

B. 已知 F_1（-4，0），F_2（4，0），平面内到 F_1，F_2 两点的距离之和等于 6 的点的轨迹是椭圆。

C. 平面内到点 F_1（-4，0），F_2（4，0）两点的距离之和等于点 M（5，3）到 F_1，F_2 的距离之和的点的轨迹是椭圆。

D. 平面内到点 F_1（-4，0），F_2（4，0），距离相等的点的轨迹是椭圆。

2. 已知 $\triangle ABC$ 的周长为 20，且顶点 A（0，-4），B（0，4），则顶点 A 的轨迹方程是（　　）。

A. $\dfrac{x^2}{36} + \dfrac{y^2}{20} = 1 (x \neq 0)$　　　　B. $\dfrac{x^2}{20} + \dfrac{y^2}{36} = 1 (x \neq 0)$

C. $\dfrac{x^2}{6} + \dfrac{y^2}{20} = 1 (x \neq 0)$　　　　D. $\dfrac{x^2}{20} + \dfrac{y^2}{6} = 1 (x \neq 0)$

3. 已知圆 C_1：$(x-4)^2 + y^2 = 25$，圆 C_1：$(x+4)^2 + y^2 = 1$，动圆 M 与 C_1，C_2 都外切，则动圆圆心 M 的轨迹方程为（　　）。

A. $\dfrac{x^2}{4} - \dfrac{y^2}{12} = 1 (x < 0)$　　　　B. $\dfrac{x^2}{4} - \dfrac{y^2}{12} = 1 (x > 0)$

C. $\dfrac{x^2}{3} - \dfrac{y^2}{5} = 1 (x < 0)$　　　　D. $\dfrac{x^2}{3} - \dfrac{y^2}{5} = 1 (x > 0)$

4. 在 $\triangle ABC$ 中，A（-1，0），B（1，0），$|AC| = 2\sqrt{2}$，线段 AC 上的点 M 满足 $\angle MBC = \angle MCB$。记 M 的轨迹为 Γ，求 Γ 的方程。

七、教学反思

1. 本节课中，教师先引导学生复习回顾椭圆、双曲线和抛物线的相关定义，然后利用智慧平台来进行课前作业检测，一方面可以了解学生对所学知识的掌握情况，另一方面也可以让学生知考点、明方向，为本节课学习用定义法求曲线的轨迹方程做了铺垫。

2. 本篇教学设计中所讲的典型例题选自教材，能够提醒学生在高考复习中也应该以教材为主，重视课本教材。且所选的例题较为典型，有利于学生归纳总结出用定义法求解曲线的轨迹方程的方法。教学设计采用问题串的形式，引导学生思维步步深入，从而培养学生分析问题和解决问题的能力。

3. 本教学设计通过"梳理知识，精选范例—激学导思，探究方法—引议释疑，应用方法—点拨提高，深化理解—精讲训练，拓展提升—归纳自结，诊断矫正"六个环节来实现对圆锥曲线的定义及其在求轨迹方程中的应用的理解，引导学生由形到数、由感性到理性、由自然语言到数学符号进行转化，层层递进带领学生拨开实际情境中的迷雾，认清题目考查的实质问题，理解其蕴涵的数学思想方法，从而落实数学素养的教学。

4. 本节课中利用了导图或表格形式帮助学生梳理知识要点，利于学生明确掌握本节课的主要内容、数学思想方法、研究问题的途径等，利于培养学生"会学"的能力，从而实现让学生在数学学习的过程中习惯"用数学的眼光看问题，用数学的思维思考问题，用数学的语言表达问题"。

椭圆的标准方程及几何性质

一、内容和内容解析

（一）内容

椭圆的标准方程及几何性质是高考解析几何常考的热点问题。本节课是高三第一轮复习，学生已经完成了直线与圆，曲线与方程的复习，理解了解析几何解题的数学思维，这对本节课的复习大有裨益。

（二）内容解析

本节课是高三第一轮复习中的一节习题课，主要内容是椭圆的标准方程及其几何性质。椭圆属于三大圆锥曲线之一，复习好椭圆，也就容易复习双曲线和抛物线了。对于椭圆的复习，主要是做好两个方面：一个是如何求椭圆的标准方程；另一个是几何性质的应用。在考试中，这两个方面主要以小题的形式出现，或者出现在解析几何大题的第一问，主要考查用椭圆的定义求标准方程，结合基本不等式、解三角形等知识求离心率等相关问题，是学生的得分点。因此，总结归纳好常见考点，便于学生掌握椭圆的标准方程和几何性质。

育人价值。本节课在枯燥的椭圆的标准方程及其几何性质复习中，让学生掌握解析几何数形结合的数学思想，熟练运用它求解椭圆的标准方程、几何性质，使学生产生学习兴趣，增强学好数学的自信心，养成良好的数学学习习惯，发展学生自主学习的能力，提高学生的实践能力。

教学重点。椭圆的标准方程、椭圆的几何性质应用。

二、目标和目标解析

（一）教学目标

1. 让学生理解椭圆的定义，a，b，c 的几何意义及相互关系，会灵活运用定义法、待定系数法求椭圆的标准方程，掌握思维变化的多样性。

2. 通过自主探究与合作交流，使学生能熟练运用几何方法或代数方法求椭圆的离心率的值或取值范围，学会运用方程思想、函数与不等式思想求解问题。

3. 掌握解析几何解题思想，让学生能够在做这一类题时首先要思考用什么方法，怎么去求解，发展学生的逻辑推理、数学运算素养。

（二）目标解析

达成上述目标的标志是：

1. 学生能熟练运用定义法、待定系数法求解椭圆的标准方程。

2. 学生能够根据题目条件，思考解题的思路，运用数学思想，解决椭圆的几何性质。

三、教学问题诊断分析

在高考中，求椭圆的标准方程及几何性质是常考的热点问题，学生基本能够掌握基础简单的题，但对于一些中高档题的把握就没那么高了。主要是学生的解决思路受限，缺乏分析条件的能力，导致无从下手。另外，学生计算能力不足，求解二元二次方程组也会遇到障碍。因此，课堂上，要注重学生计算能力的提高、数学思维的开拓。

四、教学支持条件分析

由于学生刚刚复习了直线与圆、曲线与方程，对解析几何有一定的基础认识。在教学中，可以运用类比思想复习椭圆，能够使学生思维得到迁移和提升。高三第一轮复习中，借助师生互动、反馈，实行分层作业，达到复习的综合效果。

五、教学过程设计

（一）梳理知识，精选范例，开启思维

同学们，前面我们复习了解析几何中的直线与圆、曲线与方程的内容，初

步掌握了解析几何研究问题的方法，本节课是椭圆的标准方程及几何性质的一节习题课，现在请大家回顾以下几个问题。

问题1：椭圆的定义是什么？

设计意图：教师通过提问，让学生集中注意力，对本节课的内容有所了解，对知识进行复习回顾，激发学生兴奋点，抓住中心点。

师生活动：学生思考，教师巡视，提问学生作答。

生1（学困生）：平面内与两个定点 F_1，F_2 的距离的和等于常数的点的轨迹叫做椭圆。

师：回答得很好，不过有点瑕疵，有哪位同学补充一下？

生2（中等生）：平面内与两个定点 F_1，F_2 的距离的和（大于 $|F_1F_2|$）等于常数的点的轨迹叫做椭圆。

师：非常好，同学们要注意定义中的距离的和（大于 $|F_1F_2|$）这个条件。（教师通过 PPT 动态演示椭圆的形成过程，让学生更加直观地感受椭圆的定义，同时也能更好地体会到数形结合思想，椭圆标准方程以及几何性质都是基于椭圆形成过程而得到的，后续习题涉及的解题思路也万变不离其宗，因此，加强学生对椭圆定义的理解能够有效帮助学生打开思维）

（二）激学导思，探究方法，交流思维

问题2：请同学们回顾一下椭圆的标准方程及几何性质。

设计意图：调动学生的思维积极性，使他们产生探索问题的动力。由输入式教学转变为启发式教学，让学生自己边思考边回答，边回答边总结。

生3（中等生）：椭圆的标准方程有两种形式，当焦点在 x 轴时，椭圆的标准方程为 $\dfrac{x^2}{a^2}+\dfrac{y^2}{b^2}=1$（$a>b>0$），当焦点在 y 轴时，椭圆的标准方程为 $\dfrac{y^2}{a^2}+\dfrac{x^2}{b^2}=1$（$a>b>0$）。

生4（中等生）：椭圆的几何性质有：（以焦点在 x 轴为例）取值范围为 $-a\leqslant x\leqslant a$，$-b\leqslant y\leqslant b$，坐标轴为椭圆的对称轴，$(0,0)$ 为对称中心，顶点为 $(\pm a,0)$，$(0,\pm b)$，长轴为 $2a$，短轴为 $2b$，焦距为 $2c$，离心率 $e=\dfrac{c}{a}=\sqrt{1-\dfrac{b^2}{a^2}}$，$a$，$b$，$c$ 满足的关系是 $a^2=b^2+c^2$。

（教师在 PPT 中椭圆图形上同步展示几个字母表示的含义，这是将定义用

数学符号表示的过程）

问题 3：由椭圆的定义，所得到的等式，你联想到了什么，是否可以尝试用数学语言表示？

生 5（优生）：基本不等式，两个正数和为定值，则乘积有最大值。如图 4 –6 所示。

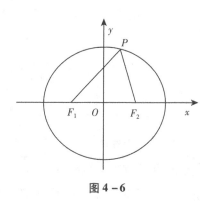

图 4 –6

$$|PF_1| \cdot |PF_2| \leqslant \left(\frac{|PF_1| + |PF_2|}{2} \right)^2 。$$

师：回答得很好。

（三）引议释疑，应用方法，提升思维

例 1 （2021 年新高考全国一卷）已知 F_1，F_2 是椭圆 $C: \dfrac{x^2}{9} + \dfrac{y^2}{4} = 1$ 的两个焦点，点 M 在 C 上，则 $|MF_1| \cdot |MF_2|$ 的最大值为（　　）。

A. 13　　　　　　　　　　B. 12

C. 9　　　　　　　　　　 D. 6

设计意图：本题是一道高考题，难度不大，学生可以通过椭圆的定义得到 $|MF_1| + |MF_2|$ 的值，再利用基本不等式即可求出 $|MF_1| \cdot |MF_2|$ 的最大值。

师生活动：教师巡视观察学生易错或不会做的点，进行课堂提示。

问题 4：请同学回答一下椭圆的定义是什么？本题可以得到什么？

生 5（中等生）：平面内与两个定点 F_1，F_2 的距离的和（大于 $|F_1F_2|$）等于常数的点的轨迹叫做椭圆。本题可以得到：$|MF_1| + |MF_2| = 6$。

师：非常好！

问题 5：如何求 $|MF_1| \cdot |MF_2|$ 的最大值？

生6（中等生）：根据基本不等式得：$|MF_1| \cdot |MF_2| \leqslant \left(\dfrac{|MF_1| + |MF_2|}{2} \right)^2 = 9$。

师：非常好！

（四）点拨提高，深化理解，优化思维

例2 （2019 年全国一卷）已知椭圆 C 的焦点为 F_1（ -1，0），F_2（1，0），过 F_2 的直线与 C 交于 A，B 两点。若 $|AF_2| = 2|F_2B|$，$|AB| = |BF_1|$，则 C 的方程为（　　）。

A. $\dfrac{x^2}{2} + y^2 = 1$　　　　　　　　B. $\dfrac{x^2}{3} + \dfrac{y^2}{2} = 1$

C. $\dfrac{x^2}{4} + \dfrac{y^2}{3} = 1$　　　　　　　　D. $\dfrac{x^2}{5} + \dfrac{y^2}{4} = 1$

设计意图：本题注重学生的研究与探索，灵活应用椭圆的定义，表示出三角形各边长，然后结合多个三角形构造关于 a，b，c 的方程组，求出 a，b，c。

问题6：本题中的条件如何转化？结合椭圆定义，可以用 a 表示这些线段吗？

生7（优生）：由题意知 $|BF_1| = |AB| = |AF_2| + |F_2B| = 2|F_2B| + |F_2B| = 3|F_2B|$。又由椭圆定义得 $|BF_1| + |BF_2| = 2a$，所以 $|BF_2| = \dfrac{a}{2}$，$|BF_1| = \dfrac{3}{2}a$，$|AF_2| = |AF_1| = a$。

师：很好！

问题7：$\triangle AF_1F_2$，$\triangle ABF_1$ 的各边长都可以用 a 表示出来，那么怎么利用这两个三角形求出 a 呢？

生8（优生）：可以利用这两个三角形的公共边构造关于 a 的方程组，从而求出 a，由 $|F_1F_2| = 2c = 2$，

则在 $\triangle AF_1F_2$ 中，由余弦定理得：

$$\cos \angle F_1AF_2 = \frac{a^2 + a^2 - 2^2}{2 \cdot a \cdot a} = \frac{a^2 - 2}{a^2}，\qquad ①$$

在 $\triangle ABF_1$ 中，由余弦定理得：

$$\cos \angle F_1AB = \frac{a^2 + \left(\dfrac{3}{2}a \right)^2 - \left(\dfrac{3}{2}a \right)^2}{2 \cdot a \cdot \dfrac{3}{2}a} = \frac{1}{3} = \cos \angle F_1AF_2，\qquad ②$$

联立①②得 $a^2 = 3$，所以 $b^2 = 3 - 1 = 2$，所以椭圆 C 的方程为 $\dfrac{x^2}{3} + \dfrac{y^2}{2} = 1$。

（五）精讲精练，拓展提升，拓展思维

例3 （多选题）设椭圆 $C: \dfrac{x^2}{4} + y^2 = 1$ 的左、右焦点分别为 F_1，F_2，P 是 C 上的动点，则下列结论正确的是（   ）。

A. 离心率 $e = \dfrac{\sqrt{3}}{2}$

B. $|\overrightarrow{PF_2}|$ 的最大值为 3

C. $\triangle PF_1F_2$ 面积的最大值为 $2\sqrt{3}$

D. $|\overrightarrow{PF_1} + \overrightarrow{PF_2}|$ 的最小值为 2

设计意图：本题考查学生对几何性质的熟练掌握及灵活运用程度，考查数学运算、逻辑推理核心素养，综合性较强。

生9（中等生）：由椭圆 $C: \dfrac{x^2}{4} + y^2 = 1$，得 $a = 2$，$b = 1$，所以 $c = \sqrt{a^2 - b^2}$ $= \sqrt{3}$，则 $e = \dfrac{c}{a} = \dfrac{\sqrt{3}}{2}$，故 A 正确；由椭圆的性质可得 $|\overrightarrow{PF_2}|$ 的最大值为 $a + c = 2$ $+ \sqrt{3}$，故 B 错误；当 P 为椭圆短轴的一个端点时，$\triangle PF_1F_2$ 的面积最大，最大值为 $\dfrac{1}{2} \cdot 2c \cdot b = bc = \sqrt{3}$，故 C 错误。

师：回答得非常好，请问 D 选项如何求解呢？

生10（优生）：由平行四边形法则得 $|\overrightarrow{PF_1} + \overrightarrow{PF_2}| = 2|\overrightarrow{PO}|$，设 $P(x, y)$，则 $\dfrac{x^2}{4} + y^2 = 1$，即 $y^2 = 1 - \dfrac{x^2}{4}$，$|\overrightarrow{PO}|^2 = x^2 + y^2 = x^2 + 1 - \dfrac{x^2}{4} = \dfrac{3}{4}x^2 + 1$。因为 $-2 \leqslant$ $x \leqslant 2$，所以 $(|\overrightarrow{PO}|^2)_{\min} = 1$，即 $|\overrightarrow{PO}|_{\min} = 1$，所以 $|\overrightarrow{PF_1} + \overrightarrow{PF_2}|$ 的最小值为 2，D 正确。

生11（优生）：设 $P(2\cos\theta, \sin\theta)$ $(0 \leqslant \theta < 2\pi)$，易知 $F_1(-\sqrt{3}, 0)$，$F_2(\sqrt{3}, 0)$，

则 $\overrightarrow{PF_1} = (-\sqrt{3} - 2\cos\theta, -\sin\theta)$，$\overrightarrow{PF_2} = (\sqrt{3} - 2\cos\theta, -\sin\theta)$，

则 $\overrightarrow{PF_1} + \overrightarrow{PF_2} = (-4\cos\theta, -2\sin\theta)$，

$|\overrightarrow{PF_1} + \overrightarrow{PF_2}| = \sqrt{16\cos^2\theta + 4\sin^2\theta} = \sqrt{12\cos^2\theta + 4}$，

所以当 $\cos\theta = 0$ 时，$\left| \overrightarrow{PF_1} + \overrightarrow{PF_2} \right|$ 取得最小值 2，故 D 正确。

（六）归纳自结，诊断矫正

请同学们整理本节课复习的内容及数学思想方法，完成自我小结。

椭圆常考的考点有以下内容，见图 4-7。

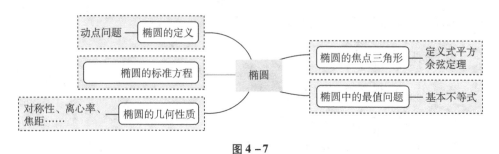

图 4-7

六、目标检测设计

（一）课堂检测

1. 若过椭圆 $C: \dfrac{x^2}{a^2} + \dfrac{y^2}{b^2} = 1$（$a > b > 0$）的上顶点与左顶点的直线方程为

$x - 2y + 2 = 0$，则椭圆 C 的标准方程为（ 　）。

A. $\dfrac{x^2}{16} + \dfrac{y^2}{4} = 1$ 　　　　　　　　B. $\dfrac{x^2}{20} + \dfrac{y^2}{4} = 1$

C. $\dfrac{x^2}{4} + y^2 = 1$ 　　　　　　　　　　D. $x^2 + \dfrac{y^2}{4} = 1$

2. 椭圆 $\dfrac{x^2}{a^2} + \dfrac{y^2}{b^2} = 1$ 与 $\dfrac{x^2}{a^2} + \dfrac{y^2}{b^2} = \lambda$（$\lambda > 0$）有（ 　）。

A. 相同的焦点 　　　　　　　　　B. 相同的顶点

C. 相同的离心率 　　　　　　　　D. 相同的长、短轴

3. 设椭圆 $C: \dfrac{x^2}{a^2} + \dfrac{y^2}{b^2} = 1$（$a > b > 0$）的右焦点为 F_1，直线 $l: x = \dfrac{a^2}{c}$，若过

F_1 且垂直于 x 轴的弦的长等于点 F_1 到 l 的距离，则椭圆的离心率是_____。

4. 如图 4-8，过椭圆 $C: \dfrac{x^2}{a^2} + \dfrac{y^2}{b^2} = 1$（$a > b > 0$）的左、右焦点 F_1，F_2

分别作斜率为 $2\sqrt{2}$ 的直线交椭圆 C 的上半部分于 A，B 两点，记 $\triangle AOF_1$，

$\triangle BOF_2$ 的面积分别为 S_1，S_2（O 为坐标原点），若 $S_1 : S_2 = 7 : 5$，则椭圆 C 的离心率为_____。

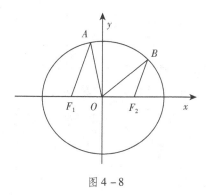

图 4 - 8

5. 已知点 P 为椭圆 $\dfrac{x^2}{16} + \dfrac{y^2}{4} = 1$ 上的动点，EF 为圆 N：$x^2 + (y-1)^2 = 1$ 的任意一条直径，则 $\overrightarrow{PE} \cdot \overrightarrow{PF}$ 的最大值是_____。

设计意图：通过当堂练习，检测学生对本节课内容的掌握程度，训练学生解题速度及答题准确率，提升解题能力。

（二）课后检测

（必做题）

1. 椭圆的两个焦点与它的短轴的两个端点是一个正方形的四个顶点，则椭圆离心率为（　　）。

A. $\dfrac{\sqrt{2}}{2}$ B. $\dfrac{\sqrt{3}}{2}$

C. $\dfrac{\sqrt{5}}{3}$ D. $\dfrac{\sqrt{6}}{3}$

2. 若椭圆的短轴为 AB，它的一个焦点为 F_1，则满足 $\triangle ABF_1$ 为等边三角形的椭圆的离心率是（　　）。

A. $\dfrac{1}{4}$ B. $\dfrac{1}{2}$

C. $\dfrac{\sqrt{2}}{2}$ D. $\dfrac{\sqrt{3}}{2}$

3. （多选题）已知 F 为椭圆 C：$\dfrac{x^2}{a^2} + \dfrac{y^2}{b^2} = 1$（$a > b > 0$）的一个焦点，$A$，$B$ 为

该椭圆的两个顶点，若 $|AF|=3$，$|BF|=5$，则满足该条件的椭圆方程为（ ）。

A. $\dfrac{x^2}{4}+\dfrac{y^2}{3}=1$ B. $\dfrac{x^2}{9}+\dfrac{y^2}{5}=1$

C. $\dfrac{x^2}{16}+\dfrac{y^2}{15}=1$ D. $\dfrac{x^2}{25}+\dfrac{y^2}{21}=1$

4. 已知椭圆 C 的焦点分别为 F_1，F_2，$|F_1F_2|=2$，若椭圆 C 上存在点 M，使得 $\angle F_1MF_2=90°$，则椭圆 C 短轴长的取值范围是（ ）。

A. $(0，1]$ B. $(2，2\sqrt{2}]$

C. $[2，+\infty)$ D. $(0，2]$

（选做题）

1. 已知椭圆 $\dfrac{x^2}{a^2}+\dfrac{y^2}{b^2}=1$（$a>b>0$）的焦点分别为 F_1，F_2，若椭圆上存在四个点，使得 $\overrightarrow{PF_1}\cdot\overrightarrow{PF_2}=0$，则椭圆离心率的范围是（ ）。

A. $\left(0，\dfrac{\sqrt{2}}{2}\right)$ B. $\left(\dfrac{1}{2}，1\right)$

C. $\left(\dfrac{\sqrt{2}}{2}，1\right)$ D. $\left(0，\dfrac{1}{2}\right)$

2. 已知点 P 在曲线 $y=\sqrt{1-\dfrac{x^2}{3}}$ 上，点 Q 在圆 C：$x^2+(y+2)^2=1$ 上，则 $|PQ|$ 的取值范围为（ ）。

A. $[\sqrt{7}-1，4]$ B. $[\sqrt{7}，3]$

C. $[\sqrt{7}-1，2]$ D. $[\sqrt{7}+1，4]$

3. （多选题）已知椭圆 C：$\dfrac{x^2}{16}+\dfrac{y^2}{9}=1$ 上有一点 P，F_1，F_2 分别为椭圆的左、右焦点，$\angle F_1PF_2=\theta$，$\triangle PF_1F_2$ 的面积为 S，则下列说法正确的是（ ）。

A. 若 $\theta=60°$，则 $S=3\sqrt{3}$

B. 若 $S=9$，则 $\theta=90°$

C. 若 $\triangle PF_1F_2$ 为钝角三角形，则 $S\in\left(0，\dfrac{9\sqrt{7}}{4}\right)$

D. 椭圆 C 内接矩形的周长的取值范围是 $(12，20]$

4. （2021年全国乙卷）设 B 是椭圆 C：$\dfrac{x^2}{a^2}+\dfrac{y^2}{b^2}=1$（$a>b>0$）的上顶点，

若 C 上的任意一点 P 都满足 $|PB| \leqslant 2b$，则 C 的离心率的取值范围是（　　　）。

A. $\left[\dfrac{\sqrt{2}}{2}, \ 1 \right)$ 　　　　　　B. $\left[\dfrac{1}{2}, \ 1 \right)$

C. $\left(0, \ \dfrac{\sqrt{2}}{2} \right]$ 　　　　　　D. $\left(0, \ \dfrac{1}{2} \right]$

设计意图： 根据因材施教的原则，习题检测设计了必做题和选做题，可以满足分层教学、分层达标的要求。通过分层作业，让所有学生都可以做到知识的概括和迁移。

余弦定理、正弦定理应用举例

一、内容和内容解析

（一）内容

《余弦定理、正弦定理应用举例》是普通高中教科书（人教 A 版 2019）《数学必修第二册》第六章《平面向量及其应用》第四节《平面向量的应用》第三课时的内容。

（二）内容解析

1. 内容的本质。运用正弦定理、余弦定理等知识和方法解决一些生活中有关测量距离、高度的实际问题。

2. 蕴含的思想和方法。运用图形、数学符号表达题意和应用转化思想解决数学问题。

3. 知识的上下位关系。前面我们已经学习了余弦定理、正弦定理及其推论，并会用正、余弦定理解三角形。本节课需要进一步熟悉正、余弦定理，并要求会运用正、余弦定理等知识和方法解决一些生活中有关测量距离、高度的实际问题，为学习例 11 做铺垫。

4. 育人价值。本节课通过对实际问题的分析，建立相应的数学模型，把实际问题数学化，即把实际问题转化为数学问题，以此培养学生的数学建模素养，提高学生分析和解决实际问题的能力。

5. 教学重点。让学生能够运用正弦定理、余弦定理等知识和方法解决一些生活中有关测量距离、高度的实际问题。

二、目标和目标解析

（一）教学目标

1. 使学生能够运用正弦定理、余弦定理等知识和方法解决一些有关测量距离、高度的实际问题，了解常用的测量相关的术语。

2. 激发学生学习数学的兴趣，并让学生体会数学的应用价值，同时培养学生的数学建模素养。

（二）目标解析

达成上述目标的标志是：

1. 学生在处理测量距离、高度问题中将实际问题转化为数学问题，建立数学模型——构造三角形，会应用正、余弦定理等知识解三角形，并解决实际问题。

2. 学生根据题意建立数学模型，画出示意图，能观察较复杂的图形，从中找到解决问题的关键条件和应用转化思想解决数学问题。

三、教学问题诊断分析

学生虽然对运用正、余弦定理解三角形较熟悉，但对生活中有关测量距离、高度的实际问题以及建立三角模型的能力相对不足，在学习方面有一定的困难。这要求学生将数学知识在生活中应用，这就要学生把握如何把实际问题数学化，也就是如何把握一个抽象、概括的问题，即建立数学模型。关键是怎样引导学生把实际问题问题转化为数学问题，进而利用数学方法解决实际问题。在解决存在多个三角形的问题时，让学生注意观察，在不同的三角形中运用正、余弦定理，构建边角关系，有利于培养学生思维的广阔性与深刻性。

四、教学支持条件分析

（一）教学策略分析

1. 根据对教材与学生的分析，并针对学生的实际情况，本节课主要采用问题链的方式引导学生去思考与探索，借助多媒体辅助的教学方式，生动形象地进行辅助教学。

2. 前面几节课，我们已经学习了余弦定理、正弦定理的证明与推论，特别是应用正、余弦定理解三角形，对应用余、正弦定理解决在生活中测量距离、高度问题的学习起到了很大的作用，学生在解三角形方面已经有较熟练的经验，在教学设计的例 9 中会有更好的体现。

（二）教学辅助媒体分析

借助多媒体平台，如希沃白板板演，几何画板画图，生动形象地辅助教学。

五、教学过程设计

（一）梳理知识，精选范例，开启思维

本节课是我们对"余弦定理、正弦定理"在生活中的应用，前面我们已经学习了余弦定理及其推论、正弦定理及其变形，并且应用它们来解三角形。

知识储备：

1. 余弦定理：

$$a^2 = b^2 + c^2 - 2bc\cos A$$
$$b^2 = c^2 + a^2 - 2ca\cos B$$
$$c^2 = a^2 + b^2 - 2ab\cos C$$

余弦定理的推论：

$$\cos A = \frac{b^2 + c^2 - a^2}{2bc}$$
$$\cos B = \frac{c^2 + a^2 - b^2}{2ca}$$
$$\cos C = \frac{a^2 + b^2 - c^2}{2ab}$$

2. 正弦定理：

$$\frac{a}{\sin A} = \frac{b}{\sin B} = \frac{c}{\sin C}$$

正弦定理的变形：

（1）比例式：$\dfrac{a}{\sin A} = \dfrac{b}{\sin B} = \dfrac{c}{\sin C} = 2R$。

（2）边化角：$a = 2R\sin A, b = 2R\sin B, c = 2R\sin C$。

（3）角化边：$\sin A = \dfrac{a}{2R}, \sin B = \dfrac{b}{2R}, \sin C = \dfrac{c}{2R}$。

在实践中，我们经常会遇到测量距离、高度、角度等实际问题。解决这类问题，通常需要借助经纬仪（图4-9）以及卷尺等测量角和距离的工具进行测量。

图4-9   图4-10

在具体测量中，我们常常遇到"不能到达"的困难，如图4-10，这就需要设计恰当的测量方案。

教师提出问题：如何去设计这个"测量方案"呢？解决这些问题的方法有哪些呢？

设计意图：通过让学生回顾之前所学过的知识，观察发现实际的问题，结合所学知识思考并尝试解决实际问题，能够激起学生的求知欲望。

（二）激发导思，探究方法，交流思维

下面我们通过几道例题来说明这种情况。需要注意的是，题中为什么要给出这些已知条件，而不是其他的条件。事实上，这些条件往往隐含着相应测量问题在某种特定情境和条件限制下的一个测量方案，而且是这种情境与条件限制下的恰当方案。

类型一：不能到达两点间的距离问题

阅读课本第49页例9。

如图4-11，A，B两点都在河的对岸（不可到达），设计一种测量A，B两点间距离的方法，并求出间的距离。

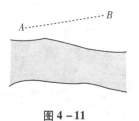

图4-11   图4-12

教师板演：

解：测量者可以在河岸边选定两点 C，D，如图 4-12，测得 $CD=a$，并且在 C，D 两点分别测得 $\angle BCA=\alpha$，$\angle ACD=\beta$，$\angle CDB=\gamma$，$\angle BDA=\delta$，

在 $\triangle ADC$ 和 $\triangle BDC$ 中，应用正弦定理得：

$$AC = \frac{a\sin(\gamma+\delta)}{\sin[180°-(\beta+\gamma+\delta)]} = \frac{a\sin(\gamma+\delta)}{\sin(\beta+\gamma+\delta)};$$

$$BC = \frac{a\sin\gamma}{\sin[180°-(\alpha+\beta+\gamma)]} = \frac{a\sin\gamma}{\sin(\alpha+\beta+\gamma)}。$$

于是，在 $\triangle ABC$ 中，应用余弦定理可得 A，B 两点间的距离：

$$AB = \sqrt{AC^2 + BC^2 - 2AC \cdot BC\cos\alpha}$$

$$= \sqrt{\frac{a^2\sin^2(\gamma+\delta)}{\sin^2(\beta+\gamma+\delta)} + \frac{a^2\sin^2\gamma}{\sin^2(\alpha+\beta+\gamma)} - \frac{2a^2\sin(\gamma+\delta)\cos\alpha}{\sin(\beta+\gamma+\delta)\sin(\alpha+\beta+\gamma)}}$$

教师进而提出问题1：在上述测量方案下，还有其他计算 A，B 两点间距离的方法吗？

分组讨论，学生代表发言：可在 $\triangle ADC$ 和 $\triangle BDC$ 中，应用正弦定理求 AD，BD 的长度，再在 $\triangle ABD$ 中，应用余弦定理求 A，B 间的距离。（证明过程用投影仪投影出来）

设计意图：让学生通过对例9中的实际问题设计解决方案，体会数学知识应用在实际问题的魅力。

（三）引议释疑，应用方法，提升思维

教师总结后，提出问题2：在生活实际问题中，我们所遇到的测量距离还有哪些？

学生通过对实际观察、分析，总结有三种测量距离类型，如表 4-4。

表 4-4

类型	A，B 两点间不可通或不可视	A，B 两点间可视，但有一点不可在	A，B 两点都不可达
图形			

教师提出问题 3：如何解决这几种测量距离问题呢？

学生分组完成，总结如表 4 - 5。

表 4 - 5

类型	A，B 两点间不可通或不可视	A，B 两点间可视，但有一点不可在	A，B 两点都不可达
图形			
解决方法	先测角 C，$AC = b$，$BC = a$，再用余弦定理要求 AB	以点 A 不可达为例，先测角 B，C，$BC = a$，再用正弦定理求 AB	测得 $CD = a$，$\angle BCD$，$\angle BDC$，$\angle ACD$，$\angle ADC$，$\angle ACB$，在 $\triangle ACD$ 中用正弦定理求 AC；在 $\triangle BCD$ 中用正弦定理要求 BC；在 $\triangle ABC$ 中用余弦定理求 AB

教师总结：可见，在研究三角形时，灵活根据两个定理可以寻找到多种解决问题的方案，但有些过程较繁复。如何找到最优的方法，最主要的还是分析两个定理的特点，结合题目条件来选择最佳的计算方式。

设计意图：让学生通过对实际问题的探讨，总结测量距离的类型，提出解决各类型的方法，加深学生用余弦定理、正弦定理解决实际问题的理解。

（四）点拨提高，深化理解，优化思维

在测量过程中，我们把根据测量的需要而确定的线段叫做基线。如课本第 49 页例 9 中的 CD，为使测量具有较高精准度，应根据实际需要选取合适的基线长度，基线越长，精确度越高。

请同学们阅读课本 P49 - P50，回答问题：你能设计一个测量方案，测出地球和月球之间的大致距离吗？（见图 4 - 13）

图 4 – 13

学生讨论，得出方案。

设计意图：让学生通过探究题，设计可行测量方案，在设计中找条件，再根据构造三角形求出线段长全过程，深化学生理解正弦定理解三角形的条件。

（五）精讲精练，拓展提升，拓展思维

类型二：测量高度的问题

阅读课本例 10。

如图 4 – 14，AB 是底部 B 不可到达的一座建筑物，A 为建筑物的最高点，设计一种测量建筑物 AB 高度的方法，并求出建筑物的高度。

图 4 – 14

教师引导：想办法将线段 AB 放入到某三角形中，利用正、余弦定理解三角形边 AB。在设计测量方案时，需要用到实际测量中的有关名称、术语。

（1）仰角和俯角

如图 4 – 15、图 4 – 16 与目标视线在同一铅垂平面内的水平视线和目标视线的夹角，目标视线在水平视线上方时叫仰角，目标视线在水平视线下方时叫俯角。

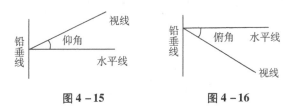

图 4－15　　　　　　图 4－16

（2）视角

从眼球发出到两物体端的两条光线交叉而成的角。

学生讨论，学生代表回答：我们发现，求 AB 长的关键是先求 AE，在 $\triangle ACE$ 中，如能求出 C 点到建筑物顶部 A 的距离 CA，再测出由 C 点观察 A 的仰角，就可以计算出 AE 的长。

解：如图 4－17，选择一条水平基线 HG，使 H，G，B 三点在同一条直线上。

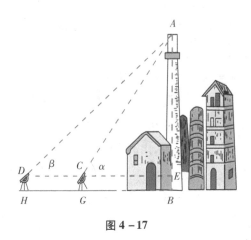

图 4－17

在 H，G 两点用测角仪器测得 A 的仰角分别是 α，β，$CD = a$，测角仪器的高是 h。那么，在 $\triangle ACD$ 中，根据正弦定理可得 $AC = \dfrac{a\sin\beta}{\sin(\alpha - \beta)}$，

所以 $AB = AE + h = AC\sin\alpha + h = \dfrac{a\sin\beta\sin\alpha}{\sin(\alpha - \beta)} + h$。

教师进而提出问题：在实际操作时，使 H，G，B 三点共线不是一件容易的事情，你有什么替代方案吗？

学生甲举手回答：其实不一定要使 H，G，B 三点共线的，当 H，G，B 三点不共线时，肯定在一个水平面上构成一个斜三角形 HGB，如图 4 - 18。

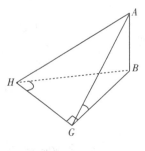

图 4 - 18

可构造一个直角三角形与一个斜三角形 HGB，测量出 HG 的距离，以及斜三角形 HGB 两个内角，在 H 或 G 处观察顶点 A 的仰角，利用正、余弦定理就可以求出 AB 的长度。

教师总结：该同学处理问题很到位，将"空间"向"平面"转化。测量高度问题往往是空间中的问题，因此先要选好所求线段所在的平面，将空间问题转化为平面问题，再把"解直角三角形"与"解斜三角形"结合，全面分析所有三角形，仔细规划解题思路。

巩固练习：如图 4 - 19 所示，A，B 是水平面上的两个点，相距 800m，在 A 点测得山顶 C 的仰角为 45°，$\angle BAD = 120°$，又在 B 点测得 $\angle ABD = 45°$，其中 D 点是 C 点到水平面的垂足，求山高 CD。

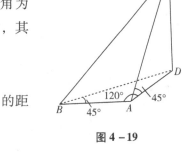

图 4 - 19

测量高度问题总结：

当 AB 的高度不可直接测量时，求 A，B 之间的距离有以下三种类型。

（1）如图 4 - 20，底部可达。

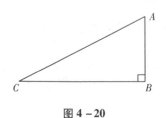

图 4 - 20

解决方法：测量 BC 及角 C，则 $AB = BC\tan C$。

（2）如图 4–21，底部不可达，但点 B 与 C，D 共线。

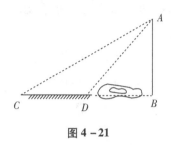

图 4–21

解决方法：测量 CD，角 C，$\angle ADB$，由正弦定理求 AC 或 AD，再通过解直角三角形求 AB。

（3）如图 4–22，底部不可达，且点 B 与 C，D 不共线。

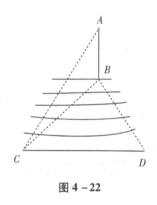

图 4–22

解决方法：测量 CD，$\angle BCD$，$\angle BDC$，$\angle ACB$，在 $\triangle BCD$ 中由正弦定理求 BC，再通过解直角三角形求 AB。

设计意图：通过学生之间的讨论得出结论，让学生发现利用正、余弦定理解决测量高度问题，关键也在于构造三角形，使学生在这一过程中思维得到拓展。

（六）归纳自结，诊断矫正，发展思维

请同学们自行总结本节课所学的内容及思想方法，谈谈你的收获。

1. 解决测量距离问题的策略。

（1）测量从一个可到达的点到一个不可到达的点之间的距离问题，一般可转化为已知两个角和一条边解三角形的问题，从而运用正弦定理去解决。

（2）测量两个不可到达的点之间的距离问题，一般先把求距离问题转化为运用余弦定理，求三角形的边长的问题，然后把求未知的边长问题转化为只有一点不能到达的两点之间距离的测量问题，最后运用正弦定理解决。

2. 解决测量高度问题的策略。

（1）"空间"向"平面"的转化。测量高度问题往往是空间中的问题，因此先要选好所求线段所在的平面，将空间问题转化为平面问题。

（2）"解直角三角形"与"解斜三角形"结合，全面分析所有三角形，仔细规划解题思路。

3. 解决应用题的思想方法。

把实际问题转化为数学问题，即数学建模思想。

4. 解斜三角形应用题的一般步骤（数学建模思想）。

（1）分析：理解题意，画出示意图。

（2）建模：把已知量与求解量集中在一个三角形中。

（3）求解：运用正弦定理和余弦定理，有序地解这些三角形，求得数学模型的解。

（4）检验：检验所求的解是否符合实际意义，从而得出实际问题的解，并根据本节课所学的思想方法画出思维导图。

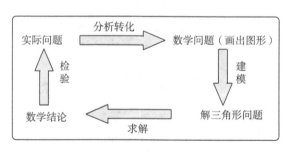

图 4 - 23

设计意图：通过学生的归纳总结，提升学生的注意力，同时强化解斜三角形应用题的一般步骤方法。

六、目标测试设计

（一）课堂练习

课本 P51 练习第 2 题，P53 习题 6.4 复习巩固第 8 题

设计意图：回归课本，重视课本上的练习，紧贴本节课的例题，引导学生发现规律方法，体验突破本节重点内容的喜悦，激发学生的学习热情。

（二）课后检测

1. 为了测量 B，C 之间的距离，在河岸 A，C 处测量，如图 $4-24$，测得下面四组数据，较合理的是（　　　）。

A. c 与 α

B. c 与 b

C. b，c 与 β

D. b，α 与 γ

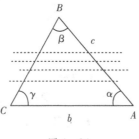

图 $4-24$

2. 如图 $4-25$ 所示，D，C，B 在地平面同一直线上，$DC = 10\,\mathrm{m}$，从 D，C 两地测得 A 点的仰角分别为 $30°$ 和 $45°$，则 A 点离地面的高 AB 等于_____。

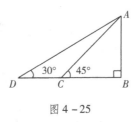

图 $4-25$

3. 如图 $4-26$，两座相距 $60\mathrm{m}$ 的建筑物 AB，CD 的高度分别为 $20\mathrm{m}$，$50\mathrm{m}$，BD 为水平面，则从建筑物 AB 的顶端 A 看建筑物 CD 的张角 $\angle CAD$ 的大小为_____。

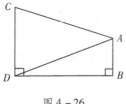

图 $4-26$

4. 如图 4 – 27，为测量山高 MN，选择 A 和另一座山的山顶 C 为测量观测点。从 A 点测得 M 点的仰角 ∠MAN = 60°，C 点的仰角 ∠CAB = 45°，以及 ∠MAC = 75°，从 C 点测得 ∠MCA = 60°。已知山高 BC = 100m，求山高 MN。

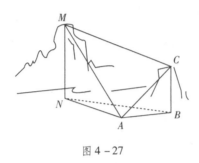

图 4 – 27

设计意图：考查学生对解三角形的应用题的理解。作业布置的第 1，2，3 题是常规题型，适合大多数同学，是必做题；第 4 题是改编题，属于"立体"问题，需转化为"平面"解决三角形问题，有一定难度，一部分同学可以做，做到分层教学、分层达标的要求。通过分层作业，让所以学生都可以做到知识的概括和迁移。

七、教学反思

1. 本节课重点是让学生学会灵活应用余、正弦定理解决三角形的实际问题，所以在教学安排上会有所偏重。但是，对于基础薄弱的同学来说，也许要达到灵活运用有些难度，对于实际问题中的几种测量距离、高度类型的解题策略可能会比较难掌握。

2. 将课本第 50 页例 10 中的三点 H，G，B 改为"不在一条直线上"，虽然整个推导过程是由少数学生探究出来了，但是对于其他部分学生来说，是不知道如何下手的。教师在课堂上应该多关注这些学生，并且要留有足够的时间让这些学生内化。

3. 本节课在教学设计方面没有涉及有关测量角度的问题，但是"课后检测"中第 3 题要求求角度。在下一课时的教学中应该做相应的补充总结，以提高学生读题、分析题目、建立解三角形模型等数学思想。

5

第五章

复习课教学案例

导数与函数的单调性复习课

一、内容和内容解析

导数是研究函数的一种工具，是每年高考重点考查的内容。从近几年的高考试题来看，导数部分占比有越来越高的趋势。2022 年全国高考数学全国一卷中共有 42 分的题目涉及导数，考查知识点多集中于利用导数研究函数的单调性、极值与最值、不等式等问题，常结合函数的零点、最值等问题综合考查。诸如含参函数单调性问题、恒成立问题等，而这些问题的本质，就是函数的单调性。

利用导数研究函数的单调性，是高中阶段导数学习中最核心的内容，它是函数复习的一条主干线。复习时，我们应该重点把握导数的应用，加强导数与函数的单调性、导数与函数的极值、导数与函数的最值的认知，理解化归与转化思想、分类讨论思想、函数与方程思想的应用。教学中，要重视培养学生的逻辑推理、数学运算等核心素养。

二、目标和目标解析

本节课主要内容是用导数求函数的单调区间，函数单调性的应用。在教学过程中，要让学生通过探究、图像、举反例等方法巩固相关结论，并运用这些知识解决函数单调区间、比较大小、解不等式、求参数等基本题型。在教学过程中通性通法、数形结合、化归与转化思想、分类讨论思想、函数与方程思想等数学思想要贯穿始终。

1. 使学生理解从导数到单调性时，导数正负与函数单调性的关系，能用这些知识求单调区间。

2. 学生能利用函数的单调性比较大小和解不等式。

3. 学生理解函数单调性与导数的关系，能用这些知识求参数的值或取值范围。

4. 学生能掌握含参数问题的关键点。

5. 学生能通过学生参与探究的过程，培养学生细心观察、认真分析的思维习惯。

三、教学问题诊断分析

导数是高中数学知识中综合性最强的部分，难度也是最大的，通常以压轴题的形式出现，对学生的能力要求最高。学生对这部分内容的掌握程度也是比较弱的，普遍存在畏惧心理，在学习上有畏难情绪。在教学中应遵循学生的认知规律，由易到难，同时注意分层教学，帮助学生化解本节难点。

四、教学支持条件分析

学生前面已经学习过解不等式，函数的单调性，函数的零点，导数的概念，导数的几何意义，使得学生对这部分内容的处理有了基本的理论和运算基础。本节课的设计按照从易到难、从简到繁、从理论到应用的原则，从求函数的单调区间出发到单调性的应用过渡，采用追问和举例的形式巩固学生基本知识，降低学生的认知负荷。但本节课内容综合性强，难度不小，所以设置题目的时候一定要有梯度。特别是课后作业和练习，要设置必做题和选做题，实行分层教学，分层练习，让基础程度不同的同学能达到不同程度的收获。

五、教学过程设计

（一）知识归析，构建网络，开启思维

表 5-1 为真题多维细目表（考情探究，真题分析，指导方向）。

表 5-1

考题	考点	考向	情境载体	关键能力	考查要求	核心素养
2022 年新高考一卷，7	利用导数研究函数的单调性	比较大小	数学推理学习	逻辑思维运算求解	综合性	数学运算逻辑推理
2022 年新高考二卷，22	利用导数研究函数的单调性	由不等式恒成立求取值范围	数学推理学习	逻辑思维运算求解	综合性	数学运算逻辑推理
2021 年新高考一卷，7	导数的概念和运算	比较大小	数学运算学习	运算求解	创新性	数学运算

考题	考点	考向	情境载体	关键能力	考查要求	核心素养
2021年新高考一卷，22	利用导数证明不等式	求解函数的单调性、极值点的偏移问题	数学原理习得数学推理学习	逻辑推理	综合性	数学运算直观想象逻辑推理
2020年新高考一卷，21	利用导数证明不等式	曲线的切线、面积问题、恒成立问题	数学原理习得数学推理学习	数学推理	综合性	数学运算逻辑推理数学抽象

设计意图：通过分析近三年导数与函数单调性在高考中的出题情况，让学生知道这部分占比是多少，考什么，怎么考，让学生从心理上重视，为复习提供一个指导方向。

看表5-2，回答问题。

问题1：如果在区间 (a,b) 上，若 $f'(x)>0$ ，则 $f(x)$ 在这个区间上单调性如何？

追问1：如果在区间 (a,b) 上，若 $f'(x)<0$ 呢？

追问2：你能不能通过函数图像与导数的几何意义来解释一下？

追问3：反之，如果函数 $y=f(x)$ 在区间 (a,b) 上单调递增，是不是它的导函数 $f'(x)>0$ 呢？你能不能举个例子说明？

问题2：如果函数 $y=f(x)$ 在区间 (a,b) 上单调递增，则它的导数 $f'(x)$ 满足什么条件？

追问4：如果函数 $y=f(x)$ 在区间 (a,b) 上单调递减，则它的导数 $f'(x)$ 满足什么条件？

函数的单调性与导数关系见表5-2。

表5-2

导数到单调性	单调递增	在区间 (a,b) 上，若 $f'(x)>0$ ，则 $f(x)$ 在这个区间上单调递增
	单调递减	在区间 (a,b) 上，若 $f'(x)<0$ ，则 $f(x)$ 在这个区间上单调递减
单调性到导数	单调递增	若函数 $y=f(x)$ 在区间 (a,b) 上单调递增，则 $f'(x)\geq0$ 在区间 (a,b) 上恒成立（且 $f'(x)$ 在 (a,b) 任意子区间内都不恒为零）
	单调递减	若函数 $y=f(x)$ 在区间 (a,b) 上单调递减，则 $f'(x)\leq0$ 在区间 (a,b) 上恒成立（且 $f'(x)$ 在 (a,b) 任意子区间内都不恒为零）

设计意图：通过提问和追问，结合图像，最后以填表格的形式让学生回顾知识，有利于学生掌握导数的正负与单调性的关系，加深印象。通过"导数→单调性"与"单调性→导数"的双向考查，加强了学生对两者关系的理解。同时在复习课上，我们也可以指导学生用表格或思维导图形式来构建知识结构，梳理知识网络，对学生能系统地运用知识解题起到很大的帮助。

（二）精选范例，激学导思，交流思维

考点一：不含参的函数的单调性

例1　（1）函数 $f(x) = x - \ln x$ 的单调递减区间为（　　　）。

A．$(0, 1)$　　　　　　　　　　B．$(0, +\infty)$

C．$(1, +\infty)$　　　　　　　　D．$(-\infty, 0)$，$(1, +\infty)$

（2）已知定义在区间 $(-\pi, \pi)$ 上的函数 $f(x) = x\sin x + \cos x$，则 $f(x)$ 的单调递增区间是＿＿＿＿＿。

师生活动：学生自主完成，让两个学生板演过程，老师简单点评，老师和学生归纳求单调区间的步骤。

生1：选A。函数的定义域是 $(0, +\infty)$，且 $f'(x) = 1 - \dfrac{1}{x} = \dfrac{x-1}{x}$，令 $f'(x) < 0$，得 $0 < x < 1$，故 $f(x)$ 的单调递减区间为 $(0, 1)$。

生2：$f'(x) = \sin x + x\cos x - \sin x = x\cos x$，

令 $f'(x) = x\cos x > 0$，则其在区间 $(-\pi, \pi)$ 上的解集为 $\left(-\pi, -\dfrac{\pi}{2}\right) \cup \left(0, \dfrac{\pi}{2}\right)$，即函数 $f(x)$ 的单调递增区间为 $\left(-\pi, -\dfrac{\pi}{2}\right)$ 和 $\left(0, \dfrac{\pi}{2}\right)$。

师：求函数的单调区间首先要考虑什么？书写单调区间时要注意什么？大家总结一下求单调区间的步骤。

生：（1）求函数单调区间"定义域优先"原则；（2）单调区间不止一个时，这些区间之间不能用"∪"及"或"连接，只能用"，"及"和"隔开；（3）求单调区间的步骤：①确定定义域，②求导并判断导数的正负（有些导数没有零点），③根据导数正负与原函数的单调性关系确定单调区间。

设计意图：本例题是简单的求单调区间的问题，属于基础题，学生能自己完成。主要让学生掌握用导数求函数单调区间的步骤和单调区间的书写形式。

考点二：含参的函数的单调性

例2 已知$f(x) = \frac{1}{2}ax^2 - (a+1)x + \ln x (a > 0)$，讨论函数$f(x)$的单调性。

分析：与例1相同，本例也是求单调性问题，因此也要对函数求导，但不同的是含有字母参数，所以我们可能要对参数进行分类讨论，注意分类讨论最后要对各种讨论情况"综上"。

师生活动：学生小组合作探究，老师恰当指点，分析题设条件，寻求解题思路，师生共同完成。

变式1：本例题其他条件不变，把a的范围改为$a \in \mathbf{R}$，答案有什么不同？

设计意图：判断含参与不含参的函数单调性基本步骤是一样的，涉及含参数的函数的单调性或单调区间问题，一定要弄清参数对导数$f'(x)$在某一区间内的正负是否有影响，若有影响，则必须分类讨论；求函数的单调区间，要在函数的定义域内讨论，还要确定导数为零的点和函数的间断点。

小结：研究含参数的函数的单调性，首先要明确定义域；其次明确讨论参数的标准，要依据参数对导数方程的解的影响进行分类讨论；最后检验参数的分类是否有重复与遗漏。解题过程体现了数学运算与逻辑推理的核心素养。

（三）引议释疑，探究方法，提升思维

导数的应用：函数单调性的应用（多维探究）。

考点三：比较大小

例3 已知$a = \frac{2}{5}\ln\frac{5}{2}$，$b = \frac{\ln e}{e}$（e是自然对数的底数），$c = \frac{\ln 2}{2}$，则$a$，$b$，$c$的大小关系是（　　）。

A. $c < a < b$　　　　　　　　B. $a < c < b$

C. $b < a < c$　　　　　　　　D. $c < b < a$

考点分析：本题主要考查了利用导数研究函数的单调性以及利用函数的单调性比较函数值的大小关系，是中档题。

师生活动：教师适当地引导学生发现每个数的共同特征，学生探讨完成，教师点评。

命题总结：本题通过简单的变化，使三个数的结构一样，所以可以看作是一个函数的三个不同值。因此可以构造一个函数，利用函数单调性比较大小。

设计意图：利用导数与函数的单调性比较大小，其关键是明确函数的单调性。有利于提升学生的思维能力，培养学生的数学素养。

（四）点拨提高，深化理解，优化思维

考点四：解不等式

例4 已知函数 $f(x)$ 是定义在 **R** 上的偶函数，$f(2)=0$，当 $x<0$ 时，$f(x)+xf'(x)<0$，求不等式 $xf(x)>0$ 的解集。

考点分析：本题考查函数的导数与单调性的关系，涉及函数的奇偶性与单调性的关系，属于综合题。

师生活动：师生合作完成。

小结：这是典型的导数与原函数关系的问题，解决这类题的关键是构造原函数，这里需要我们积累一些常见的构造函数模型总结：导函数→原函数。

（1）关系式为"加"型：

① $f'(x)+f(x)$，构造 $y=e^x f(x)$，则 $y'=e^x[f'(x)+f(x)]$

② $xf'(x)+f(x)$，构造 $y=xf(x)$，则 $y'=xf'(x)+f(x)$

③ $xf'(x)+nf(x)$，构造 $y=x^n f(x)$，则 $y'=x^{n-1}[xf'(x)+nf(x)]$

（2）关系式为"减"型：

① $f'(x)-f(x)$，构造 $y=\dfrac{f(x)}{e^x}$，则 $y'=\dfrac{f'(x)-f(x)}{e^x}$

② $xf'(x)-f(x)$，构造 $y=\dfrac{f(x)}{x}$，则 $y'=\dfrac{xf'(x)-f(x)}{x^2}$

③ $xf'(x)-nf(x)$，构造 $y=\dfrac{f(x)}{x^n}$，则 $y'=\dfrac{xf'(x)-nf(x)}{x^{n+1}}$

设计意图：构造新函数，公式逆用，培养学生逆向思维能力。

（五）精讲训练，拓展提升，拓展思维

考点五：利用函数的单调性求参数

例5 已知函数 $f(x)=-\dfrac{1}{2}x^2+b\ln(x+2)$ 在 $[-1,+\infty)$ 是减函数，则 b 的取值范围是（　　）。

A. $[-1,+\infty)$ 　　　　　　B. $(-\infty,-1]$

C. $[1,+\infty)$ 　　　　　　　D. $(-\infty,1]$

考点分析：本题考查利用导数研究函数的单调性，考查转化思想及运算能力，属于基础题。

师生活动：学生自主完成展示，老师巡视点评。

变式2：若函数$f(x) = ax^3 + ax^2 + x$在 **R** 上单调递增，求实数a的取值范围。

小结：根据函数单调性求参数的一般思路。

（1）利用集合间的包含关系处理：$y = f(x)$在（a，b）上单调，则（a，b）是相应单调区间的子集；（2）$y = f(x)$在区间（a，b）上为增函数的充要条件是$\forall x \in$（a，b）都有$f'(x) \geq 0$，且在（a，b）内的任一非空子区间上，$f'(x)$不恒为零，应注意此时式子中的等号不能省略，否则漏解；（3）函数在某个区间上存在单调区间可转化为不等式有解问题。

设计意图：已知函数单调性逆求参数取值范围，通过对开口和判别式的讨论求参数范围，引导学生从统领全局的高度思考分类讨论。运用函数与方程思想，见比式设比值，等价转化成函数最值问题，灵活运用数学思想方法。

（六）归纳自结，反馈矫正，形成能力

方法总结：

1. 利用导数求函数单调区间。

2. 利用函数单调性比较大小和解不等式问题。

3. 已知函数单调性逆求参数取值范围。

本节课我们还运用了数形结合思想、函数与方程思想、建模思想等数学思想、方法。

命题预测：

1. 考查函数的单调性。

2. 利用函数单调性比较大小。

3. 利用函数单调性解不等式。

4. 已知单调性求参数范围。

5. 题型以解答题为主，中高档难度。

复习建议：

1. 熟悉掌握导数的正负与原函数单调性的关系。

2. 积累一些常见导函数的原函数构造。

3. 强调已知单调性的充要条件。

4. 重视含参问题的分类讨论思想。

5. 加强学生逻辑推理、数学运算等关键能力。

六、目标检测设计

1. 函数 $f(x) = x^2 - 2\ln x$ 的单调递减区间是（　　）。

A.（0，1）　　　　　　　　B.（1，$+\infty$）

C.（$-\infty$，1）　　　　　　D.（-1，1）

2.（2022·南昌摸底调研）已知函数 $f(x)$ 是定义在 **R** 上的偶函数，设函数 $f(x)$ 的导函数为 $f'(x)$，若对任意 $x > 0$ 都有 $2f(x) + xf'(x) > 0$ 成立，则（　　）。

A. $4f(-2) < 9f(3)$　　　　B. $4f(-2) > 9f(3)$

C. $2f(3) > 3f(-2)$　　　　D. $3f(-3) < 2f(-2)$

3.（2022·天津模拟）函数 $f(x) = \ln x - ax$（$a > 0$）的单调递增区间为（　　）。

A. $\left(0, \dfrac{1}{a}\right)$　　　　　　　B. $\left(\dfrac{1}{a}, +\infty\right)$

C. $\left(-\infty, \dfrac{1}{a}\right)$　　　　　　D.（$-\infty$，a）

4. 已知函数 $f(x) = x^2 + \dfrac{a}{x}$，若函数在 $[2, +\infty)$ 上单调递增，则实数 a 的取值范围为（　　）。

A.（$-\infty$，8）　　　　　　B.（$-\infty$，-8）$\cup$（8，$+\infty$）

C.（$-\infty$，16]　　　　　　D.（$-\infty$，-16]$\cup$[16，$+\infty$）

5. 已知函数 $y = f(x)$（$x \in$ **R**）的图像如图 5 - 1 所示，则不等式 $xf'(x) \geqslant 0$ 的解集为_____。

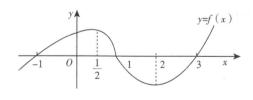

图 5 - 1

6. 已知函数 $f(x) = \ln x$，$g(x) = \dfrac{1}{2}ax^2 + 2x(a \neq 0)$，若函数 $h(x) = f(x)$ $- g(x)$ 存在单调递减区间，求 a 的取值范围。

设计意图：检测本节课教学效果，通过相同的题型加强此类问题的理解和掌握，在巩固中突出分类讨论的数学思想及分类依据标准的掌握。

七、教学反思

1. 整体设计思路清晰，过渡流畅，考点分布先重后轻，再由易到难。含参的分类讨论问题一直是难点，总结归纳对学生帮助很大。

2. 本节内容直指高考方向，考点罗列清晰，选题具有很好的代表性。教学思路以学生探究为主，合作完成典型例题与归纳小结。

3. 本节课是专题复习课，知识内容多，综合性强，课堂没有充分的时间进行练习巩固，只能通过课后对应练习加强巩固。同时因为一节课的容量有限，有一些题型还没有涉及，比如函数在某个区间有单调性问题、证明不等式问题，只能放到下一节课。在这节课的课后练习里，会布置个别这种题型的题目，比如目标检测设计中的第 6 题，让学生先提前接触，为下一节课做准备。

4. 导数内容高考出题多为综合性题型，难度中偏难。因为是第一课时，所以没有把难度拔高，只是先解决一些基础题和基本题型，后面还要安排课时处理一些难度更大，综合性更强的题目。

5. 本节课开题内容侧重强调单调性的判断与应用，但是后面有较大篇幅的原函数的构造问题，比如比较大小、求不等式等。这些问题都是以求导的逆向使用为主线，所以在开篇可以增加导数的应用和单调性的判断与应用主题内容；也通过这种方式强调，本节课是通过导数的方法来研究单调性的，是函数的单调性研究方法之一。内容中用大篇幅研究了构造原函数的方法，可以考虑把 2022 年高考题第 7 题纳入选题，让学生走进高考。

导数在研究函数中的应用

一、内容和内容解析

导数是研究函数的图像与性质的重要工具，"导数在研究函数中的应用"是高考命题的重点和必考点。其考查的内容既有利用导数判断函数的单调性，又有构造函数证明不等式，通过恒成立问题逆求参数或取值范围等。导数的应用蕴含着分类讨论、数形结合、化归与转化等重要的数学思想方法，能在解题过程中培养学生严谨的科学精神，提升学生的理性思维能力，是数学育人的重要途径。

二、目标和目标解析

本节内容是复习导数在研究函数中的应用，通过例题引导学生回顾导数应用的基本方法。在教学过程中让学生通过探究，得出重要结论 $e^x \geq x+1$ ，并进行拓展应用。解题过程中始终贯穿通性通法，渗透重要结论的应用。

（一）教学目标

1. 让学生理解和掌握用导数的方法求函数的单调性、极值和最值。

2. 探索重要结论 $e^x \geq x+1$ ，通过数形结合进一步深化理解，并对其进行拓展与应用。

3. 让学生掌握导数问题求解中常用的解题方法，如构造法等。

4. 让学生掌握分类讨论、数形结合、化归与转化等重要的数学思想方法。

5. 提高学生的整体素质，培养学生主动探究知识、合作交流的意识，激励学生勇于探索与创新。

（二）教学重点

1. 运用导数的方法求函数的单调性、极值和最值。

2. 重要结论 $e^x \geqslant x + 1$ 的拓展与应用。

（三）教学难点

1. 让学生能处理需要通过多次求导来判断原函数单调性的问题。

2. 学生可以应用重要结论 $e^x \geqslant x + 1$，优化解题过程。

三、教学问题诊断

学习本节内容之前，学生已经掌握了导数应用的基本知识点，能够解决一些简单的基本题目。但是学生在题目较为综合的情况下，无法正确把握解题方向，分析问题的能力有待进一步提高。因此，在教学中要遵循学生的认知规律，由易到难，逐步帮助学生调整学习状态，激发学生学习兴趣。数学思维的形式虽然千变万化，但其本质始终如一。因此教师要从多角度引导学生解决问题，进而提升学生的理性思维能力。

四、教学支持条件分析

由于学生已经学习了用导数研究函数的单调性、极值和最值，在教学中可以从学生熟悉的简单例题引入，使学习的起点放在学生思维的最近发展区，从而降低入口门槛。通过对例题的变式与拓展进一步丰富题型与方法，探究重要结论并将其应用拓展，让学生既掌握通性通法，又学会适当的技巧。数学是思维的体操，数学需要做，仅仅听是听不会的。作业中需要设置必做题与选做题，以到达分层教学、分层达标的要求。

五、教学过程设计

（一）知识分析，构建网路，开启思维

本节课我们将进行导数在研究函数中的应用专题复习，请同学们认真回顾之前所学的相关内容。

1. 函数的单调性与导数。

一般地，函数 $f(x)$ 的单调性与导函数 $f'(x)$ 的正负之间具有如下关系：

在某个区间 (a, b) 上，如果 $f'(x) > 0$，那么函数 $y = f(x)$ 在区间 (a, b) 上单调递增。

在某个区间 (a, b) 上，如果 $f'(x) < 0$，那么函数 $y = f(x)$ 在区间

(a, b) 上单调递减。

2. 函数的极值与导数。

表 5 – 3

条件	$f'(x_0) = 0$	
	x_0 附近的左侧，$f'(x_0) > 0$，右侧 $f'(x_0) < 0$	x_0 附近的左侧，$f'(x_0) < 0$，右侧 $f'(x_0) > 0$
图像	形如山峰	形如山谷
极值	$f(x_0)$ 为极大值	$f(x_0)$ 为极小值
极值点	x_0 为极大值点	x_0 为极小值点

3. 函数的最值与导数。

（1）如果在闭区间 $[a, b]$ 上函数 $y = f(x)$ 的图像是一条连续不断的曲线，那么它必有最大值和最小值。

（2）若函数 $f(x)$ 在 $[a, b]$ 上单调递增，则 $f(a)$ 为最小值，$f(b)$ 为最大值；

若函数 $f(x)$ 在 $[a, b]$ 上单调递减，则 $f(a)$ 为最大值，$f(b)$ 为最小值。

（3）求函数 $y = f(x)$ 在区间 $[a, b]$ 上的最大值与最小值的步骤：

① 求 $y = f(x)$ 在区间 (a, b) 上的极值；

② 将函数 $f(x)$ 的各极值与端点处的函数值 $f(a)$，$f(b)$ 比较，其中最大的一个是最大值，最小的一个是最小值。

提醒：

1. 函数 $f(x)$ 在区间 (a, b) 上单调递增，则 $f'(x) \geq 0$，即 "$f'(x) > 0$ 在 (a, b) 上成立" 是 "$f(x)$ 在区间 (a, b) 上单调递增" 的充分不必要条件。

函数 $f(x)$ 在区间 (a, b) 上单调递减，则 $f'(x) \leq 0$，即 "$f'(x) < 0$ 在 (a, b) 上成立" 是 "$f(x)$ 在区间 (a, b) 上单调递减" 的充分不必要条件。

2. 对于可导函数 $f(x)$，"$f'(x_0) = 0$" 是 "函数 $f(x)$ 在 $x = x_0$ 处有极值" 的必要不充分条件。

3. 函数最值是 "整体" 概念，而极值是 "局部" 概念，极大值与极小值之间没有必然的大小关系，求最值时，应结合函数的单调性进行分析。

设计意图：上述所列知识点都是高考的重点内容，让学生通过复习回顾，有利于学生系统掌握导数与函数单调性、极值、最值之间的关系以及用导数的方法进行求解，进而形成完整的知识网络，为后面的复习做好知识铺垫。

（二）精选范例，激学导思，交流思维

例1 已知函数 $f(x) = e^x - x - 1$。

（1）判断函数 $f(x)$ 的单调性，并求出 $f(x)$ 的极值与最值；

（2）画出函数 $f(x)$ 的大致图像。

设计意图：本题是运用导数求函数单调性、极值与最值的基础题目，是导数问题中最基本的题型，考查学生最基本的导数运用能力。题目难度低，入手容易，为后续变式与提升做好铺垫。

（三）引议释疑，探究方法，提升思维

师：在上述例题中，我们得到 $f(x) \geq 0$ 恒成立，即 $e^x \geq x + 1$。这是一个平常而不平凡的不等式，其高等数学背景是泰勒公式，在我们的解题中有着极其重要的作用。现在请同学们想一想如何用函数图像的直观性来验证？

生1：在同一平面直角坐标系中作出函数 $y = e^x$ 和 $y = x + 1$ 的图像，可以发现 $y = e^x$ 图像上的点（除 $(0, 1)$ 在 $y = x + 1$ 上外）均在 $y = x + 1$ 上方，所以 $e^x \geq x + 1$ 恒成立。

设计意图：通过例题引出重要结论 $e^x \geq x + 1$，为后续解题提供依据，为简化烦琐解题过程做好铺垫。

变式训练：

1. 若函数 $f(x) = e^x - x - a$（$a \in \mathbf{R}$），若对任意实数 $x \in \in \mathbf{R}$，$f(x) \geq 0$ 恒成立，则实数 a 的范围是 _____。

解法一：转化为函数的最值。

解法二：分离参数，构造新函数。

解法三：应用 $e^x \geqslant x+1$。

2. 若函数 $f(x) = e^x - ax - 1$（$a \in \mathbf{R}$），若对任意实数 $x \in \in \mathbf{R}$，$f(x) \geqslant 0$ 恒成立，则实数 a 的值是＿＿＿＿＿。

解法一：转化为函数的最值。

解法二：分离参数，构造新函数。

解法三：应用 $e^x \geqslant x+1$。

设计意图：通过变式题 1，展示了导数应用问题中的通法，即转化为函数的最值和分离参数构造新函数的方法，这是学生比较容易想到而且易于接受的方法。另外，变式题 1 中方法三应用了重要结论 $e^x \geqslant x+1$，旨在于让学生感受到结论带来的解题优化，引起学生对 $e^x \geqslant x+1$ 的重视。变式题 2 再次使用三种方法求解，前两种仍然是通法求解，但是其解答过程明显比第三种方法烦琐，这将进一步引起学生对重要结论的重视。同时，三种方法的依次出现，遵循了解题既要从通性通法入手，又要具体题目具体分析、优化解法的原则。这样既锻炼了学生的思维，又提升了学生的解题能力，为学生后续解答高考导数压轴题做好知识准备。

师：从上面的变式题中，同学们可以看到，如果在解题中，能够运用不等式 $e^x \geqslant x+1$，那么将会事半功倍，大大提高解题效率。这是一个重要的结论，同学们还能由此推出其他相关结论吗？

生 2：当 $x+1 > 0$ 时，由 $e^x \geqslant x+1$，两边取对数，可得 $x \geqslant \ln(x+1)$，即 $\ln x \leqslant x-1$（$x > 0$）。

师：很好。能否通过图像来验证呢？

生 3：可以。作出函数 $y = \ln x$ 与 $y = x-1$ 的图像，我们不难发现它们相切于点（1，0）。除切点外，函数 $y = \ln x$ 的图像都在直线 $y = x-1$ 的下方，这就从"形"的角度验证了不等式 $\ln x \leqslant x-1$（$x > 0$）。

（四）点拨提高，深化理解，优化思维

例 2　已知函数 $f(x) = e^x - \ln(x+m)$。

（1）设 $x = 0$ 是 $f(x)$ 的极值点，求 m，并讨论 $f(x)$ 的单调性；

（2）当 $m \leqslant 2$ 时，证明 $f(x) > 0$。

设计意图：这是一道高考导数压轴题，第（1）题通过极值点反过来求 m 的值，加深了学生对极值与导数关系的理解，同时又通过单调性的判断引导学生

借助 $f''(x)$ 的正负来研究 $f'(x)$，进而确定 $f(x)$ 的单调性，提升学生用导数判断单调性的应用能力。第（2）题目的在于展示两种方法求解问题，展示了解题教学中从通性通法入手到优化解法，实现技巧解题，提升学生的解题能力，锻炼学生的思维能力。

（五）精讲精练，拓展提升，拓展思维

课堂练习：设函数 $f(x) = 1 - e^{-x}$，证明：当 $x > -1$ 时，$f(x) \geqslant \dfrac{x}{1+x}$。

设计意图：本题也是一道高考导数题目，旨在于巩固通性通法的应用，同时又有意识地引导学生利用 $e^x \geqslant x+1$ 解决问题，以提高解题效率。此外，本题还有另外一个目的，就是要让学生学会将 $e^x \geqslant x+1$ 转化为 $\dfrac{1}{e^x} \leqslant \dfrac{1}{x+1}$（$x > -1$），让学生在理解数学结论本质的基础上，懂得根据解题的需要，灵活变通所学知识，实现解一题会一类的目的。

（六）归纳自结，反馈矫正，形成能力

1. 判断函数单调性的步骤。

2. 求函数极值的步骤。

3. 重要结论：$e^x \geqslant x+1$（当且仅当 $x = 0$ 时，等号成立），

$\ln x \leqslant x-1$（当且仅当 $x = 1$ 时，等号成立）。

设计意图：让学生根据本节课所学内容进行归纳整理，旨在帮助学生形成完整的知识结构网络，提炼解题的通性通法，理解重要结论的数学本质及其应用。

六、目标检测设计

1.（必做题）（1）探究：请对不等式 $e^x \geqslant x+1$ 进行变式推广，你还能得到哪些结论？

（2）（2020 年新高考全国一卷第 21 题）已知函数 $f(x) = ae^{x-1} - \ln x + \ln a$。若 $f(x) \geqslant 1$，求 a 的取值范围。

2.（选做题）设 $a = 0.1e^{0.1}$，$b = \dfrac{1}{9}$，$c = -\ln 0.9$，则（　　）。

A. $a < b < c$　　　　　　　　　B. $c < b < a$

C. $c < a < b$　　　　　　　　　D. $a < c < b$

设计意图:作业设计以本节课所学知识为基准,分为必做题和选做题两个部分,以满足不同层次学生的学习要求。必做题中的探究题,其设计意图在于改变目前学生的简单模仿的学习方式,引导学生形成思辨的习惯,主动思考、主动用心去"悟"数学的"源",学会学习。

七、教学反思

本节是专题复习课,知识内容多。课前通过预习的方式让学生回顾整理出导数与函数的单调性、极值、最值之间的关系,掌握运用导数研究函数的基本思路和方法。通过例 1 对课本所涉及的基本解法进行复习巩固,同时又引导学生通过解题后的再思考,探究得出重要结论 $e^x \geqslant x+1$ 。采用数形结合的方法对其进行验证,并将其应用于高考导数压轴题目的解答,让学生掌握解题的通性通法,又学会运用技巧解题,懂得从多途径去思考同一问题,提高和升华学生的数学思维能力。

6

第六章

讲评课教学案例

2021—2022 学年第二学期五校联盟
高一期末联考数学试卷讲评课（一）

一、内容和内容解析

本节课的内容是高一第二学期五校联盟期末联考试卷的讲评，让学生对必修第一册、第二册的内容进行巩固和重塑。必修第一册主要考查三角函数、三角恒等变换、三角函数的图像和性质（共 22 分）；必修第二册考查了所有内容：平面向量（15 分）、正、余弦定理、解三角形（共 22 分）、复数（5 分）、立体几何初步（34 分）、统计（31 分）、概率（21 分）。

从知识点分布来看，本套试卷涉及复数的概念及运算、平面向量基本定理及坐标运算、平面向量的线性运算、平面向量的数量积运算、平面向量的模长运算、平面向量的关系、三角函数的图像与性质、诱导公式、三角恒等变换、三角函数与解三角形、分层抽样、折线图、数字特征、古典概型、概率的基本性质、频率分布直方图、空间几何体体积的计算、外接球、空间点线面位置关系、空间角的计算等知识。试卷涵盖了解三角形与三角函数、统计概率、立体几何、复数等模块在数学高考常考的所有重要知识点，命题层次明显，区分度高，难度为中档。

从考查的方法来看，试题涉及综合法、公式法、向量法、坐标法、割补法、从特殊到一般的方法、平行移动法、图像法等基本的数学方法。

二、目标和目标解析

本节课是试卷讲评，本次考试加入了茂名市五校联盟考试。三角函数是第一学期所学习的内容，学生的心理压力比较大，本次试卷难度偏大。因此，本节课的教学目标重在基础知识的巩固，让学生重新理解和掌握知识的内容，帮助学生梳理知识结构，教学中注重通法通则的教学。本次试卷分知识模块进行讲评，本节课主要讲评复数、平面向量、立体几何的相关题目。

1. 以第 6、13 题和第 21 题为例，梳理知识点，温故知新。

2. 以典型错误为出发点，先让学生自己寻找出错的原因，然后老师分析，并在以后的学习中加以改正。

3. 重视基本概念的理解，基本公式的记忆，通法通则的掌握。

4. 重视题型的分类归纳，注重学生的思想方法的训练。

5. 规范学生的解题步骤和表达，使学生养成良好的书写习惯。

三、教学问题诊断分析

本次考试是在刚学习了必修第一册和第二册内容就进行的，学生对基本考点的知识有了一定的理解。但是由于时间的仓促，学生没能来得及消化和巩固，所以知识的运用不够灵活，知识框架也不够完善。在心理上，学生担心考得不理想，有一定的心理压力。特别是一些女孩子，自从选科分班之后，理科成绩与男同学拉开了很大的差距。这个时候，学生需要我们老师多关心，在心理上多疏导，多鼓励，提高他们学习的信心；在学习上，多引导，帮助学生构建良好的知识结构，让学生学会归纳总结提高。

对于向量和立体几何，因为比较抽象，学生除了要打破在初中原有的知识认知，在思维上也要进行很大的转变，所以一直是学习的难点内容。同时我们往往要借用图形来解题，但很多时候学生在作图时不够规范，影响了解题思路，所以教学中除了基础概念的巩固，还要强调作图规范和思维的培养。在解答题中，很多学生还因为答题不规范被扣掉分，所以教学中，我们要强调书写的规范性和重要性。

四、教学支持条件分析

由于时间的紧迫，学习任务的繁重，学生对很多知识的把握都不是很到位。但因为是物化生班，学生整体都是积极向上的，对学习也很自觉，考试前着急对自己的学习效果进行检验，考试后也能做到对出现的错误及时订正总结，学习的热情比较高。另外，在课堂上也保持了一直以来的积极态度，愿意把自己的思路表达出来，跟同学、老师进行探讨，这些都对我们提高课堂效率提供了很好的帮助。

由于在解题中很多题可以用到数学结合的方法，所以我们可以借用多媒体，帮助学生直观认识和理解图形并探讨过程。

五、教学过程设计

（一）发放试卷，总体评价，开启思维

教师发放试卷，对本次测试的试卷、成绩进行总体评价：班级平均分78.2，最高分116，及格人数（≥90）13人，分数在前5名的同学和进步幅度最大的5名同学，老师在课堂是公布姓名和成绩，增强他们的自信，提高他们学习数学的积极性，同时给这次考试没考好的同学树立榜样，改进他们的学习方法和学习态度，提高他们对学习的兴趣。

1. 学生自我分析并订正。学生对本次考试做试卷分析，包括以下几方面：（1）各题目涉及的知识点和分值分布统计；（2）个人在各知识模块的得失分情况；（3）分析失分的原因（概念不熟、计算失误、审题不清、思路方法不对等）；（4）改正措施；（5）（课前已经完成）试卷订正，自己不能解决的做好标记。

2. 学习小组合作。因为我们一直有分学习小组，学生不能自己解决的问题，学习小组合作讨论完成。

3. 老师讲评试卷。针对学习小组也不能解决的题目、易错题、重点题型、一题多解的题进行讲评和拓展。

（二）激学导思，引出错因，交流思维

本试卷中解答题错误率最高的是第22题（班级平均分：1.73分），题目条件涉及的是含sin函数的值域或最值，正弦型函数的图像变换，正弦（型）函数的零点，三角恒等变换的综合应用，属于难题。三角问题我们下一节课再讲评。

立体几何模块中错误率比较高的是解答题的第21题（班级平均分：3.38分），解答题的第19题（班级平均分：4.33分），以及选择题的第12题（班级平均分：1.38分），题目条件涉及线面垂直、线面平行的判断，面面垂直的判定，线面垂直的性质，棱锥的体积，球体的体积，二面角和线面角等知识。

失分的原因有：（1）表达不规范；（2）逻辑混乱；（3）定理不熟悉，缺少

必要条件的证明；（4）不能熟练掌握等体积法的转化；（5）不能把线面角问题转换为求高问题；（6）计算错误。

平面向量模块中错误率比较高的是填空题的第 13 题（班级平均分：2.47分），第 6 题（班级平均分：3.73 分），考查了向量的坐标表示，模的运算，向量的基本定理与向量的垂直关系。

学生失分的原因有：（1）计算错误；（2）垂直与平行搞混；（3）模的求解公式不熟悉；（4）向量的基本定理掌握不到位。

（三）引议释疑，讲析研讨，提升思维

1. 已知向量 $\vec{a} = (1, k)$，$\vec{b} = (k+1, 2)$，若 $\vec{a} \perp \vec{b}$，则 $|\vec{a} + \vec{b}| =$ _____。

试题分析：本题考查向量垂直的判断，向量的数量积，向量的模，向量的坐标运算，属于基础题。

师：这是求向量模长的问题，求向量的模长我们有什么方法？

生 1：用向量的模长公式。

师：对，谁来回顾一下公式？

生 2：当知道向量坐标时，向量 $\vec{a} = (x, y)$ 时，用公式 $|\vec{a}| = \sqrt{x^2 + y^2}$；当不知道向量的坐标时，用公式 $|\vec{a}| = \sqrt{\vec{a}^2}$。

师：很好，那这道题，我们应该采取什么方法？需要做哪些工作？

生 3：我们应该采取坐标法，需要求出 $\vec{a} + \vec{b}$ 的坐标。

师：那么 $\vec{a} + \vec{b}$ 的坐标如何求？这里又有什么问题要解决的？

生 4：因为题目给出了 $\vec{a} = (1, k)$，$\vec{b} = (k+1, 2)$，所以 $\vec{a} + \vec{b} = (k+2, k+2)$，但是这里存在未知量 k，所以要先求出 k，然后代入模长的坐标运算公式即可。

师：非常好，那么 k 又该如何计算呢？

生 5：因为 $\vec{a} \perp \vec{b}$，所以我们应该根据平面向量垂直的充要条件来计算。

生 6：没错，平面向量垂直的充要条件是 $\vec{a} \cdot \vec{b} = |\vec{a}| \cdot |\vec{b}| \cos\theta = x_1 x_2 + y_1 y_2 = 0$。

师：大家回答得太好了，那么谁上黑板来写一下过程？

生 7：解：因为 $\vec{a} = (1, k)$，$\vec{b} = (k+1, 2)$，$\vec{a} \perp \vec{b}$，

所以 $\vec{a} \cdot \vec{b} = k+1+2k = 0$，即 $k = -\dfrac{1}{3}$，$\vec{a} = \left(1, -\dfrac{1}{3}\right)$，$\vec{b} = \left(\dfrac{2}{3}, 2\right)$，

$$\therefore \vec{a} + \vec{b} = \left(\frac{5}{3}, \frac{5}{3}\right), \quad |\vec{a} + \vec{b}| = \sqrt{\left(\frac{5}{3}\right)^2 + \left(\frac{5}{3}\right)^2} = \frac{5\sqrt{2}}{3}.$$

师：这是一道比较基础的题，为什么得分这么不理想？你们的失分点主要在哪里？

生8：算错数了，我想哭！

生9：一下子没想起向量垂直的充要条件，把垂直关系和平行关系搞混了……

师：所以我们以后要加强基础概念的学习，同时要提高我们的计算能力，不要把该拿能拿的分都丢了。

设计意图：有一些学生学习总是很浮躁，不踏实，不重视基础，忽略了基本概念和基本运算，包括一些学习水平好的学生，导致考试成绩总是不能突破。我们应分析出错的原因，加以警醒，避免下次出错。

2. 如图 6-1，在 $\triangle ABC$ 中，$\angle ABC = 90°$，F 为 AB 中点，$CE = 2$，$CB = 4$，$AB = 6$，则 $\vec{EA} \cdot \vec{EB}$ （　　　）。

A. 0 　　　　　　　　　　　　B. 1

C. -1 　　　　　　　　　　　D. 2

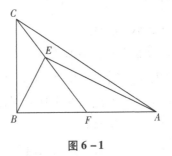

图 6-1

试题分析：本题考查平面向量的数量积运算，属于中档题。

师：本题考查的是平面向量的数量积运算，我们应该如何入手？

生1：因为 $\angle ABC = 90°$，三角形是直角三角形，所以以 BA 为 x 轴，BC 为 y 轴，建立平面直角坐标系，用坐标法来做。

师：这是一个很好的思路，那么我们建立坐标系一般遵循什么原则呢？

生2：建立坐标系的一般规律有：

（1）题设条件中如果有两条互相垂直的直线，一般以过这两条直线为坐标轴；

（2）题设条件中如果有对称图形，一般以对称图形的对称轴为坐标轴；

（3）题设件中如果有已知长度的线段，一般以线段所在直线为 x 轴，以线段的端点或中点为原点，尽可能使图形上的特殊点落在坐标轴上。

师：建系之后，点 A、点 B 的坐标都没有问题，那点 E 的坐标怎么算呢？

生 3：我是根据 C，E，F 三点共线来算的，由题意可得 $CF=5$，进而 $FE=\dfrac{3}{5}FC$，又因为点 F、点 C 坐标可知，所以可求出点 E。

师：很好，请你上黑板板书你的解题过程。

生 4：解法一。建立如图 6-2 所示的平面直角坐标系，

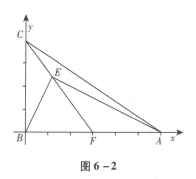

图 6-2

则 A $(6，0)$，B $(0，0)$，C $(0，4)$，F $(3，0)$，设点 E 坐标为 $(x，y)$。又因为 $CE=2$，$CB=4$，$AB=6$，所以 $CF=5$，即 $FE=\dfrac{3}{5}FC$，则 $\overrightarrow{FE}=\dfrac{3}{5}\overrightarrow{FC}$，所以 $E\left(\dfrac{6}{5}，\dfrac{12}{5}\right)$，则 $\overrightarrow{EA}=\left(\dfrac{24}{5}，-\dfrac{12}{5}\right)$，$\overrightarrow{EB}=\left(-\dfrac{6}{5}，-\dfrac{12}{5}\right)$，

所以 $\overrightarrow{EA}\cdot\overrightarrow{EB}=\dfrac{24}{5}\times\left(-\dfrac{6}{5}\right)+\left(-\dfrac{12}{5}\right)\times\left(-\dfrac{12}{5}\right)=0$，故选 A。

师：那么除了建系，用坐标法解决，我们还有什么方法吗？

生 5：我们可以选择一组不共线的向量作为基底，把向量 $\overrightarrow{EA}$ 和向量 $\overrightarrow{EB}$ 都用同一对基底表示出来，再进行计算。

师：思路非常清晰！我们知道，任意两个不共线的向量都可以作为基底，那么我们优先考虑选择哪两个向量作为基底呢？为什么？

生 6：选取 $\overrightarrow{BA}$，$\overrightarrow{BC}$ 作为基底，因为他们的夹角和模长都给定了。

师：题设条件中的 E 是 CF 上的点哦，且 $CE=2$，怎么解决？

生 7：根据勾股定理，先求出 CF 的长度，然后用共线向量来表示。

师：那我们再来一个同学把解题过程在黑板上写出来。

生8：解法二。

解：因为 $\vec{EB} = \vec{EC} + \vec{CB} = \dfrac{2}{5}\vec{FC} - \vec{BC} = \dfrac{2}{5}\left(\vec{BC} - \dfrac{1}{2}\vec{BA}\right) - \vec{BC} = -\dfrac{1}{5}\vec{BA} - \dfrac{3}{5}\vec{BC}$，$\vec{EA} = \vec{EB} + \vec{BA} = \dfrac{4}{5}\vec{BA} - \dfrac{3}{5}\vec{BC}$，

所以 $\vec{EB} \cdot \vec{EA} = \left(-\dfrac{1}{5}\vec{BA} - \dfrac{3}{5}\vec{BC}\right) \cdot \left(\dfrac{4}{5}\vec{BA} - \dfrac{3}{5}\vec{BC}\right)$

$$= -\dfrac{4}{25}\vec{BA}^2 - \dfrac{9}{25}\vec{BA} \cdot \vec{BC} + \dfrac{9}{25}\vec{BC}^2$$

$$= -\dfrac{4}{25} \times 36 + \dfrac{9}{25} \times 16$$

$$= 0$$

生9：老师，我还有更快的方法，可以说一下吗？

师：当然可以，太棒了！请说说你的思路。

生10：解法三。根据题设条件，我们可以用勾股定理算出 $CF = 5$。又因为 $CE = 2$，所以 $EF = 3$，即 $EF = \dfrac{1}{2}AB$。又因为 F 是 AB 中点，所以三角形 ABE 是直角三角形，且 $\angle AEB = 90°$（直角三角形斜边的中线等于斜边的一半），所以 $\vec{EB} \cdot \vec{EA} = 0$。

师：同学们，此处应该有掌声！这个思路是不是超级棒？根据图形的特征，直接得出答案。所以我们在平时的学习中要积累知识，同时在做题中要多思考，多归纳，注意知识与知识之间的联系，为我们解题拓展思路。哦，在这里我还要强调一个问题，刚才同学用的"直角三角形斜边的中线等于斜边的一半"的逆定理是成立的，但是在解答题中，不能直接使用，要先证明。证明方法有多种，也是很简单，找角关系就可以了。

设计意图：鼓励学生多思考，多探讨，使更多的学生参与到课堂当中，让学生的思维发生碰撞，从而得到思维的提升。重视给学生积极的评价，激起学生学习数学的欲望，建立学生积极向上的生活态度。

（四）点拨提高，深化理解，优化思维

如图6-3，已知在平行四边形 $ABCD$ 中，AC 与 BD 交于点 O，$PO \perp$ 平面 $ABCD$，$AD = \sqrt{3}$，$DB = 2$，$PO = 1$，$CO = 2$。

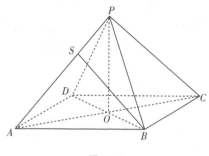

图 6 – 3

（1）证明：平面 $PAD \perp$ 平面 PBD；

（2）若 S 是棱 PA 上靠近点 P 的三等分点，求直线 BS 与平面 BCP 所成角的正弦值。

试题分析：本题结合勾股定理，考查了线线垂直的判定、线面垂直的判定与性质、面面垂直的判定、空间几何体的体积和线面角等知识，重点考察了学生的直观想象、逻辑推理、数学运算等核心素养，属于一般题。

师：第（1）问要求证明平面 $PAD \perp$ 平面 PBD，即证明面面垂直，请同学们思考一下证明面面垂直有哪一些常用的策略和方法？

生 1：证明面面垂直常用的策略有：

（1）从概念考虑，依据是面面垂直的定义，求出两个平面所成的二面角是直二面角即可；

（2）降维的策略，即通过证明线面垂直得面面垂直，依据是平面与平面垂直的判定定理，证明方法通常是在其中一个平面内找到一条垂直于另一个平面的直线。

师：回答得很好，对于面面垂直的证明，虽然以上两个策略都是常用的，但是我们更常用降维的策略，概念方向考虑得比较少。学习了空间向量之后，我们还可以通过法向量来证明，这个学到之后再具体讲解。做题时要根据题设中条件的不同，做出恰当的选择，这需要我们在学习中不断归纳总结，积累经验。

通过我们的分析，结合本题的条件，我们应该选择什么方法来证明？

生 2：我选择的是降维的策略，即从线面垂直到面面垂直。

师：那么你选择证明哪条线跟哪个面垂直？

生3：我选择证明 $AD \perp$ 平面 PBD，再根据线线垂直证明线面垂直，只需证明 $AD \perp DO$（勾股定理逆定理）和 $PO \perp AD$（线面垂直的性质定理）即可。

师：分析得非常到位，大家把证明过程重新写一遍，一定要规范书写哦，书写时注意任何一个条件都不能漏。

师：在第（1）问的证明中，由于题设条件和所学知识的限制，目前可用的方法不多，题目也比较简单。我们要重视书写的规范性，证明过程要注意不能忽略定理应用的条件。

设计意图：有同学在" $AD \perp$ 平面 PBD "到证明"平面 $PAD \perp$ 平面 PBD "中，没有写" $AD \subset$ 平面 PAD "，这是不对的，再一次强调定理应用的条件。

师：下面我们来看一下第（2）问，求直线与平面所成角的问题，我们一般用什么方法？

生4：定义法，过直线除斜足以外一点（一般是端点或中点）作平面的垂线，连接斜足与垂足，得射影，斜线与射影所成的角即是该直线与此平面的线面角。简单来说就是：作角—证角—求解（借用直角三角形求解）。

师：真棒，概念很熟悉，思路也特别的清晰，作出平面的垂线是解决此题的关键。那么对于这道题来说，过点 S 作平面 BCP 的垂线容易吗？

生5：不容易，即使是作了，也不好判断垂足的位置，那么就很难求解。

师：那该怎么办？我们一定要做出角才能求值吗？我们画个图分析一下，线面角的正弦值与哪些量有关？

生6：线面角的正弦值 $\sin\theta = \dfrac{\text{垂线段}}{\text{斜线段}}$，所以我们不一定要做出角来，只要求出斜线段和垂线段的大小即可，而垂线段就是点到平面的距离。

师：同学们实在是太厉害了，那么求点到平面的距离，我们一般有什么方法呢？

生7：可以直接作垂线求距离，也可以利用间接法求点到平面的距离，如利用体积转换，也就是等体积法等。

生8：根据我们前面的分析，这道题我们很难作垂线，所以用等体积法会简洁一些。

师：求三棱锥的高时，可以灵活处理，既可以直接用公式求，也可以采用等体积转换的方法。此题由 $V_{A-PBC} = V_{P-ABC}$ 即可求出点到平面的距离。

个别学生展示证明过程，老师做恰当的点评。

师：运用等体积法求三棱锥的体积时，在计算的过程中，可以转换三棱锥的顶点，也可以转换三棱锥的底面，甚至还可以同时转换三棱锥的顶点和底面，这可以根据题设所给的条件进行选择。

设计意图：归纳方法，提升思维，培养学生勤于思考、善于总结的好习惯，提高学生分析问题、解决问题的能力。

（五）精讲训练，拓展提升，拓展思维

1. 在$\triangle ABC$中，AD为BC边上的中线，E为AD的中点，则$\overrightarrow{EB}=$（　　　）。

A. $\dfrac{3}{4}\overrightarrow{AB}-\dfrac{1}{4}\overrightarrow{AC}$　　　　　　B. $\dfrac{1}{4}\overrightarrow{AB}-\dfrac{3}{4}\overrightarrow{AC}$

C. $\dfrac{3}{4}\overrightarrow{AB}+\dfrac{1}{4}\overrightarrow{AC}$　　　　　　D. $\dfrac{1}{4}\overrightarrow{AB}+\dfrac{3}{4}\overrightarrow{AC}$

2. 已知向量$\overrightarrow{a}=(2,m)$，$\overrightarrow{b}=(5,1)$，且$\overrightarrow{a}\perp(\overrightarrow{a}-\overrightarrow{b})$，则$m$ _____。

3. 如图 6 - 4 在 Rt$\triangle PCD$ 中，$DP=DC$，A，B 分别为 PD，PC 的中点，将 $\triangle PAB$ 沿着直线 AB 翻折，得到多面体 $S-ABCD$，如图 6 - 5 所示。若二面角 $S-AB-D$ 大小为$60°$，M 为 BS 中点。

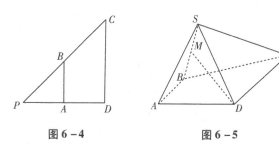

图 6 - 4　　　　　　　图 6 - 5

（1）求证：$SA\perp DM$；

（2）求直线 SA 与平面 SMD 所成角的正弦值。

设计意图：通过三道对应练习题，对本节课内容进行针对性的训练。题目分层次，以巩固基础知识、基本方法为主，让学生用所学的方法自主解决问题，增强学生的自信心，提高学生学习数学的兴趣。

（六）归纳自结，反馈矫正，形成能力

学生结合自己试卷的情况进行归纳总结，并再做一次订正（课题时间不够完成的可以课后继续完成，再重新交上来检查）。

1. 知识点总结。平面向量的基本定理、平面向量的线性运算、平面向量的垂直与平行关系、平面向量的坐标表示和坐标法应用、平面向量的模长运算、空间点线面的位置关系、线面垂直、面面垂直的判定和性质、棱锥的体积、空间角的计算。

2. 思想方法总结。数形结合思想、向量法、坐标法、等体积转换法等。

六、目标检测设计

1. 在 $\triangle ABC$ 中，$BC = 2$，D 是 BC 的中点，M 是 AD 的中点。若 $MB \perp MC$，则 $\overrightarrow{AB} \cdot \overrightarrow{AC} = ($)。

A. 1   B. $\dfrac{3}{2}$

C. 3   D. 4

2. 已知 $\vec{u} = (1, x)$ 和 $\vec{b} = (x + 2, -2)$，若 $\vec{a} /\!/ \vec{b}$，则 $|\vec{a} + \vec{b}| =$ _____。

3. 如图 6-6，在四棱锥 $P - ABCD$ 中，底面 $ABCD$ 是等腰梯形，$AD /\!/ BC$，$CD = AD = 1$，$BC = 2$，$PA = 3$，$\angle C = 60°$，N 为 PC 中点，$PD \perp DC$，$PB \perp BD$。

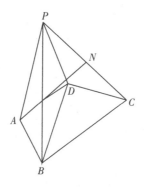

图 6-6

（1）求证：$PB \perp AB$；

（2）求直线 AN 与平面 $ABCD$ 所成角的正弦值。

设计意图：类似的题型，又加入了变式，增强了难度，既检测本节课教学效果，又兼顾到所有层次同学的学习需要。

七、教学反思

本节课是一节试卷讲评课，主要针对平面向量和立体几何两个模块的知识做讲评。教学过程注重学生的主体地位，让学生提出问题，然后合作探讨，最后师生共同解决问题，有目标、有层次地设计和指导。重视学生的独立思考，给学生思考、表达的机会，培养了学生正确表达数学问题的能力，给学生探讨合作的机会，增强学生之间的交流和感情。立体几何这块内容，因为难度较大，要求的空间思维和逻辑思维较强，还有部分学生，特别是女学生掌握得不够好，课后还要加强相关的训练和辅导。对于程度好的学生，也要进一步强化拔高，尽量做到一题多解和多题一解，构建良好的知识框架和解题思路。

2021—2022 学年高三第一学期
期中考试数学试卷讲评课

一、内容和内容解析

本节课讲评高三第一学期期中考试数学试卷的第 22 题，这是一道导数压轴题。在知识点方面，题目考查了导数在研究函数中的应用，涉及了导数的几何意义、函数的极值与单调性等重点内容；在思想方法方面，题目考查了分类讨论、构造法、数形结合等基本思想与方法；在核心素养方面，题目考查了数学运算、逻辑推理、数学抽象、直观想象等核心素养。这道问题设计由易到难，层次分明，区分度高，给不同层次的学生提供发挥自身能力的空间。

重点：掌握导数在研究函数中的应用，掌握分类讨论、数形结合等重要思想方法。

难点：探寻问题的数学本质，挖掘概念的内容与解题思想方法。

二、目标与目标解析

通过"四基"，培养"四能"，提升学生数学学科素养。

1. 巩固学生数学基础知识，即运用导数研究函数的极值与单调性。

2. 扎实学生数学基本技能，即提高运算能力以及数形结合能力。

3. 让学生感悟数学基本思想，即掌握分类讨论、数形结合等思想方法。

4. 积累学生思维活动经验，即培养学生学会逻辑连贯地分析问题和解决问题。

三、教学问题诊断分析

从评卷情况看出，学生未能深刻理解本节所要评讲题目的数学本质，对核心内容（即对应的概念、定理、公式所蕴含的稳定不变的特征）的掌握不够扎实，无法挖掘数学对象之间的内在联系，对解题的思想方法一知半解，得分尚不理想。

四、教学支持条件分析

考试后，学生重视对自己学习效果的检验，关心自己出错的原因，希望在解题方面得到老师的指导，这为本节课的教学提供了有力的支持。

五、教学过程设计

（一）发放试卷，总体评价，开启思维

介绍成绩，总体分析本节所讲评题目所考查的知识点及思想方法，评价题目难度。

本题得分较低，满分 12 分，平均得分只有 4.6 分。第（1）小题平均分 3.2，第（2）题平均分 1.4。这反映了大多数同学只掌握导数最基本、最浅显的应用，对于更深层次的应用（如二阶求导）茫然不知所措，感觉无从下手。少数同学能够想到用数形结合的方法来求解问题，只有一位同学想到采用必要条件法来寻找问题的突破口。这些现象，反映了同学们在导数这部分的学习上只停留于表面，对导数是如何研究函数的数学本质理解不够深入，在解题中缺乏应用数形结合的潜意识，导致同学们在解题中不能因势利导地优化解法。

（二）激学导思，引出错因，交流思维

本题是导数应用的题目，借助导数研究函数图像以及极值的问题。本题有以下几个较为普遍的错误：

1. 求导出错，函数 $f(x)$ 是一个复合函数，结构稍微复杂，部分同学因导数计算公式及运算法则掌握不牢固而导致计算出错。

2. 不懂得如何用 $f''(x)$ 来分析 $f'(x)$，导致解题半途而废，这也反映了同学们缺乏扎实的数学运算能力和逻辑推理能力。

3. 解题停留于机械形式，没能数形结合优化思路，也没有在复杂的问题中采用必要条件法简化问题，导致计算烦琐，无法开展求解。

（三）引议释疑，讲析研讨，提升思维

1. 已知函数 $f(x) = e^{x-1} + a(x-1)^2 - x,\ a \in \mathbf{R}$。

（1）若曲线 $y = f(x)$ 在点 $(0, f(0))$ 处的切线过点 $(1, 0)$，求 a 的值；

（2）若函数 $f(x)$ 在 $x = 1$ 处有极大值，求实数 a 的取值范围。

问题1：第（1）题中，题目涉及切线问题，我们可以从哪个角度入手？

预设学生回答1：先求切线方程，再将点 $(1, 0)$ 代入，求 a 的值。

师：很好！思路清晰，符合通性通法。请讲讲你的解题过程。

预设学生回答2。

解：（1）由 $f(x) = e^{x-1} + a(x-1)^2 - x$，

得 $f'(x) = e^{x-1} + 2a(x-1) - 1 = e^{x-1} + 2ax - (2a+1)$，

∴ 切线斜率 $k = f'(0) = \dfrac{1}{e} - 2a - 1$。

又 ∵ $f(0) = \dfrac{1}{e} + a$，

∴ 切点为 $\left(0, \dfrac{1}{e} + a\right)$，

∴ 切线方程为 $y - \left(\dfrac{1}{e} + a\right) = \left(\dfrac{1}{e} - 2a - 1\right)x$，

∴ $-\left(\dfrac{1}{e} + a\right) = \dfrac{1}{e} - 2a - 1$，解得 $a = \dfrac{2}{e} - 1$。

设计意图：通过让学生表述出自己的解题思路及展示解题过程，培养学生的归纳能力，加深学生对求切线方程的理解，同时学会规范作答。既锻炼了学生的能力，又激发了学生学习的兴趣提高了学生的信心。

师：第（2）题涉及极大值，请同学们回顾极值的定义。

（学生回答极值的定义）

师：由极大值的定义，可知"函数 $f(x)$ 在 $x = 1$ 处有极大值"等价于"$\exists \Delta x > 0$，使得在 $(1 - \Delta x, 1)$ 上 $f(x)$ 单调递增，在 $(1, 1 + \Delta x)$ 上 $f(x)$ 单调递减"，由此可以进一步得到什么结论？

预设学生回答3：我们可以得到两个结论：

第一，$f'(1) = 0$；第二，当 $x \in (1 - \Delta x, 1)$ 时，$f'(x) > 0$；且当 $x \in (1, 1 + \Delta x)$ 时，$f'(x) < 0$。

设计意图：本题所采用的四种解法，虽各有不同，但万变不离其宗。这个"宗"就是极大值的概念，明确极值反映了函数在某一点附近的大小情况，刻画了函数的局部性质。在回顾定义的过程中，学生的思维自然地联系到运用导

数来研究极值问题，感悟到概念的本质与知识间的联系，形成系统的知识网络，从而自然地形成解题思路。

师：很好，这样问题就转化成了研究 $f'(x)$ 在区间上的正负。第（1）题已经求出了 $f'(x) = e^{x-1} + 2ax - (2a+1)$，我们该如何展开后续的求解？

预设学生回答 4：$f'(x) = e^{x-1} + 2ax - (2a+1)$ 是由 $y = e^{x-1}$ 和 $y = 2ax - (2a+1)$ 相加得到。

若 $a = 0$，则 $f'(x) = e^{x-1} - 1$。当 $x \in (-\infty, 1)$ 时，$f'(x) < 0$；且当 $x \in (1, +\infty)$ 时，$f'(x) > 0$，不合题意，舍去。

若 $a > 0$，则 $y = 2ax - (2a+1)$ 是增函数，故 $f'(x) = e^{x-1} + 2ax - (2a+1)$ 也是增函数。同理，得到当 $x \in (-\infty, 1)$ 时，$f'(x) < 0$；且当 $x \in (1, +\infty)$ 时，$f'(x) > 0$，不合题意，舍去。

若 $a < 0$，则 $y = 2ax - (2a+1)$ 是减函数，而 $y = e^{x-1}$ 是增函数，$f'(x) = e^{x-1} + 2ax - (2a+1)$ 的单调性仍需进一步判断。

设计意图：通过对 $f'(x) = e^{x-1} + 2ax - (2a+1)$ 正负的讨论，让学生掌握分类讨论的思想以及分类依据，同时也点明了判断单调性不仅仅只有导数法，还可以是"增函数 + 增函数 $\Rightarrow$ 增函数，减函数 + 减函数 $\Rightarrow$ 减函数，增函数 - 减函数 $\Rightarrow$ 增函数，减函数 - 增函数 $\Rightarrow$ 减函数"等简便的判断法，又为在 $a < 0$ 再次用导数判断单调性，做好铺垫。这样，引导学生继续求出 $f''(x)$ 用于判断 $f'(x)$ 的单调性就水到渠成。

（四）点拨提高，深化理解，优化思维

师：在评卷过程中，我发现很多同学对 $a < 0$ 这种情况无从下手，其思维障碍就在于无法确定 $f'(x)$ 的正负。类比"用 $f'(x)$ 研究 $f(x)$"，我们可以怎样研究 $f''(x)$？

预设学生回答 5：先求 $f''(x)$，再根据 $f''(x)$ 的正负确定 $f'(x)$ 的单调性。

师：所得结论如何与"$f(x)$ 在 $x = 1$ 处有极大值"联系起来？

预设学生回答 6：$\because f(x)$ 在 $x = 1$ 处有极大值，

$\therefore f'(1) = 0$。

$\exists \Delta x > 0$，使得当 $x \in (1 - \Delta x, 1)$ 时，$f'(x) > 0$；当 $x \in (1, 1 + \Delta x)$ 时，$f'(x) < 0$，

$\therefore \exists \Delta x > 0$，使得当 $x \in (1 - \Delta x, 1)$ 时，$f'(x) > f'(1)$；当 $x \in (1, 1 + \Delta x)$

时，$f'(x)$ ＜f'（1）。因此，只需要满足 $1+\ln$（$-2a$）＞1 即可，解得 $a<-\dfrac{1}{2}$。

师：很好，现在请同学们根据刚才的分析，画出思维导图，并列式求解。

（学生讨论交流，展示成果）

预设学生回答6：思维导图如图 6 - 7 所示。

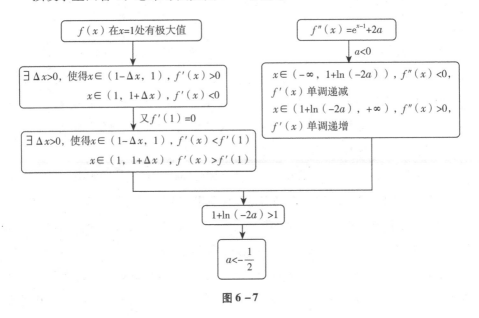

图 6 - 7

学生活动：整理解答过程，纠正错误。

教师点评：分类讨论法是解题的常用方法，其关键在于分类情形的划分不能生搬硬套，要注意思路的自然与规范。类比"用 $f'(x)$ 研究 $f(x)$"，自然想到"用 $f''(x)$ 研究 $f'(x)$"；解题过程中，由解题经验容易想到"令 $f''(x)$ ＝0，得 $e^{x-1}=-2a$"，若方程有解，则 $-2a>0$，即 $a<0$。因此，可分为 $a=0$，$a>0$，$a<0$ 三类情况。

设计意图：通过画出思维导图，让学生形成清晰的解题思路，明确解题的逻辑，变复杂的问题为"按图索骥"，培养了学生分析问题的能力，提升了学生逻辑推理等核心素养。

（五）精讲精练，拓展提升，拓展思维

师：第（2）题的解题关键在于将"$f(x)$ 在 $x=1$ 处有极大值"转化为"在（$1-\Delta x$，1）上 $f'(x)$ ＞0，在（1，$1+\Delta x$）上 $f'(x)$ ＜0"。刚才我们通过分类讨论，列出不等式求 a 的值。除此之外还有没有其他方法？

（提问用数形结合求解的学生）

预设学生回答7：还可以数形结合，通过图像（如图6-8）来解决问题。

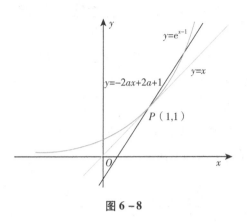

图6-8

思维导图如图6-9所示。

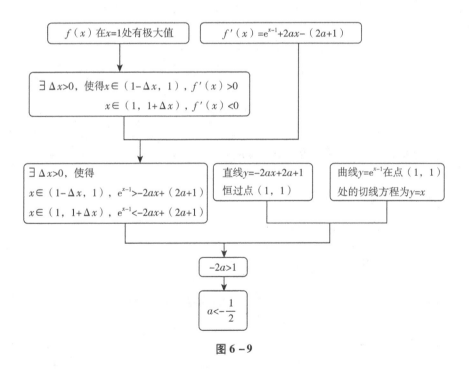

图6-9

学生活动：整理解答过程，纠正错误。

教师点评：解题中将极大值点的问题转化为极值点左右函数的大小关系，通过作出函数 $y = e^{x-1}$ 图像以及旋转型直线 $y = -2ax + (2a + 1)$（该直线过定点（1，1）），再作出它们在交点 P（1，1）处的切线，结合函数图像，比对切线，即可求出参数 a 的取值范围。

设计意图：数形结合法在函数与导数中经常使用，由"形"之直观引领猜想，由"数"之入微严密求证。数形结合的关键在于"数学问题的转化"与"函数图像间的关系"。依据数学问题，结合函数图像，可以大大简化运算步骤，降低数学逻辑推理难度，是提升学生解题能力的有效途径。

师：还有其他方法吗？

师生活动：教师对上述思维导图（如图 6-9）进行变式（如图 6-10），给予提示，并引导学生思考与交流。

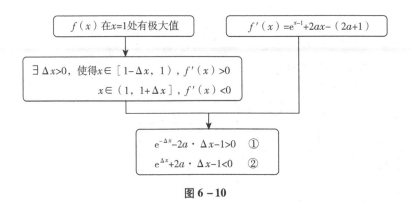

图 6-10

预设学生回答 7：①-②，得 $-4a \cdot \Delta x < e^{\Delta x} - e^{-\Delta x}$，即 $-2a > \dfrac{e^{\Delta x} - e^{-\Delta x}}{2\Delta x}$。

师：由 $\dfrac{e^{\Delta x} - e^{-\Delta x}}{2\Delta x}$，你联想到什么？

预设学生回答 8：平均变化率。

师：当 $\Delta x \to 0$ 时，能否求出 $\dfrac{e^{\Delta x} - e^{-\Delta x}}{2\Delta x}$ 的值？

预设学生回答 9：设 $g(x) = e^x$，则 $\lim\limits_{\Delta x \to 0} \dfrac{e^{\Delta x} - e^{-\Delta x}}{2\Delta x} = g'(0) = 1$。因此，$-2a > 1$，解得 $a < -\dfrac{1}{2}$。

思维导图如图 6-11 所示。

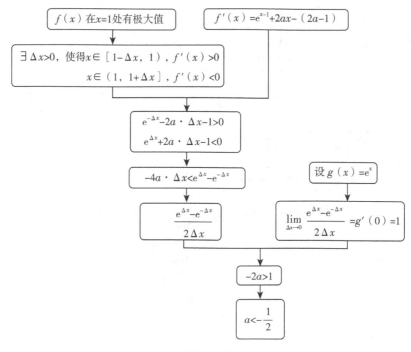

图 6 – 11

教师点评：

该方法的实质是根据极大值的定义，得到 $f'(1-\Delta x) > 0$ 且 $f'(1+\Delta x) < 0$。通过作差，整理得到参数与平均变化率的不等关系，进而利用导数的定义求出参数的取值范围。

设计意图：通过思维导图，引导学生思考，联系导数的定义进行求解，提升学生的思维发散能力。同时，让学生感悟到深刻理解数学概念的重要性——只有领悟到数学概念的本质，才能真正激活解题思维。

师：在评卷过程中，发现有一位同学采用了必要条件法求解，即先求出参数 a 的取值范围，再给出证明，大大简化了解题过程。下面请这位同学为大家讲讲解题思路。

预设学生回答 10：

第一，确定 a 的取值范围。

思维导图如图 6 – 12 所示。

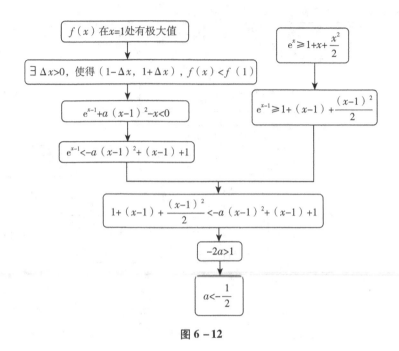

图 6 – 12

由 $f(x)$ 在 $x=1$ 处有极大值,

得 $\exists \Delta x > 0$,使得 $(1 - \Delta x,\ 1 + \Delta x)$,$f(x) < f(1)$,即 $e^{x-1} < -a(x-1)^2 + (x-1) + 1$。

又 $\because e^{x-1} \geqslant 1 + (x-1) + \dfrac{(x-1)^2}{2}$(证明略),

$\therefore 1 + (x-1) + \dfrac{(x-1)^2}{2} < -a(x-1)^2 + (x-1) + 1$,

$\therefore -2a > 1$,解得 $a < -\dfrac{1}{2}$。

证明当 $a < -\dfrac{1}{2}$ 时,$f(x)$ 在 $x=1$ 处有极大值(过程略)。

学生活动:整理解答过程。

教师点评:

必要条件法是高考解题常用的方法,我们为什么要先找到参数的值或者取值范围呢?主要有以下两点:第一,参变分离法既容易产生复杂的函数,导致计算量偏大,又容易产生不定式结构,用高中的方法难以解决,另外,构造法有计算量比较大、参数讨论烦琐两个缺点,费时费力,易出错;第二,必要条件法将含参函数转变为已知函数，既大大降低计算量，又简化了逻辑的复杂性。

设计意图：必要条件法是高考解题的常用方法，本题结合放缩法求解，优化解题方法，调动学生的数学经验，让学生重视数学经验在解题中的作用，引导学生在平时的学习中有意识地探索课本题目，并拓展与积累这些源自课本又高于课本的结论，以提高解题能力。

（六）归纳自结，反馈矫正，形成能力

师生共同回顾本节教学内容，学生结合自身试卷归纳总结。

1. 知识点：运用导数研究函数，极值与单调性的联系。

2. 思想方法：分类讨论、数形结合等。

六、目标检测设计

1. 函数 $f(x) = \ln x$，$g(x) = ax + \dfrac{a-1}{x} - 3a$ $(a \in \mathbf{R})$，求函数 $h(x) = f(x) + g(x)$ 的单调增区间。

2. 知函数 $f(x) = x^2 + ax + b$，$g(x) = e^x(cx + d)$，若曲线 $y = f(x)$ 和曲线 $y = g(x)$ 都过点 $P(0, 2)$，且在点 P 处有相同的切线 $y = 4x + 2$。

（1）求 a，b，c，d 的值；

（2）若 $x \geqslant -2$ 时，$f(x) \leqslant kg(x)$，求实数 k 的取值范围。

设计意图：检测题的设置是为了巩固本节课讲评的考题中所考查的方法，如分类讨论法、必要条件法等。这是高考中常考的方法，需要学生熟练掌握，这样才能真正提高解题能力。

七、教学反思

试题讲评，目的在于帮助学生更好地领悟和把握数学知识的结构、本质和内在联系，感悟和掌握自然合理的思维方式及问题解决的策略，学会理性分析问题和解决问题。教师在讲评题目时，首先要遵循数学知识本身的逻辑结构与发展规律，尊重学生的认知基础，符合学生的认知规律；其次要重视通性通法，引导学生自然流畅地形成解题思路；第三要注重引导学生了解解题的根本，在最基本数学思想方法的引领下培养本质、自然、规范、简单的解题习惯，这样才能在新高考的"竞技场"上得心应手。

2022年高考数学平面向量汇编试卷讲评课

一、内容和内容解析

（一）内容

本节课内容是讲评2022年高考数学平面向量汇编试卷。高考数学对于平面向量的考查均以基础知识为主，主要考查平面向量基本定理、线性运算、数量积、复数的概念与运算等知识。题型以客观题为主，在主观题中偶尔也有体现。试题立足于教材，经过适当变形、整合后进行拓展、提升，同时渗透了相关的数学思想方法。试卷结合2022年全国高考试题中11道与平面向量有关的试题，细分知识点，按难度分类汇总，让学生对平面向量的知识内容进行巩固和重塑。试题的卷别、题号、题型、考点、分值、占比统计如表6-1所示。

表6-1

试卷题号	卷别	在各省市高考卷中题号	题型	考点	分值	占比
1	全国乙卷文	3	单选题	平面向量的运算	5	3.3%
2	全国乙卷理	3	单选题	平面向量的数量积	5	3.3%
3	全国甲卷文	13	填空题	平面向量的垂直定理	5	3.3%
4	全国甲卷理	13	填空题	平面向量的运算	5	3.3%
5	新高考Ⅰ卷	3	单选题	平面向量的运算	5	3.3%
6	新高考Ⅱ卷	4	单选题	平面向量的坐标运算	5	3.3%
7	上海卷春	10	填空题	平面向量的运算	5	3.3%
8	北京卷	10	单选题	平面向量的夹角	4	2.7%
9	天津卷	14	填空题	向量的表示与垂直定理	5	3.3%
10	上海卷夏	11	填空题	平面向量的数量积	5	3.3%
11	浙江卷	17	填空题	平面向量的垂直定理	4	2.7%

（二）内容解析

1. 内容的本质。向量既是代数研究对象，也是几何研究对象，是沟通几何与代数的桥梁，因此借助向量可以将诸多的几何问题转化为代数问题，并通过向量运算解决。另一方面，向量有着丰富的物理背景，如物理中的力、速度、加速度等等。因此在解决物理问题时自然容易联想到向量，利用向量处理物理问题。

2. 蕴含的思想和方法。数形结合、函数与方程等数学思想方法。

3. 知识的上下位关系。本节课是在已经学习了平面向量的概念、平面向量的运算、平面向量基本定理及其坐标表示、平面向量应用等知识的基础上进行的，同时也为后续利用向量探究得出余弦定理和正弦定理做了准备；进一步来说，本节课内容的学习也为解三角形提供了思路和方法。

4. 育人价值。本节课以平面向量为工具探究数学和物理中的相关问题，将几何问题代数化、将物理问题数学化，通过具体实例的学习，让学生体会向量方法的步骤；通过问题的牵引，培养学生理性思维、科学精神、严谨求实的态度、应用与实践能力、学习能力——学会学习等。

5. 教学重点。平面向量的基本定理、线性运算、数量积、复数的概念与运算等。

二、目标和目标解析

（一）教学目标

本节试卷评讲课是在 2022 年高考刚落下帷幕的背景下进行的。刚进入高三复习，学生的总体积极性很高，但学生个体学习基础存在差异，自律性也有差异，成绩不稳定。故本节课的教学目标是帮助学生回归教材，厘清概念，梳理基础知识，注重通性通法的教学，优化运算方法，提高学生学科素养。

（二）目标解析

1. 让学生通过发现自身错误，厘清概念，重视公式的记忆，掌握通性通法。

2. 通过典型题目的分类归纳总结，规范学生解题步骤，并注重学生数学思想方法的训练，突破难点。

三、教学问题诊断分析

本次测试是对高一高二学习基础以及高三一轮复习效果的一次检验。高三学生虽然刚刚进入第一轮复习，学习了相关内容，但是学生个体学习情况不一，心理压力大。在教学过程中教师要密切注意学生心理变化，以鼓励为主，激发学生努力拼搏的精神，并注意引导学生归纳总结，厘清概念，重视公式的记忆等，构建学生的基础知识网络。在教学过程中可能会遇到以下教学难点。

难点1：学生难以厘清平面向量相关概念。

难点2：学生难以真正掌握数学运算，优化运算，形成解决问题的方法。

难点3：学生难以将平面向量内容深度融合函数、方程、不等式、平面几何、立体几何、解析几何等知识进行解题。

四、教学支持条件分析

（一）教学策略分析

1. 回归教材，厘清概念，帮学生梳理基础知识。

2. 精选试题，科学训练，让学生优化运算方法。

3. 拓宽视角，融合创新，使学生提升学科素养。

（二）教学辅助媒体分析

教学过程中通过动态数学软件，帮助学生理解平面向量的知识，分析解决问题。

五、教学过程设计

（一）发放试卷，总体评价，开启思维

发放试卷，由学生填写本次测试所考查知识点、个人得失分表和出错的原因。

各题目涉及的知识点统计：（1）向量的坐标运算、模；（2）向量运算、模、数量积；（3）向量的坐标运算、垂直；（4）向量的运算、模、数量积；（5）向量的表示；（6）向量的数量积、夹角；（7）向量的数量积、范围问题；（8）向量的数量积、范围问题、模；（9）向量的表示、垂直、范围问题；（10）向量的数量积；（11）向量的综合问题。

教师对本次测试的试卷、成绩进行总体评价。

（二）激学导思，引出错因，交流思维

本试卷中错误率较高的是选择题第 8 题，为 2022 年高考数学北京卷第 10 题，题目条件涉及向量的数量积、范围问题、模等知识点。在实际解决问题过程中，同学们遇到了一些障碍，例如解题思路不清晰，向量线性运算不过关，几何与代数转化不够熟悉。

填空题第 11 题得分率也不高，是 2022 年高考数学浙江卷第 17 题。学生一般出错原因有以下方面：（1）基本运算公式不熟，无从下手；（2）向量的运算方式选取不当；（3）运算不过关；（4）求范围的时候，方法选取不恰当导致运算量巨大。

（三）引议释疑，讲析研讨，提升思维

1. 在 $\triangle ABC$ 中，$AC = 3$，$BC = 4$，$\angle C = 90°$，P 为 $\triangle ABC$ 所在平面内的动点，且 $PC = 1$，则 $\overrightarrow{PA} \cdot \overrightarrow{PB}$ 的取值范围是（　　　）。

A. $[-5, 3]$　　　　　　　　B. $[-3, 5]$

C. $[-6, 4]$　　　　　　　　D. $[-4, 6]$

问题 1：题目中的常量有哪些？变量又有哪些？

问题 2：如何画出题目中所涉及的图形？

问题 3：根据图形（见图 6 - 13），题目中的位置关系和数量关系如何表达？

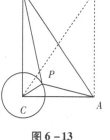

图 6 - 13

预设方案 1：（利用向量的基本定理）由已知 $\overrightarrow{CA} \perp \overrightarrow{CB}$，得 $\overrightarrow{CA} \cdot \overrightarrow{CB} = 0$，$|\overrightarrow{CP}| = 1$。

如图 6 - 13，在矩形 $ABCD$ 中 $|\overrightarrow{CD}| = 5$，

$$\overrightarrow{PA} \cdot \overrightarrow{PB} = (\overrightarrow{CA} - \overrightarrow{CP}) \cdot (\overrightarrow{CB} - \overrightarrow{CP})$$
$$= \overrightarrow{CA} \cdot \overrightarrow{CB} - \overrightarrow{CA} \cdot \overrightarrow{CP} - \overrightarrow{CP} \cdot \overrightarrow{CB} + \overrightarrow{CP}^2$$
$$= 1 - \overrightarrow{CP} \cdot (\overrightarrow{CA} + \overrightarrow{CB})$$
$$= 1 - \overrightarrow{CP} \cdot \overrightarrow{CD}。$$

当 $\overrightarrow{CP}$ 与 $\overrightarrow{CD}$ 方向相同时，$\overrightarrow{CP} \cdot \overrightarrow{CD}$ 取得最大值 $|\overrightarrow{CP}| \cdot |\overrightarrow{CD}| = 5$，此时 $\overrightarrow{PA} \cdot \overrightarrow{PB}$ 取得最小值为 -4。当 $\overrightarrow{CP}$ 与 $\overrightarrow{CD}$ 方向相反时，$\overrightarrow{CP} \cdot \overrightarrow{CD}$ 取得最小值 $|\overrightarrow{CP}| \cdot |\overrightarrow{CD}| = -5$，此时 $\overrightarrow{PA} \cdot \overrightarrow{PB}$ 取得最大值为 6，

所以 $\overrightarrow{PA} \cdot \overrightarrow{PB}$ 的取值范围为 $[-4, 6]$。

问题4：如何将几何问题转化为代数问题？

预设方案2：（坐标法）如图6－14，建立平面直角坐标系，则 C（0，0），A（3，0），B（0，4）。

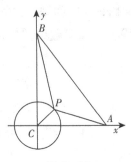

图6－14

设 P（x，y），则 $x^2 + y^2 = 1$，$\overrightarrow{PA} = (3 - x, -y)$，$\overrightarrow{PB} = (-x, 4 - y)$。

所以 $\overrightarrow{PA} \cdot \overrightarrow{PB} = -x(3 - x) - y(4 - y) = -3x + x^2 - 4y + 4y^2 = 1 - (3x + 4y)$，

令 $z = 3x + 4y$，即 $3x + 4y - z = 0$。

当 $3x + 4y - z = 0$ 与圆 C 有公共点时，$\dfrac{|3 \times 0 + 4 \times 0 - z|}{\sqrt{3^2 + 4^2}} \leqslant 1$，得 $-5 \leqslant z \leqslant 5$，

所以 z 的最大值为5，最小值为－5。

因此 $\overrightarrow{PA} \cdot \overrightarrow{PB}$ 的最大值为6，最小值为－4，即 $\overrightarrow{PA} \cdot \overrightarrow{PB}$ 的取值范围为 $[-4, 6]$。

预设方案3：（参数方程）如图6－14，建立平面直角坐标系，则 A（3，0），B（0，4），由 $PC = 1$ 知 P 点的运动轨迹是以 C 为圆心的单位圆。

设 $P(\cos\theta, \sin\theta)$，$\theta \in [0, 2\pi)$，则 $\overrightarrow{PA} = (3 - \cos\theta, -\sin\theta)$，

$\overrightarrow{PB} = (-\cos\theta, 4 - \sin\theta)$。

所以 $\overrightarrow{PA} \cdot \overrightarrow{PB} = -\cos\theta(3 - \cos\theta) - \sin\theta(4 - \sin\theta) = 1 - 3\cos\theta - 4\sin\theta$

$$= 1 - 5\sin(\theta + \varphi) \left(\text{其中} \tan\varphi = \frac{3}{4}\right)。$$

当 $\sin(\theta + \varphi) = 1$ 时，$\overrightarrow{PA} \cdot \overrightarrow{PB}$ 取得最小值为－4；当 $\sin(\theta + \varphi) = -1$ 时，$\overrightarrow{PA} \cdot \overrightarrow{PB}$ 取得最大值为6。

所以 $\overrightarrow{PA} \cdot \overrightarrow{PB}$ 的取值范围为 $[-4, 6]$。

预设方案4：（极化恒等式）设 M 为 AB 中点，$AC = 3$，$BC = 4$，$\angle C = 90°$，

所以 $AB = 5$，$BM = \dfrac{5}{2}$，由 $PC = 1$ 知 P 点的运动轨迹是以 C 为圆心的单

位圆。

$\overrightarrow{PA} \cdot \overrightarrow{PB} = \overrightarrow{PM}^2 - \overrightarrow{MB}^2 = |\overrightarrow{PM}|^2 - \dfrac{25}{4}$，点 M 到圆 C 上的点的最大、最小距离

分别为 $\dfrac{7}{2}$，$\dfrac{3}{2}$，即 $|\overrightarrow{PM}|$ 的最大、最小值分别为 $\dfrac{7}{2}$，$\dfrac{3}{2}$，所以 $\overrightarrow{PA} \cdot \overrightarrow{PB}$ 的取值范

围为 $[-4, 6]$。

设计意图：针对典型的问题，可尝试一题多解，提高学生的数学运算能力，形成解决问题的方法，活用数形结合、转化与化归数学思想，切实提升学生的数学运算、直观想象等核心素养。

（四）点拨提高，深化理解，优化思维

设点 P 在单位圆的内接正八边形 $A_1A_2 \cdots A_8$ 上，则 $\overrightarrow{PA_1}^2 + \overrightarrow{PA_2}^2 + \cdots + \overrightarrow{PA_8}^2$ 的取值范围为 _____。

问题 5：重复问题 1 至问题 4 的问题。

（预设方案）如图 6 – 15 所示，$|\overrightarrow{OA_1}| = |\overrightarrow{OA_2}| = \cdots |\overrightarrow{OA_8}| = 1$，

$\overrightarrow{OA_1} + \overrightarrow{OA_5} = \overrightarrow{OA_2} + \overrightarrow{OA_6} = \overrightarrow{OA_3} + \overrightarrow{OA_7} = \overrightarrow{OA_4} + \overrightarrow{OA_8} = \overrightarrow{0}$。

由 $\overrightarrow{PA_1} = \overrightarrow{OA_1} - \overrightarrow{OP}$，得 $\overrightarrow{PA_1}^2 = \overrightarrow{OA_1}^2 - 2\,\overrightarrow{OA_1} \cdot \overrightarrow{OP} + \overrightarrow{OP}^2$，

同理有：$\overrightarrow{PA_2}^2 = 1 - 2\,\overrightarrow{OA_2} \cdot \overrightarrow{OP} + \overrightarrow{OP}^2$，$\cdots$，$\overrightarrow{PA_8}^2 = 1 - 2\,\overrightarrow{OA_8} \cdot \overrightarrow{OP} + \overrightarrow{OP}^2$。

所以 $\overrightarrow{PA_1} + \overrightarrow{PA_2} + \cdots + \overrightarrow{PA_8} = 8 - 2\,\overrightarrow{OP} \cdot (\overrightarrow{OA_1} + \overrightarrow{OA_2} + \cdots + \overrightarrow{OA_8}) + 8\,\overrightarrow{OP}^2 = 8 + 8\,\overrightarrow{OP}^2$。

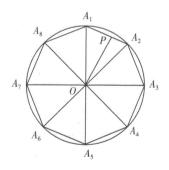

图 6 – 15

因为 P 在 A_1A_2 上运动，当 P 在 A_1 或 A_2 时，$\overrightarrow{OP}^2$ 最大为 1，所以 $\overrightarrow{PA_1}^2 + \overrightarrow{PA_2}^2 + \cdots + \overrightarrow{PA_8}^2$ 的最大值为 16；

当 $\overrightarrow{OP} \perp \overrightarrow{A_1A_2}$ 时，$\overrightarrow{OP}^2$ 取得最小值。

在 $\triangle OA_1A_2$ 中，$\angle A_1OA_2 = 45°$，所以由余弦定理得：

$$\overrightarrow{A_1A_2}^2 = \overrightarrow{OA_1}^2 + \overrightarrow{OA_2}^2 + 2\overrightarrow{OA_1} \cdot \overrightarrow{OA_2}\cos<\overrightarrow{OA_1}, \ \overrightarrow{OA_2}> = 1 + 1 - 2 \times \frac{\sqrt{2}}{2} = 2 - \sqrt{2}。$$

设 $\triangle OA_1A_2$ 中边 A_1A_2 上的高为 h，由等面积法 $\frac{1}{2}|\overrightarrow{OA_1}| \cdot |\overrightarrow{OA_2}| \cdot \cos45° =$

$\frac{1}{2}|A_1A_2| \cdot h$，

得 $\frac{\sqrt{2}}{2} = |\overrightarrow{A_1A_2}|h$，所以 $h^2 = \frac{2+\sqrt{2}}{4}$，即 $\overrightarrow{OP}^2$ 最小值为 $\frac{2+\sqrt{2}}{4}$。

故 $\overrightarrow{PA_1}^2 + \overrightarrow{PA_2}^2 + \cdots + \overrightarrow{PA_8}^2$ 的最小值为 $8 + 8 \times \frac{2+\sqrt{2}}{4} = 12 + 2\sqrt{2}$。

因而 $\overrightarrow{PA_1}^2 + \overrightarrow{PA_2}^2 + \cdots + \overrightarrow{PA_8}^2$ 的取值范围是 $[12 + 2\sqrt{2}, 16]$。

设计意图：由于平面向量具有代数与几何双重特征，且可以深度融合函数、方程、不等式、平面几何、立体几何、解析几何等知识，学生应适当拓展知识的宽度，厘清知识间的交汇点，对多个知识点的创新试题进行针对训练，提高学生面对不同问题时分析和解决问题的能力，活用数形结合、转化与化归数学思想，切实提升学生的数学运算、直观想象等核心素养。

（五）精读精练，拓展提升，拓展思维

1. 在矩形 $ABCD$ 中，$AB = 1$，$AD = 2$，动点 P 在以点 C 为圆心且与 BD 相切的圆上。若 $\overrightarrow{AP} = \lambda\overrightarrow{AB} + \mu\overrightarrow{AD}$，则 $\lambda + \mu$ 的最大值为（   ）。

A. 3   B. $2\sqrt{2}$

C. $\sqrt{5}$ D. 2

2. 已知 $\triangle ABC$ 是边长为 2 的等边三角形，P 为平面 ABC 内一点，则 $\overrightarrow{PA} \cdot (\overrightarrow{PB} + \overrightarrow{PC})$ 的最小值是（   ）。

A. -2 B. $-\frac{3}{2}$

C. $-\frac{4}{3}$ D. -1

设计意图：两个练习对本节课的难点问题进行有针对性的训练，考查了向量的基本定理、运算以及数量积，使学生即学即用，让学生学习在实际问题情境中选取最优化的解法，逐步提高学生学习数学的兴趣，让学生体会到成功的喜悦。

（六）归纳自结，反馈矫正，形成能力

师生共同回忆本节课教学内容，学生结合自身试卷情况归纳总结。

1. 本节课所学习的知识点。平面向量的基本定理、线性运算、数量积、复数的概念与运算等知识。

2. 本节课所学习的思想方法。数形结合、函数与方程等数学思想方法。

设计意图：通过师生一起复习梳理所学知识，引导学生反思总结解决问题的一般思路，渗透数形结合等数学思想，发展学生直观想象等核心素养。

六、目标检测设计

（一）课堂检测

1. 在 $\triangle ABC$ 中，AD 为 BC 边上的中线，E 为 AD 的中点，则 $\overrightarrow{EB}=$（　　）。

A. $\dfrac{3}{4}\overrightarrow{AB}-\dfrac{1}{4}\overrightarrow{AC}$ 　　　　　　B. $\dfrac{1}{4}\overrightarrow{AB}-\dfrac{3}{4}\overrightarrow{AC}$

C. $\dfrac{3}{4}\overrightarrow{AB}+\dfrac{1}{4}\overrightarrow{AC}$ 　　　　　　D. $\dfrac{1}{4}\overrightarrow{AB}+\dfrac{3}{4}\overrightarrow{AC}$

2. 已知 $\overrightarrow{AB}\perp\overrightarrow{AC}$，$|\overrightarrow{AB}|=\dfrac{1}{t}$，$|\overrightarrow{AC}|=t$，若点 P 是 $\triangle ABC$ 所在平面内一点，

且 $\overrightarrow{AP}=\dfrac{\overrightarrow{AB}}{|\overrightarrow{AB}|}+\dfrac{4\overrightarrow{AC}}{|\overrightarrow{AC}|}$，则 $\overrightarrow{PB}\cdot\overrightarrow{PC}$ 的最大值等于（　　）。

A. 13 　　　　　　　　　　B. 15

C. 19 　　　　　　　　　　D. 21

设计意图：通过课堂检测及时了解学生对本节课内容掌握情况，增强学生对数学知识的理解。

（二）课后检测

1. 已知向量 a，b 满足 $|a|=1$，$|b|=2$，则 $|a+b|+|a-b|$ 的最小值是_____，最大值是_____。

2. 在平面直角坐标系中，O 为原点，A（-1，0），B（0，$\sqrt{3}$），C（3，0），动点 D 满足 $|\overrightarrow{CD}|=1$，则 $|\overrightarrow{OA}+\overrightarrow{OB}+\overrightarrow{OD}|$ 的最大值是_____。

设计意图：通过课后检测，及时对本节课内容进行训练和巩固，让学生理解数学本质，提高解决问题能力。

七、教学反思

随着新高考在全国各地的陆续推行，越来越多的高考数学试卷不分文、理科，起点低、区分度好、覆盖面全、思维能力要求高是这些试卷的共同特点。教师要关注高考的变化趋势，研究高考试题，拥有可以引领课堂教学和高三复习的能力。

1. 回归教材，厘清概念，梳理基础知识。数学教材是试题的来源，近年来高考数学对平面向量的考查，很多试题源于教材，但又高于教材。因此在高三复习中，教师应当以教材为依据，帮助学生追本溯源，切忌因问题简单而不重视学生基本功的训练，切实理解平面向量的有关概念，重视对运算法则及公式的理解和掌握。对教材中的例（习）题，教师可以适当进行变式引申，帮助他们学会灵活运用代数和几何的手段解决相关问题，并为他们梳理相关基础知识体系。

2. 精选试题，科学训练，优化运算方法。在高三复习中，教师可引导学生横向比较 2022 年全国各地高考试题，纵向比较历年高考试题，抓住问题本质，理解命题意图，以高考试题的变化为方向进行针对性训练，并注重加强对学生数学运算能力的培养，例如可增加运算的层次、设置运算的障碍等，让学生积累运算经验，进而增强自信心。针对典型的问题，可尝试一题多变、一题多解、多题一解、小题小做、难题巧做，提高数学运算能力，让学生形成解决问题的方法。例如在平面向量数量积中，定义法、基底法以及坐标法各有千秋，教师可引导学生合理优化运算方法。

3. 拓宽视角，融合创新，提升学科素养。由于平面向量具有代数与几何双重特征，且可以深度融合函数、方程、不等式、平面几何、立体几何、解析几何等知识，因此在高三复习过程中，教师可以适当拓展学生知识的宽度，例如可以向学生讲授向量三角不等式 $||\vec{a}|-|\vec{b}|| \leqslant |\vec{a} \pm \vec{b}| \leqslant |\vec{a}|+|\vec{b}|$，极化恒等式 $\vec{a} \cdot \vec{b} = \dfrac{1}{4}[(\vec{a}+\vec{b})^2 - (\vec{a}-\vec{b})^2]$ 等，指导学生厘清知识间的交汇点，注重对多个知识点的创新试题进行针对训练，让学生不断积累经验，渗透数学思想，提高学生面对不同问题时分析和解决问题的能力，活用数形结合、转化与化归数学思想，切实提升学生的数学运算、直观想象等核心素养。

清远市 2021—2022 学年高二
第二学期期末数学试卷讲评课

一、内容和内容解析

本节课的内容是讲评清远市 2021—2022 学年高二第二学期期末数学考试试卷的选择题。让学生对普通高中新人教版选择性必修第三册、新高考一卷解答题考查的内容进行巩固和重塑。普通高中新人教版选择性必修第三册内容包括排列组合、二项式定理、条件概率、全概率、离散型随机变量及其分布列、离散型随机变量的数字特征、二项分布与超几何分布、正态分布、一元线性回归模型及其应用、列联表和独立性检验；新高考一卷解答题包括数列、解三角形、立体几何、统计概率、圆锥曲线与方程以及函数与导数等内容。

二、目标和目标解析

本节课是试卷讲评，让学生对已经掌握的知识进行整理，对于不能很好掌握的知识进行补充。通过讲评试卷，让学生重新学习原来不会做或做错的题目。数学老师都知道，如果能对学生试卷解题情况充分了解，有侧重地对掌握不好的题目进行讲评，就能很好地让学生重新理解和掌握知识的内容。对于一份难度较高的试卷，如果能够达成这一教学目标，会有很不错的教学效果。"触类旁通""举一反三"是试卷讲评课教学目标的最高初心。通过讲评，学生不仅理解了一个题目，而且弄明白了与之相似的一类试题，讲评起到的是以点带面、举一反三的功效。根据这一目标，要求试卷讲评注重知识的归类总结，进行对点训练、变式训练。"知而获智"是试卷讲评课教学目标的最高要求。通过讲评，学生不仅学到了相关知识，更重要的是学会了学习，获取了学习的智慧。

让学生学会学习是试卷讲评课的本源目标，它要求讲评课注重学科方法的引领、学科核心素养、学科思想的渗透。教学中可以通过注重同伴互助纠错，建立"错题笔记"本、错题题库和自我反思等方式让学生学会学习。

三、教学问题诊断分析

通过本次考试，我们可以根据每一道题的平均得分情况来了解学生对知识的理解是否到位，运用是否合理。

清远市 2021—2022 学年高二第二学期期末数学考试试卷试题的前八题是单选题，后四题是多选题。第一题是根据分类加法计数原理判断不同的走法，得分为 4.32；第二题是根据基本初等函数的求导公式及导数的运算法则判断求导运算正确的结果，得分 4.53；第三题是先运用组合知识求得出抽取 2 球的方法数，再利用分步计数原理求得抽取的 2 个球恰好是 1 个红球 1 个黑球的方法数，然后由概率公式计算，得分为 4.01；第四题是由正态分布的图像中对称轴的位置比较均值大小，图像胖瘦判断标准差的大小，得分为 4.05；第五题是由 1 个数字组成的 4 位回文数和由 2 个数字组成的 4 位回文数，得分为 4.63；第六题是根据二项分布的均值和方差公式求解，得分为 1.69；第七题是等价于在 $x \in [1, +\infty)$ 上恒成立，得分为 0.29；第八题是由函数图像判断 $f'(x)$ 的符号，得分为 1.72. 第九题 $a \geq -2x$ 是多选题，考查回归直线的运用，得分为 2.69；第十题是二项式系数的性质的运用，得分为 4.69；第十一题是运用分步计数原理及排列知识逐项分析即得答案，得分为 3.19；第十二题是函数的单调性及两个变量的不等关系的综合问题，得分为 0.02。

从以上得分可以看出，我们教师更多地关注了基本知识和基本技能的掌握，而忽视了学生的感悟和思考过程，忽视了学生数学学习兴趣、信心的激发和培植，学生的创新意识、创造意识没有得到充分发展。同时也要求教师在讲授过程中要有意识地培养学生的求真求实的态度、锲而不舍的数学精神，更要发展学生的独立思考能力加强学生对数学本质的探究、认识、理解和应用。

四、教学支持条件分析

基于在解题过程中很多题都是数形结合，如果有条件可以在多媒体上利用几何画板或借助 GeoGebra 软件画出导函数图形，有利于学生探索和寻求数学的本质和一般规律。

五、教学过程设计

（一）发放试卷，总体评价，开启思维

教师发放试卷，分数在前10名的同学，老师可以在课堂上公布姓名和分数，让成绩好的同学增强自信，保持他们的学习个性和学习潜能的发展；同时为成绩不是很好的同学树立榜样，改进他们的学习态度提高他们的学习兴趣。

班级平均分42.6分，最高分97分，进步最大的学生是张某某、李某某、陈某某。

成绩统计见表6-2。

表6-2

参考人数	90—100	80—89	70—79	60—69	60 以下
54	2	6	5	11	30

1. 学生自行自主订正错误。学生能够自己改正的就在题号上用"对号"标出，自己不能解决的就在题号上用"错号"标出（课堂之前已经解决）。

2. 学习小组互帮互助。针对学生不能自己解决的问题，学习小组进行合作交流，互助探讨研究，在讨论中解决。

3. 教师讲评试卷。讲解学习小组不能解决的题目和典型性的错题。

（二）激学导思，引出错因，交流思维

1. 从甲地出发前往乙地，一天中有4趟汽车、3趟火车和1趟航班可供选择。某人某天要从甲地出发，去乙地旅游，则所有不同走法的种数是（　　）。

A. 16　　　　　　　　　　　　　B. 15

C. 12　　　　　　　　　　　　　D. 8

问题1：请同学们回想一下分类加法计数原理的步骤？

设计意图：提问班级成绩在后10名的同学，让学生能回答出答案，增强学生自信心，让班级同学马上进入学习状态，精神高度紧张起来。

师生活动：教师引导学生回答问题。

预设学生回答1：根据分类加法计数原理，可知共有4＋3＋1＝8（种）不同的走法。

师：这位同学回答得很好。

2. 下列求导运算正确的是（　　　）。

A. $\left(x + \dfrac{1}{x}\right)' = 1 + \dfrac{1}{x^2}$

B. $[\ln(4x)]' = \dfrac{1}{x}$

C. $\left(\dfrac{x^2}{e^x}\right)' = \dfrac{2x + x^2}{e^x}$

D. $(x^2\cos x)' = 2x\cos x + x^2\sin x$

问题2：请同学们打开自己的记忆，基本初等函数的求导公式及导数的运算法则是怎样的？

设计意图：同学们大多已经掌握了如何求基本初等函数的导数，本题考查内容有两个，一个是基本初等函数的求导公式，一个是导数的运算法则。同学们要注意 B 选项的复合函数求导。

师生活动：教师在黑板上板书基本初等函数的导数公式，让同学看公式回答问题。

预设学生回答2：选项 A 直接运用基本初等函数公式求解，选项 B 要运用复合函数求导公式。

预设学生回答3：选项 C 和选项 D 运用导数的运算法则求解。

师：根据基本初等函数的求导公式及导数的运算法则即可排除 A，C，D 选项，选项 B 是正确的。

（三）引议释疑，讲析研讨，提升思维

3. 袋中装有 11 个除颜色外质地大小都相同的球，其中有 9 个红球，2 个黑球。若从中一次性抽取 2 个球，则恰好抽到 1 个红球的概率是（　　　）。

A. $\dfrac{10}{33}$

B. $\dfrac{9}{55}$

C. $\dfrac{2}{9}$

D. $\dfrac{18}{55}$

问题3：请同学们回想一下分步计数原理的步骤如何？概率公式怎样？

设计意图：让学生习惯从日常生活的常识来考虑问题，从而了解学习教学的本质就是为了解决实际问题。

师生活动：老师帮助学生从日常生活的经验来得出结论。

预设学生回答4：首先由组合知识求得抽取 2 球的方法数，再由分步计数原理求得抽取的 2 个球恰好是 1 个红球 1 个黑球的方法数，最后由概率公式计算，答案选 D。

师：这位同学的回答是正确的，很棒。

4. 已知三个正态密度函数 $\varphi_i(x) = \dfrac{1}{\sqrt{2\pi}\sigma_i}e^{-\frac{(x-\mu_i)^2}{2\sigma_i^2}}$（$x \in \mathbf{R}$，$i = 1,2,3$）的

图像如图 6-16 所示，则（　　　）

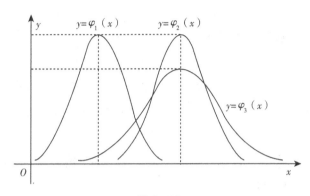

图 6-16

A. $\mu_1 = \mu_3 > \mu_2$，$\sigma_1 = \sigma_2 > \sigma_3$

B. $\mu_1 < \mu_2 = \mu_3$，$\sigma_1 < \sigma_2 < \sigma_3$

C. $\mu_1 = \mu_3 > \mu_2$，$\sigma_1 = \sigma_2 < \sigma_3$

D. $\mu_1 < \mu_2 = \mu_3$，$\sigma_1 = \sigma_2 < \sigma_3$

问题 4：请同学们回想正态分布的图像是怎样的？

设计意图：让学生复习正态分布的一些知识点，由于比较抽象，可以让成绩好一些的同学回答。

师生活动：老师可以带领学生共同回答。

预设学生回答 5：由正态分布的图像中对称轴的位置比较均值大小，图像胖瘦判断标准差的大小。

预设学生回答 6：由题图中 $y = \varphi_i(x)$ 的对称轴知：$\mu_1 = \mu_3 > \mu_2$，$y = \varphi_1(x)$ 与 $y = \varphi_2(x)$（一样）瘦高，而 $y = \varphi_3(x)$ 胖矮。

预设学生回答 7：$\sigma_1 = \sigma_2 < \sigma_3$。

师：这几位同学的回答都是正确的，非常好。

5. 已知随机变量 $X \sim B(4, p)$，若 $E(X) + D(X) = \dfrac{20}{9}$，则 $P(X \geqslant 1) =$（   ）。

　A. $\dfrac{16}{81}$

　B. $\dfrac{65}{81}$

　C. $\dfrac{8}{9}$

　D. $\dfrac{4}{9}$

问题5：请同学们理解题意中的回文数如何？

设计意图：让学生复习回文数的定义，巩固知识点。

师生活动：老师提问，找平时不怎么听课的同学回答。

预设学生回答8：1，2，3，4，5 可以组成的 4 位"回文数"中，由 1 个数字组成的 4 位回文数有 5 个，由 2 个数字组成的 4 位回文数有 $A_5^2 = 20$ 个，所以由数字 1，2，3，4，5 可以组成 4 位"回文数"的个数为 $20 + 5 = 25$，故选 A。

师：回答正确，非常好。

（四）点拨提高，深化理解，优化思维

6. 已知随机变量 $X \sim B(4, p)$，若 $E(X) + D(X) = \dfrac{20}{9}$，则 $P(X \geqslant 1) =$（   ）。

　A. $\dfrac{16}{81}$

　B. $\dfrac{65}{81}$

　C. $\dfrac{8}{9}$

　D. $\dfrac{4}{9}$

问题6：请问同学们二项分布的均值和方差公式是什么？对立事件的概率和是多少？

设计意图：让学生复习二项分布的均值，巩固知识点。

师生活动：老师引导学生，通过对立事件的概率公式化解。

预设学生回答9：因为 $E(X) + D(X) = \dfrac{20}{9}$，故 $4p + 4p(1 - p) = \dfrac{20}{9}$，故 $(p - 1)^2 = \dfrac{4}{9}$。因为 $0 < p < 1$，解得 $p = \dfrac{1}{3}$，故 $P(X = 0) = \left(1 - \dfrac{1}{3}\right)^4 = \dfrac{16}{81}$，故 $P(X \geqslant 1) = 1 - P(X = 0) = \dfrac{65}{81}$。

师：回答正确，非常好。

7. 已知函数 $f(x) = a\ln x + 2x$ 在 $[1, +\infty)$ 上单调递增，则实数 a 的最小值为（　　）。

A. -2　　　　　　　　　　B. 2

C. -1　　　　　　　　　　D. 1

问题 7：同学们求导可得 $f'(x)$ 解析式，原题等价于 $a \geqslant -2x$ 在 $x \in [1, +\infty)$ 上恒成立，怎么求 a 的最小值？

设计意图：让学生养成面对难题会用通性通法，巩固知识点。

师生活动：老师引导学生从导数的应用出发考虑问题。

预设学生回答 10：由题意得 $f'(x) = \dfrac{a}{x} + 2$。

因为函数 $f(x)$ 在 $[1, +\infty)$ 上单调递增，

所以 $\dfrac{a}{x} + 2 \geqslant 0$，即 $a \geqslant -2x$ 在 $x \in [1, +\infty)$ 上恒成立，所以 $a \geqslant -2$，即实数 a 的最小值为 -2。

师：非常好，回答正确。

8. 函数 $f(x)$ 的导函数是 $f'(x)$，图 6-17 所示的是函数 $y = (x+1) \cdot f'(x)$ $(x \in \mathbf{R})$ 的图像，下列说法正确的是（　　）

A. $x = -1$ 是 $f(x)$ 的零点

B. $x = 2$ 是 $f(x)$ 的极大值点

C. $f(x)$ 在区间 $(-2, -1)$ 上单调递增

D. $f(x)$ 在区间 $[-2, 2]$ 上不存在极小值

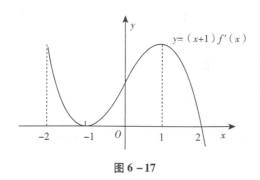

图 6-17

问题 8：请同学们判断函数的单调性、极值是多少。

设计意图：让学生巩固这类题型的解题步骤，提问学生的成绩要稍好一些。

师生活动：老师引导学生用导数的应用出发解决问题。

预设学生回答 11：当 $-2 < x < -1$ 时，$x+1 < 0$，而 $y > 0$，故 $f'(x) < 0$；

当 $-1 < x < 2$ 时，$x+1 > 0$，而 $y > 0$，故 $f'(x) > 0$；

当 $x > 2$ 时，$x+1 > 0$，而 $y < 0$，故 $f'(x) < 0$，所以在 $(-2, -1)$，$(2, +\infty)$ 上 $f(x)$ 递减；在 $(-1, 2)$ 上 $f(x)$ 递增，则 $x = -1$、$x = 2$ 分别是 $f(x)$ 的极小值点、极大值点。

故选项 A，C，D 错误，选项 B 正确。

师：这位同学回答得都很好。

9. 对具有线性相关关系的变量 x，y 有一组观测数据 (x_i, y_i) $(i = 1, 2, 3, \cdots, 10)$，已知 $\sum\limits_{i=1}^{10} x_i = 20$，$\sum\limits_{i=1}^{10} y_i = 10$，则（　　）。

A. 数据 $x_i - 2y_i + 1$ $(i = 1, 2, 3, \cdots, 10)$ 的平均数为 0

B. 若变量 x，y 的经验回归方程为 $\hat{y} = 2x + \hat{a}$，则实数 $\hat{a} = -3$

C. 变量 x，y 的样本相关系数 r 越大，表示模型与成对数据 x，y 的线性相关性越强

D. 变量 x，y 的决定系数 R^2 越大，表示模型与成对数据 x，y 拟合的效果越好

问题 9：请大家考虑一下，我们学习过平均数的性质怎样的？

设计意图：激发学生思维，引导学生知识的迁移。

师生活动：老师引导学生从回归直线必过样本中心解决问题。

预设学生回答 12：因为 $\sum\limits_{i=1}^{10} x_i = 20$，$\sum\limits_{i=1}^{10} y_i = 10$，所以 $\bar{x} = 2, \bar{y} = 1$。

对于选项 A，$x_i - 2y_i + 1(i = 1, 2, 3, \cdots, 10)$ 的平均数为 $\bar{x} - 2\bar{y} + 1 = 2 - 2 + 1 = 1$，故选项 A 错误。

对于选项 B，若变量 x，y 的经验回归方程是 $\hat{y} = 2x + \hat{a}$，则 $\hat{a} = \bar{y} - 2\bar{x} = 1 - 4 = -3$，故选项 B 正确。

对于选项 C，当变量 x，y 为负相关时，相关性越强，相关系数 r 越小（越接近于 -1），故选项 C 错误。

对于选项 D，变量 x，y 的决定系数 R^2 越大，残差平方和越小，则变量 x，y 拟合的效果越好，故选项 D 正确。

师：这位同学解答得很好。

（五）精讲精炼，拓展提升，拓展思维

10. 已知 $(3x+2)^n$ 展开式中的二项式系数和为 32，若 $(3x+2)^n = a_0 + a_1 x + a_2 x^2 + \cdots + a_n x^n$，则（ ）。

A. $n = 5$

B. $a_0 = 32$

C. $a_3 = 270$

D. $a_0 - a_1 + a_2 - a_3 + \cdots + (-1)^n a_n = -1$

问题 10：请大家思考一下，我们学习过二项式系数的性质是怎样的？

设计意图：让学生养成面对容易题会用通性通法，巩固知识点。

师生活动：老师引导学生从由二项式系数的性质求得 n，判断选项 A，然后根据二项式定理判断选项 B，C，用赋值法求解判断选项 D。

预设学生回答 13：由 $2^n = 32$，得 $n = 5$，选项 A 正确。令 $x = 0$，得 $a_0 = 32$，选项 B 正确。因为 $n = 5$，所以 $a_3 = C_5^2 \times 3^3 \times 2^2 = 1080$，C 错误。令 $x = -1$，得 $a_0 - a_1 + a_2 - a_3 + a_4 - a_5 = -1$，选项 D 正确。

师：不错。

11. 现分配甲、乙、丙三名临床医学检验专家到 A，B，C，D，E 五家医院进行核酸检测指导，每名专家只能选择一家医院，且允许多人选择同一家医院，则（ ）。

A. 所有可能的安排方法有 125 种

B. 若 A 医院必须有专家去，则不同的安排方法有 61 种

C. 若专家甲必须去 A 医院，则不同的安排方法有 16 种

D. 若三名专家所选医院各不相同，则不同的安排方法有 10 种

问题 11：请大家思考一下，我们学习过二项式系数的性质是怎样的？

设计意图：让学生养成面对容易题会用通性通法，巩固知识点。

师生活动：老师引导学生用分步计数原理及排列知识逐项分析。

预设学生回答 14：选项对于 A，每名专家有 5 种选择方法，则所有可能的安排方法有 $5^3 = 125$ 种，选项 A 正确。

对于选项 B，由选项 A 知，所有可能的方法有 5^3 种，A 医院没有专家去的方法有 4^3 种，所以 A 医院必须有专家去的不同的安排方法有 $5^3 - 4^3 = 61$ 种，选项 B 正确。

对于选项 C，专家甲必须去 A 医院，则专家乙、丙的安排方法有 $5^2 = 25$ 种，选项 C 错误。

对于选项 D，三名专家所选医院各不相同的安排方法有 $A_5^3 = 60$ 种，选项 D 错误。

师：这位同学解答得很好。

12. 已知函数 $f(x) = e^x + x - 2$ 和 $g(x) = \ln x + x - 2$，若 $f(x_1) = g(x_2) = 0$，则（　　）。

A. $x_1 + x_2 = 2$ 　　　　　　　B. $0 < x_1 < \dfrac{1}{2}$

C. $x_1 \cdot x_2 > \sqrt{e}$ 　　　　　　　D. $\dfrac{\ln x_1}{x_1} < -x_2 \ln x_2$

问题 12：请大家思考一下，我们学习过反函数的性质是怎样的？

设计意图：补充探究，培养学生逻辑推理能力。

师生活动：老师引导学生用反函数的性质求解。

预设学生回答 14：由于 $y = e^x$ 和 $y = \ln x$ 互为反函数，则 $y = e^x$ 和 $y = \ln x$ 的图像关于直线 $y = x$ 对称。

将 $y = -x + 2$ 与 $y = x$ 联立求得交点为 $(1,1)$，则 $\dfrac{x_1 + x_2}{2} = 1$，即 $x_1 + x_2 = 2$，选项 A 正确。

易知 $f(x)$ 为单调递增函数，因为 $f(0) = -1 < 0$，$f\left(\dfrac{1}{2}\right) = \sqrt{e} - \dfrac{3}{2} > 0$，由零点存在性定理可知 $0 < x_1 < \dfrac{1}{2}$，选项 B 正确。

易知 $g(x)$ 为单调递减函数，$g(1) = -1 < 0$，$g(\sqrt{e}) = \sqrt{e} - \dfrac{3}{2} > 0$，由零点存在性定理可知 $1 < x_2 < \sqrt{e}$。

因为 $x_1 x_2 = (2 - x_2) x_2 = x_2 \ln x_2$，令 $y = x \ln x$，则 $y' = 1 + \ln x > 0$ 在 $(1, e)$ 上恒成立，所以 $y = x \ln x$ 在 $(1, e)$ 上单调递增，所以 $x_1 x_2 = x_2 \ln x_2 < \dfrac{\sqrt{e}}{2}$，选项 C 错误。

因为 $x_1 > 0$，$x_2 > 0$，所以 $x_1 x_2 < \left(\dfrac{x_1 + x_2}{2}\right)^2 = 1$，所以 $0 < x_1 < \dfrac{1}{x_2} < 1$。

令 $h(x) = \dfrac{\ln x}{x}$，则 $h'(x) = \dfrac{1 - \ln x}{x^2}$，当 $0 < x < 1$ 时，$h'(x) > 0$，$h(x)$ 在

$(0,1)$ 上单调递增，所以 $h(x_1) < h\left(\dfrac{1}{x_2}\right)$，即 $\dfrac{\ln x_1}{x_1} < \dfrac{\ln \dfrac{1}{x_2}}{\dfrac{1}{x_2}}$，整理得 $\dfrac{\ln x_1}{x_1} < -$

$x_2 \ln x_2$，选项 D 正确。

师：这位同学解答得很好，对于双变量问题，要结合两个变量的关系，将双变量问题转化为单变量问题再进行求解，也可通过研究函数的单调性及两个变量的不等关系进行求解。

（六）归纳自结，反馈矫正，形成能力

学生结合自身实际情况自行总结。

1. 知识点总结。

2. 思想方法总结。

六、教学反思

（一）成功之处

1. 教学过程注重学生主体地位的体现，有目标、有层次的学习活动的设计和指导，让学生对数学知识能够从探索到认识，再到理解和应用。

2. 教学能够重视培养学生的独立思考能力和创新意识，让学生能够表达清楚，思考有条理。

3. 教学中重视给学生积极的评价，通过评价激起学生学习数学的欲望和积极向上的生活态度，让学生体验成功的喜悦。

（二）欠缺之处

1. 本节课对学生的知识掌握情况了解得还不够，有时候认为学生已经掌握了，可是还有一些学生没有听懂，需要在课后加强辅导。

2. 对课堂的把控能力有待提高，当课堂没有出现教师预想的情形时，教师应该随机应变，灵活处理。

（三）改进措施

1. 狠抓练习，注重启发式、探究式，讲授时做到深入浅出，语言规范简

洁，练习时做到难易适中，适时启发反馈，力求使同学在认识与实践中逐步加深对知识的理解，并形成技能技巧，以达到消化知识的目的。

2. 加强概念教学，重视基础知识、基本技能训练，要将训练有计划地安排，层层推进，让学生全面过关。从这次试卷来看，基础题与常规题所占的比例是较高的，但从学生的答题来看，学生对知识的掌握尚显不足，这就需要引起我们的教师在教学活动中对基础题和常规题的重视。

3. 强化学生思维训练，培养学生的逻辑思维能力是数学教师的主要任务之一。教师在教学过程中，应帮助学生弄清知识体系与知识内容，总结知识结构。讲解例题时要帮助学生弄清涉及的那些知识点，让学生明白怎样审题，怎样打开思路，运用哪些方法和技巧，关键步骤是什么，可能会出现的问题是什么，有没有其他方法，这些方法中哪些更常规、更适合。

7

第七章

课题研究课
教学案例

斐波那契数列

一、课题研究背景

（一）课题研究背景阐述

《斐波那契数列》是普通高中教科书（人教 A 版 2019）《数学选择性必修第二册》的阅读与思考材料。教材揭示了斐波那契螺旋与代表"美的标杆"的黄金比例的不可分割的关系，并选择斐波那契数列的前 $n+1$ 项满足的一个等式给予介绍。这个等式可以由斐波那契螺旋直观地表示出来，同时斐波那契螺旋在项数 n 不断增大时会越来越接近"黄金比例螺旋"，这体现了数学的美。

斐波那契数列是对数列知识的延伸、拓展、补充和运用，是发展"四能"，实现数学文化价值和审美价值的重要载体。

（二）课题研究的意义

教材内容按照"事实—概念—性质—应用"的顺序进行编排，有助于学生掌握研究数列的基本路径，帮助学生明确研究对象、构建研究路径、探寻研究方法、获得研究结论，为后续的数列内容及其他数学知识的学习提供研究方向。

本课题的重点是：让学生经历发现和提出问题、分析和解决问题全过程，发展"四能"；了解斐波那契数列，收集有关斐波那契数列的图片、视频、应用领域，探索并掌握斐波那契数列的一些运算性质；感受数列的审美价值和广泛应用性。

（三）课题介绍

斐波那契数列，产生于 12 世纪意大利数学家斐波那契叙述的"兔子繁殖问题"。数列从一个十分简明的递推关系出发，引出了一个充满奇趣的数列。斐波那契数列与其他数学对象，如几何图形、黄金分割、杨辉三角、矩阵运算等都有着非常微妙的联系。它与动植物生长和众多现实问题密切相关，在优选法、计算机科学等领域中得到广泛应用。

二、教学目标分析

1. 学生能对兔子繁殖问题进行辩证思考，树立问题意识，感受数学问题的抽象性。

2. 学生能分析并解决兔子繁殖问题，探索并掌握斐波那契数列的变化规律，提升分析和解决问题的能力。

3. 让学生了解斐波那契数列的应用，感受数学与实际生活的紧密联系，激发学生的学习兴趣。

4. 了解斐波那契数与黄金比例的联系，结合经典著作的分析，能够促使美的感受从感性走向理性，提升学生审美能力。

5. 通过数学探究活动，掌握斐波那契数列的性质，提升学生观察与思考、合作与交流的能力，发展学生的数学运算和逻辑推理核心素养。

三、参与者特征分析

我校学生对数学与美的联系非常感兴趣，参与课题研究的积极性、学习相关内容的动机和兴趣比较高。

高二的学生已具有进行归纳和演绎推理的基本经验和逻辑思维能力，并且通过数列概念的学习，学生已初步了解了抽象数列定义、寻找数列规律的方法。在斐波那契数列数字特征的研究中，组织学生进行探究，以促进学生数学运算和逻辑推理核心素养的发展。

因此，本节课的教学难点是：让学生探索并理解斐波那契数列的性质，发展学生数学运算和逻辑推理核心素养。

四、课题研究支持条件分析

（一）研究策略分析

1. 创设兔子繁殖的生活情境，调动学生学习积极性，引导学生进行辩证思考，感受数学问题的抽象性。

2. 学生经历发现和提出问题、分析和解决问题全过程，掌握斐波那契数列的概念和性质，借助名人名言、历史名人故事，理解兔子繁殖问题的重大意义，树立问题意识，促进"四能"的发展。

3. 结合身边的实例进行教学，促进学生理性审美能力的提升。

4. 精选一至两个性质，组织学生开展合作探究，引导学生用运算和代数变换的方法，从多角度揭示和掌握斐波那契数列的规律，从而突破教学难点。

（二）教学辅助媒体分析

1. 互联网设备，用于查找资料。

2. 电脑设备，制作汇报 PPT。

五、研究的预期成果与表现形式

1. 数列前若干项及其简单规律。

2. 图片集。

3. 视频集。

4. 斐波那契数列在生活中的应用。

5. 研究论文。

6. 斐波那契数列的部分运算规律（和、差、积、商）探究。

六、研究过程设计

（一）培训与动员

1. 课时安排：1 课时。

2. 教师活动：（1）简单介绍兔子繁殖问题与斐波那契数列；（2）介绍课题研究的背景、意义及评价方式等；（3）介绍课题研究的基本思路、一般研究方法、研究计划和步骤。

3. 学生活动：（1）认识斐波那契数列；（2）了解本次活动的学习要求和目标；（3）学习课题研究的一般研究方法、研究思路、计划和步骤。

（二）课题准备阶段

1. 课时安排：2 课时。

2. 教师活动：（1）介绍课题选择的方法和原则；（2）组织学生研究、讨论、梳理，选定课题；（3）组织学生根据选题组建课题小组，合理调配各课题组成员；（4）协助学生根据课题要求制定课题方案、评价方法，形成量表；（5）指导、组织学生小组研讨和过程研究；（6）对学生进行人生观、价值观教育，做好失败的心理准备；（7）为学生提供课题设计方案、研究过程记录表、评价量表等模板，方便学生记录研究过程。

3. 学生活动：（1）提出并选择课题。学生根据教师对兔子繁殖问题与斐波那契数列的介绍，阅读教材中的资料，根据个人实际情况提出课题设想，并与同伴进行交流，必要时寻求教师帮助，选择合适的课题。（2）成立课题组。学生根据个人实际，选择成员，组建研究小组；研究小组成立后，确定课题负责人，初步讨论课题研究思路、方法、步骤、评价方案；课题负责人根据讨论结果和课题研究需要进行成员分工。（3）制定课题研究方案。各小组制定课题研究方案，明确研究计划、研究步骤、各部分负责人，确定研究对象，设计评价量表，充分利用信息技术手段辅助研究，确定初步完成研究的时间和结题时间。

（三）课题实施阶段

1. 课时安排：30 天。

2. 教师活动：（1）指导学生按照课题研究方案进行研究，督促学生在规定的时间内完成课题方案所设计的各部分内容；（2）指导帮助学生处理数据，得出结论；（3）指导学生对研究成果的初稿进行修改、完善；（4）组织学生完成课题成果的汇报准备，组织学生进行成果汇报的展示和答辩。

3. 学生活动：（1）根据课题研究方案的要求进行课题研究，完成数据的收集、分析；（2）填写相关表格；（3）完成课题成果初稿，经教师指导后修改；（4）做好课题成果汇报的材料准备；（5）按照教师安排完成课题汇报展示和答辩；（6）小组成员总结反思课题研究过程中的得与失。

七、教学反思

1. 斐波那契数列的课题研究由生活中的实际事物引入话题，激发了学生的探究兴趣，同时提出兔子繁殖问题，让学生感受数学问题与实际生活的联系。

2. 研究课题的过程中，学生能通过生活经验，寻找问题，理解兔子繁殖问题是一个抽象化的理想的数学模型，引发学生进行辩证思考，感受数学问题、观察并总结规律。

3. 学生通过身边事例和资料收集，感受到了黄金分割带来的美感，充分发挥了数学的美育价值。通过斐波那契数的规律探究，结合资料收集，促使学生对美的感受能够从感性走向理性。

4. 学生借助收集到的视频和图片，通过列举大自然中的斐波那契数和数列的广泛应用性，观察生活和自然，体会数学与生活的密切联系，进一步激发了学生对数学学习的兴趣，启发学生课下进行思考和探究。

5. 通过课题研究过程，引导学生在生活和学习中能用数学的眼光去观察世界，用数学的思维思考世界，用数学的语言表达世界，做一个善于发现和提出问题之人。

后 记

  "思意教学"的研究与探索是以省、市研究课题为主线，以广东省林伟名师工作室为平台，成立了林伟"思意数学"工作室，一群志同道合的老师加入研究与实践，凝练的教学主张，总结了"思意数学"教学范式、教学策略、教学原则、教学特点以及教学评价，初步形成了"思意数学"教学体系，出版了《思意数学——林伟数学教学研究》《思意数学教学论》《"思意数学"让学生在实践中领悟数学意蕴》等。

  在《"思意数学"教学主张与实践智慧》成书过程中，许多人为本书提供了非常大的帮助，在此我们要感谢珠海市第三中学饶正宽老师、开平市第一中学林庆伦老师、清远市阳山县南阳中学罗志勤老师、潮州市瓷都中学陈炜芃老师、中山市华侨中学魏钰婷老师、茂名市田家炳中学黄春芳老师、广州市增城区郑中钧中学袁何妹老师、兴宁市沐彬中学石春强老师、东莞市第十高级中学廖东霞老师、韶关市曲江区曲江中学肖伟霞老师、江门市棠下中学范泽欢老师等，他们积极提供了课堂实验，为"思意数学"理论的实践探究提供了鲜活的素材。

  路漫漫其修远兮，吾将上下而求索，尽管我们做了大量研究和探索，也做了最大的努力，但限于水平和能力，也囿于研究手段单一，书中难免会有很多问题和不足。诚恳希望广大教育同仁批评指正。在本书撰写过程中，我们参考了一些专家、研究人员以及老师的研究成果，在此表示最诚挚的谢意！

2023 年 8 月 17 日